Das Offizier-Corps

der

Schleswig-Holsteinischen Armee

und Marine

in den Jahren 1848 und 1849.

Nebst

den Anciennetäts-Listen

der

Generale, Stabs- und Subaltern-Offiziere.

Herausgegeben

von

einem Schleswig-Holsteinischen Offizier a. D.

I. Buch.

Lübeck.

Friedr. Aschenfeldt.

1858.

Ger 262.94

Stan fund
(2 vol)

1,000,000 Books
are available to read at

www.ForgottenBooks.com

Read online
Download PDF
Purchase in print

ISBN 978-0-332-05970-9
PIBN 11021321

This book is a reproduction of an important historical work. Forgotten Books uses state-of-the-art technology to digitally reconstruct the work, preserving the original format whilst repairing imperfections present in the aged copy. In rare cases, an imperfection in the original, such as a blemish or missing page, may be replicated in our edition. We do, however, repair the vast majority of imperfections successfully; any imperfections that remain are intentionally left to preserve the state of such historical works.

Forgotten Books is a registered trademark of FB &c Ltd.
Copyright © 2018 FB &c Ltd.
FB &c Ltd, Dalton House, 60 Windsor Avenue, London, SW19 2RR.
Company number 08720141. Registered in England and Wales.

For support please visit www.forgottenbooks.com

1 MONTH OF FREE READING

at

www.ForgottenBooks.com

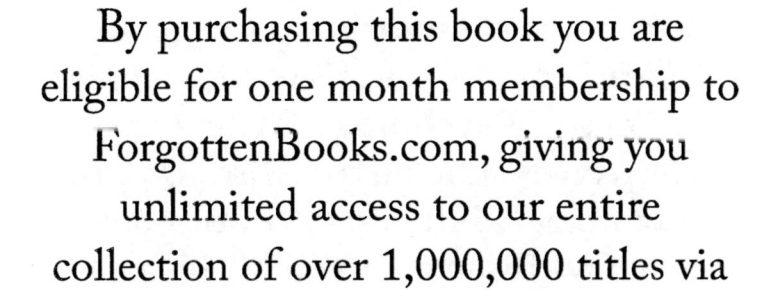

By purchasing this book you are eligible for one month membership to ForgottenBooks.com, giving you unlimited access to our entire collection of over 1,000,000 titles via our web site and mobile apps.

To claim your free month visit: www.forgottenbooks.com/free1021321

* Offer is valid for 45 days from date of purchase. Terms and conditions apply.

English
Français
Deutsche
Italiano
Español
Português

www.forgottenbooks.com

Mythology Photography **Fiction**
Fishing Christianity **Art** Cooking
Essays Buddhism Freemasonry
Medicine **Biology** Music **Ancient Egypt** Evolution Carpentry Physics
Dance Geology **Mathematics** Fitness
Shakespeare **Folklore** Yoga Marketing
Confidence Immortality Biographies
Poetry **Psychology** Witchcraft
Electronics Chemistry History **Law**
Accounting **Philosophy** Anthropology
Alchemy Drama Quantum Mechanics
Atheism Sexual Health **Ancient History**
Entrepreneurship Languages Sport
Paleontology Needlework Islam
Metaphysics Investment Archaeology
Parenting Statistics Criminology
Motivational

Dem

allverehrten Schöpfer und heldenmüthigen Führer

der Schleswig-Holsteinischen Armee,

Seiner Excellenz

dem Königlich Preußischen General-Lieutenant und
Vice-Gouverneur der Bundesfestung Mainz,

Ritter hoher Orden,

Herrn von Bonin

in tiefster Verehrung und Hochachtung

gewidmet

vom Verfasser.

Euer

Euer Excellenz haben mir geneigtest gestattet, Hochdenenselben die nachstehende Rangliste der ehemaligen Schleswig-Holsteinischen Armee und Marine in den Jahren 1848 und 1849 als ein schwaches Zeichen meiner unbegrenzten Hochachtung, welche Euer Excellenz ausgezeichnete Verdienste um die Organisation, die vortreffliche Ausbildung und Führung der genannten Armee mir eingeflößt haben, widmen zu dürfen.

Indem ich mich dieser ebenso angenehmen als heiligen Verpflichtung jetzt bei dem Erscheinen des Buches entledige, würde ich sehr glücklich sein, wenn ich dadurch einige angenehme Rückerinnerungen an die Sache der Herzogthümer und die damalige glückliche Kriegs-Periode bei Euer Excellenz erwecken, auch mir damit Hochdero Nachsicht für meinen gewagten Versuch erwerben könnte. Hierdurch würde ich mich hinreichend für die gehabten Mühen und überwundenen Schwierigkeiten entschädigt finden.

Mit aller Hochachtung und Verehrung

Ew. Excellenz

ganz gehorsamster

der Verfasser.

Vorwort.

Die lebhafte Theilnahme, welche der Schleswig-Holsteinische Kampf in allen Gauen Deutschlands fand, veranlaßte mich, vor einigen Jahren schon mit Aufstellung einer Offizier-Rangliste der damaligen Armee und Marine zu beginnen; um auf diese Weise nicht nur dem in allen größeren Armeen herrschenden Gebrauch zu huldigen, sondern dadurch auch der Armee selbst ein bleibendes Denkmal ihrer Activität zu setzen, und dieselbe, so zu sagen, damit als ebenbürtig in die Reihe der übrigen deutschen Heere zu versetzen. Die Schleswig-Holsteinische Armee verdient um so mehr diese Berechtigung, als sie, unter den ungünstigsten Verhältnissen geschaffen, dennoch in unglaublich kurzer Zeit eine Lebensfähigkeit entwickelte und sich zu einer solchen Stufe der tactischen Ausbildung emporschwang, daß sie den Vergleich mit den kriegstüchtigsten Armeen nicht zu scheuen brauchte und unbesiegt, nur durch ungünstige Verhältnisse gezwungen, nicht ruhmlos vom Schauplatze ihrer Wirksamkeit abtrat. Die Erinnerung an dieses Heer und die damalige ereignißvolle Zeit bildet heute noch ein Band, welches eine große Anzahl von Männern, damals zu einem erhabenen Streben vereinigt, jetzt nach Nord und Süd, nach Ost und West zerstreut, durch innige Kameradschaft häufig im Angesicht des Todes geschlossen und mit Blut besiegelt, geistig verbunden hält, und diese werden in meinem Buche vorzugsweise Erinnerungen aus der damaligen unvergeßlichen Periode auffinden.

Eigenthümliche Verhältnisse und die außerordentlichen Schwierigkeiten, welche ich zu überwinden hatte, ließen dieses, wie gesagt, vor einigen Jahren schon begonnene Buch erst jetzt (allerdings etwas verspätet) vollständig zu Stande kommen. Diese Schwierigkeiten und das lückenhafte Material, welches mir zu Gebote stand, werden mir denn auch nachsichtige Beurtheilung erwerben, wenn hier und da kleine, jedenfalls nur unbedeutende Fehler zum Vorschein kommen sollten.

Uebrigens werde ich meinen früheren Herren Kameraden sehr dankbar sein, wenn man mich auf Fehler und Lücken aufmerksam macht und mir durch Documente (Patente) oder Angabe der Quellen die Mittel zur Verbesserung derselben bieten wird. Diese Ergänzungen würde ich dann im zweiten, nächstens erscheinenden Theile dieses Werkes, welcher die Periode von 1850—1851 umfaßt, und welchem zugleich auch das Offizier-Corps des Holsteinischen Bundes-Contingents im Jahre 1851 (bis zum 20. November) beigesellt ist, oder auch in einem noch später erscheinenden Nachtrage aufnehmen. Dergleichen gütige Mittheilungen wären an die Verlags-Buchhandlung zu adressiren.

Kiel, den 24. März 1838.

Ein Schleswig-Holsteinischer Offizier
a. D.

Inhalt.

(1848.)

	Seite
Anciennetäts-Liste der übergetretenen Offiziere von der Armee und Marine	4.
Anciennetäts-Liste der übergetretenen Offiziere à la suite der Armee (Infanterie und Cavallerie)	8.
Namen derjenigen Offiziere, welche außer Dienst waren	9.
" der übergetretenen Militair-Beamten und Aerzte	10.
Ministerial-Departement des Krieges	11.
General-Kriegs-Commissair und See- u. Land-Kriegs-Commissaire	12.

Kriegs-Departement.

1. Allgemeines Büreau	13.
2. Armee-Intendantur	13.
3. Ober-Kriegs-Commissariat	14.
4. Ober-Revisions-Büreau	14.
5. Ober-Medicinal-Büreau	14.
Offiziere à la suite der Armee	15.
" von der Armee	15.

Armee-Eintheilung.

Alphabetisches Verzeichniß des Quartierstandes der Armee	16.
Uebersicht der Armee-Eintheilung	18.
Armee-Commando	19.
Generalstab der Armee	19.
Adjutantur	20.
Armee-Auditeur	21.
Generalstabs-Arzt der Armee	21.
General-Arzt der Armee	21.
Ober-Quartiermeister der Armee	21.
Feld-Probst	22.
Feld-Post-Amt	22.
I. Infanterie-Brigade	22.
II. "	22.
Jäger-Inspektion	23.

Inhalt

Infanterie.

	Seite		Seite
1. Infanterie-Bataillon	24.	8. Infanterie-Bataillon	33.
2. "	25	9. "	33.
3. "	27.	10. "	34.
4. "	28.	1. Jäger-Corps	35.
5. "	29.	2. "	37.
6. "	31.	3. "	38.
7. "	32.	4. "	39.

Cavallerie.

Commando der Brigade . . . . 40.
1. Dragoner-Regiment . . . . 40.
2.   " . . . . 43.
Offiziere à la suite der Cavallerie . . . . 47.

Artillerie-Regiment . . . . 48.

Ingenieur-Corps (1 Pionier-Comp.) . . . . 49.

Gouvernements und Commandanturen . . . . 50.

Holsteinische Grenz-Gendarmerie . . . . 52.
Christians-Pflegehaus zu Eckernförde . . . . 52.

Anciennetäts-Liste der Generale, Stabs- und Subaltern-Offiziere der Armee . . . . 53.

Marine . . . . 65.
Namen-Register . . . . 68.
Anhang: Personal-Veränderungen in der Armee und Marine vom Jahre 1848 nebst 4 Anlagen . . . . . 73.

(1849.)
Ministerial-Departement des Krieges.

I. Abtheilung für die allgemeinen Armee-Angelegenheiten ꝛc. . 152.
II.   "   das Materielle der Armee . . . . . . 152.
III.   "   das Aushebungs-Wesen und die Marine . 152.
IV.   "   das Bekleidungs-Wesen ꝛc. . . . . . . 153.
V.   Revision der Rechnungen des Militair-Etats ꝛc. 153.

Offiziere à la suite der Armee . . . . 154.
    "   von der Armee . . . . 154.

Armee-Eintheilung.

	Seite
Alphabetisches Verzeichniß des Quartierstandes der Armee	155.
Uebersicht der Armee-Eintheilung	157.
Armee-Commando	158.
Generalstab der Armee	158.
Adjutantur	158.
Armee-Auditeur	159.
Generalstabs-Arzt der Armee	159.
General-Arzt	159.
Ober-Quartiermeister	160.
Feld-Probst	160.
Feld-Post-Amt	160.
Intendantur	160.
Registratur des Armee-Commando's	160.
Vorstand der Feld-Lazarethe	160.

I. Infanterie-Brigade	161.
II. " "	161.
III. " "	162.
Jäger-Inspection	162.
Reserve-Infanterie-Brigade	162.

Infanterie.

	Seite		Seite
1. Infanterie-Bataillon	163.	11. Infanterie-Bataillon	170.
2. " "	164.	12. " "	170.
3. " "	164.	13. " "	171.
4. " "	165.	14. " "	171.
5. " "	166.	15. " "	172.
6. " "	167.	1. Jäger-Corps	172.
7. " "	167.	2. " "	173.
8. " "	168.	3. " "	174.
9. " "	168.	4. " "	174.
10. " "	169.	5. " "	175.

Reserve.

	Seite		Seite
16. Reserve-Inf.-Bataillon	176.	21. Reserve-Inf.-Bataillon	176.
17. " "	176.	22. " "	176.
18. " "	176.	23. " "	176.
19. " "	176.	6. Jäger-Corps	176.
20. " "	176.	7. " "	176.

Krankenwärter-Compagnie	176.

Inhalt

Cavallerie.
	Seite
Commando der Brigade	177.
1. Dragoner-Regiment	177.
2.	178.
Offiziere à la suite der Cavallerie	179.

Artillerie-Brigade . . . . 180.

Ingenieur-Corps . . . . 182.

Gouvernements und Commandanturen . . . . 183.

Holsteinische Grenz-Gendarmerie . . . . . 185.
Christians-Pflegehaus zu Eckernförde . . . . 185.
Pferde-Depot . . . . 185.

Anciennetäts-Liste der Generale, Stabs- und Subaltern-Offiziere der Armee . . . . 187.

Marine . . . . 205.

Namen-Register . . . . 209.
Anhang: Personal-Veränderungen in der Armee und Marine vom Jahre 1849 nebst 3 Anlagen . . 217.

Erklärung der vorkommenden Abkürzungen.

1. 2. Erstes, Zweite; — Inf. Infanterie; — Cav. Cavallerie; — v. d. von der; — Brig. Brigade; — Rgt. Regiment; — Bat. Bats. Bataillons; — com. commandirt; — Gen. General; — Hptm. Hauptmann; — interim interimistisch; — Cp.-Com. Compagnie-Commandeur; — Esc.-Com. Escadrons-Commandeur; — Adj. Adjutant; — Rechn.-Führ. Rechnungsführer; — Feuerwerks-Lieut. Feuerwerks-Lieutenant; — Abth. Abtheilung's; — Frhr. Freiherr; — Bar. Baron; — gest. gestorben; — bew. bewilligt; — Batt. Batterie; — Artill. Artillerie; — 1 2 eine, zwei; — dienstl. dienstleistend; — prov. provisorisch.

Erklärung der Bezeichnung
der
in der Rangliste vorkommenden Orden und Ehrenzeichen.

A. Vaterländische Orden und Ehrenzeichen.

B. Fremde Orden und Ehrenzeichen.

Großherzoglich Badensche.
(BV.GM.1. 2. 3.) Militair Carl Friedr. Verdienst-Orden: Herr und Großmeister, Großkreuz, Commandeur, Ritter.

(BZL.GM.1. 2m.St. 2. 3.) Orden vom Zähringer Löwen: Herr und Großmeister, Großkreuz, Commandeur, auch mit dem Stern, Ritter.

Königlich Belgische.
(BL1. 2. 3.) Leopold-Orden: Großkreuz, Com., Ritter.

Herzoglich Braunschweigsche.
(BrHL1. 2a.u.b. 3.) Heinrich des Löwen Orden: Großkreuz, Com. 1ster und 2ter Classe, Ritter.

Königlich Griechische.
(GE1. 2.gK) Erlöser-Orden: Großkreuz, Groß-Commandeurkreuz, goldenes Kreuz.

Königlich Hannoversche.
(HG1. 2a.u.b. 3. 4.) Guelphen-Orden: Großkreuz, Com. 1ster und 2ter Classe, Ritter 3ter und 4ter Classe.

Kurfürstlich Hessische.
(CHL1. 2a.u.b. 3.) Löwen-Orden: Großkreuz, Commandeur 1ster und 2ter Classe, Ritter.

Königl. Niederländische u. Großherzogl. Luxemburgische.
(NL1. 2. 3. 4.) Löwen-Orden: Großkreuz, Commandeur, Ritter 1ster und 2ter Classe.

Orden und Ehrenzeichen.

Großherzoglich Oldenburgische.
(*OV1. 2. 3.*) Haus- und Verdienst-Orden: Großkreuz, Commandeur, Ehrenkreuz.

Königlich Preußische.
(*P ob. PrRA2m.E.u.Schw.*) Rother Adler-Orden 2ter Classe mit Eichenlaub und Schwertern.
(*PrRA3m.Schl.*) Rother Adler-Orden 3ter Classe mit der Schleife.
(*PrRA3.*) " " " 3ter " ohne "
(*PrRA4m.Schw.*) " " " 4ter " mit Schwertern.
(*PrRA4.*) " " " 4ter " ohne "
(*PrPM.*) Orden pour le mérite.
(*PrEK1.*) Eisernes Kreuz 1ster Classe.
(*PrEK2S.*) " " 2ter " Senior.
(*PrEK2.*) " " 2ter "
(*PrJR.*) St. Johanniter-Orden.
(*PrDK.*) Dienstauszeichnungs-Kreuz.
(*PrLA.*) Landwehr-Auszeichnung.
(*PrRM.*) Rettungs-Medaille am Bande.

Kaiserlich Russische.
(*RG1. 2. 3. 4. 5.*) St. Georgen-Orden: 1ster, 2ter, 3ter, 4ter, 5ter Classe.
(*RW1. 2. 3. 4.*) St. Wladimir-Orden: 1ster, 2ter, 3ter, 4ter Classe.
(*RA1. 2. 3. 4.*) St. Annen-Orden: 1ster, 2ter, 3ter, 4ter Classe.
(*RA3.*) St. Annen-Orden: 3ter Classe mit der Schleife.
(*RAS.*) Ehrenzeichen.

Großherzoglich Sachsen-Weimarsche.
(*GSVM.*) Verdienst-Medaille.

Herzoglich Sachsen-Ernestinische.
(*HSEH1. 2a u.b. 3. 4.*) Haus-Orden: Großkreuz, Commandeur 1ster und 2ter Classe, Ritter, Verdienstkreuz.

Königlich Schwedische.
(*SsM.*) Silberne Medaille.

Großherrlich Türkische.
(*TNI.*) Nischan-Iftechar (*m.Br.*) mit Brillanten.

1848.

Chef der gesammten Land- und Seemacht
(kraft Staatsgrundgesetzes für die Herzogthümer Schleswig-Holstein vom 15. September 1848 ad IV § 39):
der Herzog.
Vertreten zufolge des § 46 sequ. desselben Gesetzes durch:
I. Die provisorische Regierung,
Präsident derselben:
1. Wilhelm Hartwig **Beseler**, vorm. Ober- und Landgerichts-Advocat zu Schleswig.

Mitglieder:
2. **Friedrich** Emil August Prinz von Schleswig-Holstein-Sonderburg-Augustenburg Durchlaucht, General-Lieutenant und commandirender General der Schleswig-Holsteinischen Armee,
3. Friedrich Graf **von Reventlou** zu Wittenberg, Landrath und Probst des adelichen Convents zu Preetz,
4. Martin Thorsen **Schmidt**, Königl. Großbritan. Vice-Consul und Kaufmann zu Kiel,
5. Jürgen **Bremer**, Ober- und Landgerichts-Advocat zu Flensburg,
6. Theodor **Olshausen**, Eisenbahn-Director zu Kiel,

von der deutschen Bundes-Versammlung zu Frankfurt a. M. am 12. April 1848 als solche anerkannt; regiert vom 24. März bis 22. October desselben Jahres. (Ausgetreten waren inzwischen: das Mitglied Olshausen am 19. August und das Mitglied Prinz Friedrich am 9. September.)

Sitz vom 25. März bis 2 October 1848: Rendsburg; vom 3. October 1848 an: Schloß Gottorff.

II. Die gemeinsame Regierung,

Präsident derselben:

1. Theodor Graf **von Reventlow** zu Jersbeck und Stegen.

Mitglieder:

2. Paul Johann Friedrich **Boysen**, Land-Vogt von Norder-Dithmarschen,
3. Josias Friedrich Ernst Freiherr **von Heintze**, Amtmann von Bordesholm, Kiel und Cronshagen (PJR) (OVI).
4. Adolph Bernhard Wilhelm Erdmann **von Moltke**, ehem. Deputirter der Schleswig-Holstein-Lauenb. Kanzeley,
5. Alexander Friedrich Wilhelm **Preußer**, Ober-Appellations-gerichts-Rath,

regiert vom 22. October 1848 an. Sitz: Schloß Gottorff.

I. Anciennetäts-Liste

von den activen Offizieren, die am 24. März 1848 aus dem Dänisch-Holsteinischen Bundes-Contingent zur Schleswig-Holsteinischen Armee und Marine übertraten.

A. Land-Armee.

a) Obersten.

v. **Lobedanz**, Comdr. des ehem. 17. Inf.-Bats. — später 4. Schl.-Holst. Inf.-Bats.

v. **Seyffarth**, Comdr. des ehem. 14. Inf.-Bats. — später 1. Schl.-Holst. Inf.-Bats. u. interim. Commandant der Festung Rendsburg.

b) Oberst-Lieutenants.

Graf v. **Baudissin**, Comdr. des ehem. 16. Inf.-Bats. — später 3. Schl.-Holst. Inf.-Bats.

c) Majors.

v. Koefoed, des ehem. 2. Artill.-Rgts., Zeugmeister des Rendsburger Arsenals.

Baron v. Brockdorff, etatsm. Stabs-Offizier des ehem. 1. Drag.-Rgts. — später 1. Schl.-Holst. Drag.-Rgts.

v. Sachau, etatsm. Stabs-Offiz. d. ehem. 5. Jäger-Corps — später 2. Schl.-Holst. Jäger-Corps.

v. Kindt, etatsm. Stabs-Offiz. des ehem. 16. Inf.-Bats. — später 3. Schl.-Holst. Inf.-Bats.

v. Schröder, etatsm. Stabs-Offiz. d. ehem. 15. Inf.-Bats. — später 2. Schl.-Holst. Inf.-Bats.

v. Zeska, etatsm. Stabs-Offiz. des ehem. 14. Inf.-Bats. — später 1. Schl.-Holst. Inf.-Bats.

v. Bündiger, etatsm. Stabs-Offiz. d. ehem. 17. Inf.-Bats. — später 4. Schl.-Holst. Inf.-Bats.

Du Plat, des Generalstabes.

v. Schütz, des ehem. 2. Artill.-Rgts. — später Schl.-Holst. Artill.-Rgts.

d) Hauptleute und Rittmeister.

v. Michelsen, Comp.-Chef des ehem. 5. Jäger-Corps — später 2. Schl.-Holst. Jäger-Corps.

Friedrich Prinz zu Schleswig-Holstein-Sonderburg-Glücksburg Durchlaucht, Esc.-Chef des ehem. 2. Drag.-Rgts. — später 2. Schl.-Holst. Drag.-Rgts.

v. Abercron, Comp.-Chef des ehem. 16. Inf.-Bats. — später 3. Schl.-Holst. Inf.-Bats.

v. Dau (mit dem Char. als Major), des Ingenieur-Corps.

v. Hedemann, Comp.-Chef des ehem. 5. Jäger-Corps — später 2. Schl.-Holst. Jäger-Corps.

v. Schmidt, Comp.-Chef des ehem. 16. Inf.-Bats. — später 3. Schl.-Holst. Inf.-Bats.

v. Krabbe 1ste, Comp.-Chef des ehem. 14. Inf.-Bats. — später 1. Schl.-Holst. Inf.-Bats.

v. Knobbe, Comp.-Chef des ehem. 17. Inf.-Bats. — später 4. Schl.-Holst. Inf.-Bats.

v. Lange, Comp.-Chef des ehem. 4. Jäger-Corps — später 1. Schl.-Holst. Jäger-Corps.

v. Thalbitzer, Comp.-Chef des ehem. 16. Inf.-Bats. — später 3. Schl.-Holst. Inf.-Bats.
v. Nißen, Esc.-Chef des ehem. 1. Drag.-Rgts. — später 1. Schl.-Holst. Drag.-Rgts.
v. Jeß, des Ingenieur-Corps.
v. Hansen 1ste, Comp.-Chef des ehem. 17. Inf.-Bats. — später 4. Schl.-Holst. Inf.-Bats.
v. Fürsen-Bachmann, Esc.-Chef d. ehem. 1. Drag.-Rgts. — später 1. Schl.-Holst. Drag.-Rgts.
v. Jeß, Comp.-Chef des ehem. 15. Inf.-Bats. — später 2. Schl.-Holst. Inf.-Bats.
v. Lesser, Batt.-Chef des ehem. 2. Artill.-Rgts. — später Schl.-Holst. Artill.-Rgts.
v. Halle, Comp.-Chef des ehem. 5. Jäger-Corps — später 2. Schl.-Holst. Jäger-Corps.
v. Krabbe 2te, Comp.-Chef d. ehem. 16. Inf.-Bats. — später 3. Schl.-Holst. Inf.-Bats.
v. Springborn, Comp.-Chef des ehem. 14. Inf.-Bats. — später 1. Schl.-Holst. Inf.-Bats.
v. Staffeldt, Comp.-Chef des ehem. 14. Inf.-Bats. — später 1. Schl.-Holst. Inf.-Bats.
v. Hansen 2te, Comp.-Chef des ehem. 17. Inf.-Bats. — später 4. Schl.-Holst. Inf.-Bats.
v. Brackel, Comp.-Chef des ehem. 15. Inf.-Bats. — später 2. Schl.-Holst. Inf.-Bats.
v. Krabbe, des Ingenieur-Corps.
v. Lesser,   "   "
v. Coch, des ehem. 16. Inf.-Bats. — später 3. Schl.-Holst. Inf.-Bats.

e) Premier-Lieutenants.

v. Holstein 1ste, des ehem. 1. Drag.-Rgts. — später 1. Schl.-Holst. Drag.-Rgts.
v. Holstein 2te, des ehem. 2. Drag.-Rgts. — später 2. Schl.-Holst. Drag.-Rgts.
v. Lüders, des ehem. 16. Inf.-Bats. — später 3. Schl.-Holst. Inf.-Bats.
v. Lützow 1ste, des ehem. 4. Jäger-Corps (à la suite) — später 1. Schl.-Holst. Jäger-Corps.

Liste der verabschiedeten Officiere.

v. Rahtlev, des ehem. 5. Jäger-Corps — später 2. Schl.-Holst. Jäger-Corps.

Graf v. Brockdorff-Schney und zum Thierstein, des ehem. 14. Inf.-Bats. — später 1. Schl.-Holst. Inf.-Bats.

v. Matheson, des ehem. 1. Drag.-Rgts. — später 1. Schl.-Holst. Drag.-Rgts.

v. Linstow, des ehem. 2. Drag.-Rgts. — später 2. Schl.-Holst. Drag.-Rgts.

v. Bassewitz, des ehem. 4. Jäger-Corps — später 1. Schl.-Holst. Jäger-Corps.

v. Clafen, des ehem. 15. Inf.-Bats. — später 2. Schl.-Holst. Inf.-Bats.

v. Aller, des ehem. 5. Jäger-Corps — später 2. Schl.-Holst. Jäger-Corps.

v. Wenck, des ehem. 15. Inf.-Bats. — später 2. Schl.-Holst. Inf.-Bats.

v. Feldmann, des ehem. 2. Artill.-Rgts. — später Schl.-Holst. Artill.-Rgts.

Baron v. Brockdorff, des ehem. 1. Drag.-Rgts. — später 1. Schl.-Holst. Drag.-Rgts.

v. Zeska 1ste, des ehem. 4. Jäger-Corps — später 1. Schl.-Holst. Jäger-Corps.

v. Jess, des ehem. 15. Inf.-Bats. — später 2. Schl.-Holst. Inf.-Bats.

v. Sönner, des ehem. 5. Jäger-Corps — später 2. Schl.-Holst. Jäger-Corps.

f) Seconde-Lieutenants.

v. Rumohr, des ehem. 1. Drag.-Rgts. — später 1. Schl.-Holst. Drag.-Rgts.

v. Schröder, des ehem. 1. Drag.-Rgts. — später 1. Schl.-Holst. Drag.-Rgts.

v. Jensen-Tusch, des ehem. 2. Drag.-Rgts. — später 2. Schl.-Holst. Drag.-Rgts.

v. Claussen, des ehem. 16. Inf.-Bats. — später 3. Schl.-Holst. Inf.-Bats.

v. Lützow 2te, des ehem. 5. Jäger-Corps — später 2. Schl.-Holst. Jäger-Corps.

v. Waßmer, des ehem. 1. Drag.-Rgts. — später 1. Schl.-Holst. Drag.-Rgts.

v. Zeska 2te, des ehem. 15. Inf.-Bats. — später 2. Schl.-Holst. Inf.-Bats.

Graf v. Baudissin, des ehem. 2. Drag.-Rgts. — später 2. Schl.-Holst. Drag.-Rgts.

v. Irminger, des ehem. 1. Drag.-Rgts. — später 1. Schl.-Holst. Drag.-Rgts.

v. Sachau, des ehem. 5. Jäger-Corps — später 2. Schl.-Holst. Jäger-Corps.

v. Friedrichsen, des ehem. 15. Inf.-Bats. — später 2. Schl.-Holst. Inf.-Bats.

v. Hennings, des ehem. 5. Jäger-Corps — später 2. Schl.-Holst. Jäger-Corps.

v. Binzer, des ehem. 5. Jäger-Corps — später 2. Schl.-Holst. Jäger-Corps.

v. Normann, des ehem. 17. Inf.-Bats. — später 4. Schl.-Holst. Inf.-Bats.

v. Brockenhuus, von der Militair-Hochschule zu Kopenhagen (mit der Uniform der Artillere).

Hagedorn, Feuerw.-Lieut. des ehem. 2. Artill.-Rgts. — später Schl.-Holst. Artill.-Rgts.

B. Marine.

Capitain-Lieut. Donner.

II. Anciennetäts-Liste

der Offiziere à la suite der Armee und à la suite der Infanterie und Cavallerie, letztere zum Theil zur Disposition (Wartegeld) gestellt, welche am 24. März 1848 zur Schleswig-Holsteinischen Armee übertraten.

Gen.-Lieut. **Christian Carl Friedrich August** Herzog von Schleswig-Holstein-Sonderburg-Augustenburg Durchl. — von der Inf.

Gen.-Lieut. **Friedrich Emil August** Prinz zu Schleswig-Holstein-Sonderburg-Augustenburg Durchl. — v. d. Cav.

Oberſt Carl Herzog von Schleswig-Holſtein-Sonderburg-Glücksburg Durchl. — v. d. Inf. — früher Comdr. d. ehem. 5. Jäger-Corps.
Oberſt v. Krohn — v. d. Inf. — Hof-Chef der verwittweten Frau Herzogin von Schleswig-Holſtein-Sonderburg-Glücksburg.
Ob.-Lt. Graf v. Blome-Salzau — v. d. Cav.
" v. Fabricius — v. d. Inf.
" Friedrich Christian Auguſt Prinz zu Schleswig-Holſtein-Sonderburg-Auguſtenburg } Söhne des Herzogs
" Friedrich Christian Carl Auguſt Prinz zu Schleswig-Holſtein-Sonderburg-Auguſtenburg Durchl. } gleichen Namens — v. d. Cav.
Major v. Hanſſen — v. d. Cav. — früher im ehem. Leib-Rgt. leichter Drag.
Major v. Wasmer-Friedrichshoff — v. d. Inf.
Hptm. v. Irminger 1ſte, früher im ehem. Holſtein. Inf.-Rgt.
" v. Wiegand, " " " Schlesw. Jäger-Corps.
" v. Wasmer, " " " Oldenburg. Inf.-Rgt.
" v. Broderſen, " " " " "
" v. Peterſen 1ſte, " " " Holſtein. " "
" v. Lavaetz, " " " Oldenburg. " "
" v. Hedemann — v. d. Inf. — Cavalier der Frau Herzogin von Schleswig-Holſtein-Sonderburg-Glücksburg Königl. Hoh.
" Nicolaus Prinz zu Schleswig-Holſtein-Sonderburg-Glücksburg Durchl. — v. d. Inf.
Sec.-Lt. v. Römeling — v. d. Inf. — ehem. Artill.-Offizier.

III. Namen

der verabſchiedeten Holſteiniſchen Offiziere, welche am 24. März 1848 in der Schleswig-Holſteiniſchen Armee wieder angeſtellt wurden.

Major v. Unzer, früher Rittm. im ehem. Leib-Cüraſſ.-Rgt., zuletzt Major und Comdr. der Holſt. Grenz-Gend'armerie.
Major v. Jenſen-Tuſch, früher Hptm. im ehem. Schlesw. Inf.-Rgt.
Major v. Normann, früher Hptm. im ehem. Königin-Leib-Rgt. zu Fuß.

Major v. Leonhardt, früher Hptm. im ehem. Holst. Inf.-Rgt.
Rittm. v. Buchwaldt, früher Lieut. im ehem. Leib-Rgt. leichter Dragoner.
Rittm. v. Christiansen, früher im ehem. 2. Drag.-Rgt.
Hptm. v. Petersen 2te, früher im ehem. Königin-Leib-Rgt. zu Fuß.
Hptm. v. Friedrichsen, früher Lieut. in den westind. Truppen.
- v. Lienau, früher Lieut. im ehem. Königin-Leib-Rgt. zu Fuß.
- v. Waßmer, früher Pr.-Lt. im ehem. Oldenb. Inf.-Rgt.
- v. Irminger 2te, früher Sec.-Lt. im ehem. Holst.
Pr.-Lt. v. Jacobsen, früher im ehem. Leib-Rgt. leichter Dragoner.
Pr.-Lt. v. Bernstorff, früher im ehem. 2. Drag.-Rgt.
Sec.-Lt. v. Lilienstein, (Zoll-Controlleur in Wilster).
Sec.-Lt. v. Krogh (Hardesvogt).
Außerdem:
Lieut. Koch (Advocat zu Segeberg).
Ober-Lieut. der Cav., früher in der Königl. Baiersch. Armee, Graf Kuno zu Rantzau-Breitenburg (Inländer).

IV. Namen

der Militair-Beamten und Militair-Aerzte,
welche am 24. März 1848 aus dem Holsteinischen Contingent zur Schleswig-Holsteinischen Armee übertraten.

Oberst a. D. v. Salchow, General-Kriegs-Commissair der Herzogthümer.
Major a. D. v. Stemann, See- und Land-Kriegs-Commissair im I. Schl.-Holst. District.
Ob.-Lt. a. D. v. Willemoes-Suhm, See- und Land-Kriegs-Commissair im II. Schl.-Holst. District.
Ob.-Lt. a. D. v. Foltmar, See- und Land-Kriegs-Commissair im III. Schl.-Holst. District.
Major a. D. v. Elberg, Vorsteher des Montirungs-Depots in Rendsburg.
Major a. D. v. Mackeprang, Inspector des Garnisons-Hospitals in Rendsburg.

Major a. D. v. Lehmann — v. d. Inf. — Director des
   Christians-Pflegehauses in Eckernförde.
Pr.-Lt. a. D. v. Cold — v. d. Inf. — 2. Offizier bei demselben.
Pr.-Lt. a. D. v. Grönning, Zeugschreiber in Rendsburg.
See-Kriegs-Commissair Brodersen, Chef d. See-Enrollirungs-
   und Lootsen-Wesens im Holsteinischen District, zugleich
   Ober-Lootse in Neustadt, Heiligenhafen und auf der
   Insel Fehmarn, const.
Kriegs-Rath Hübbinets, Material-Schreiber beim Ingen.-Corps
   in Friedrichsort.
Kriegs-Assessor Krüger, Material-Verwalter beim Ingen.-Corps
   in Rendsburg.
Kriegs-Assessor Jensen, Zeughaus-Verwalter beim Artill.-
   Rgt. in Rendsburg.
Ober-Auditeur u. Rechnungsführer Boysen (mit Hptms.-Rang)
   des 2. Drag.-Rgts.
Ober-Auditeur und Rechnungsführer Brackel des ehem.
   14. Inf.-Bats. (1.)
Ober-Auditeur und Rechnungsführer Graf v. Baudissin des
   ehem. 17. Inf.-Bats. (4.)
Auditeur und Rechnungsführer Gülich des Artill.-Rgts.
   "   "   " v. Harbou des ehem. 5. Jäger-Corps. (2.)
   "   "   " Pustau des 1. Drag.-Rgts. (1.)
Rechnungsführer Hptm. a. D. Friedrichsen des ehem.
   16. Inf.-Bats. (3.)
Dr. Beeken (mit Hptms.-Rang), medicin. Director des Garnison-
   Hospitals in Rendsburg.
Ober-Arzt Meyer (mit Hptms.-Rang) d. ehem. 17. Inf.-Bats. (4.)
Ober-Arzt Dr. Manicus (mit Hptms.-Rang) beim Christians-
   Pflegehause in Eckernförde.
Ober-Arzt Mencke (mit Hptms.-Rang) des 2. Drag.-Rgts.
   "   " Scheuerlen des ehem. 5. Jäger-Corps. (2.)
   "   " Henningsen (mit Hptms.-Rang) des 1. Drag.-Rgts.
   "   " Jürgensen des ehem. 15. Inf.-Bats. (2.)
   "   " Cramer " " 14. " " (1.)
Unter-Arzt Weiss " " 5. Jäger-Corps. (2.)
   "   " Dr. Francke " " 5. " " (2.)
   "   " Hinck " " 17. Inf.-Bats. (4.)

Unter-Arzt Dr. Hölling des ehem. 17. Inf.-Bats. (4.)
- - Dr. Clasen   -   - 16. -   - (3.)
- - Klaws   -   - 15. -   - (2.)
- - Holtz   -   - 15. -   - (2.)
- - Clausen   -   - 14. -   - (1.)
- - Mohr   -   - 14. -   - (1.)
- - Seidenschnur 1ste des 2. Drag.-Rgts.
- - Seidenschnur 2te - 2. - -
- - Brinckmann - 2. - -
- - Zettler   - 1. - -
- - de la Motte - Artill.-Rgts.
- - Jepsen - 1. Drag.-Rgts.
Regim.-Thierarzt Böttern - 2.
- - Unrau - 1.
- - Stessenbüttel des Artill.-Rgts.

Ministerial-Departement des Krieges
(den 31. December 1848).

(Errichtet in Gemäßheit des Gesetzes der prov. Regierung, d. d. Schleswig den 16. October 1848.)

Schloß Gottorff.

interim. Departements-Chef: Amtmann Jacobsen (ohne militair. Rang).
Bureau-Chef: Springer (ohne militair. Rang).
Commandirt zur Dienstleistung:
Hptm. v. Bassewitz à la suite des 1. Jäger-Corps.

General-Kriegs-Commissair:
Oberst a. D. v. Salchow (wohnt in Schleswig).
See- und Land-Kriegs-Commissaire:
Major a. D. v. Stemann im I. Schlesw.-Holst. District (in Schleswig).
Oberst-Lt. a. D. v. Willemoes-Suhm im II. Schlesw.-Holst. District (in Ottensen).

Oberst=Lt. v. Foltmar im III. Schlesw.=Holst. District (in Itzehoe).

Die Armee=Verpflegungs=Commission, bestehend aus 9 Civil=Personen.

Kriegs-Departement.
(Errichtet am 29. April 1848, bestätigt durch die Verfügung der prov. Regierung, d. d. Rendsburg den 14. Sept. 1848.)

Schleswig.

Chef: Gen.=Major v. Kröhn. (CHL 2b.)
Adj.: Hptm. v. Lützow v. d. Adjut.

1. Allgemeines Bureau.
Abth.=Chef: Oberst=Lt. du Plat à la suite des Generalstabes.
Auditeur Pustau, Secretair.

Commandirt zur Dienstleistung:
Hptm. Siegfried des Artill.=Rgts.
Rittm. v. Linstow à la suite des 2. Drag.=Rgts.

2. Armee-Intendantur
(ehem. Oberverpflegungs=Commissariat).
[Errichtet den 1. September 1848.]

Abth.=Chef: Intendant Boysen (mit dem Range als Oberst=Lt.).

Intendantur=Rath Sulzer (mit dem Range als Major). | Intendantur=Assessor Nissen
 | Klee
Intendant.=Assessor Schnitter (mit dem Range als Pr.=Lt.). | Intendant.=Secretair Meier (mit dem Range als Sec.=Lt.).

Anm. Verfügung der gemeinsamen Regierung d. d. Gottorff den 25. November 1848 bestimmt den Geschäftskreis derselben.

Commandirt zur Dienstleistung:
Hptm. Lienau à la suite des 4. Inf.=Bats.
Sec.=Lt. v. Levetzow vom 2. Drag.=Rgt.

Zum Ressort dieser Abtheilung gehört:
Das Montirungs=Depot in Rendsburg:
Vorsteher: Major a. D. v. Halle.

Kriegs-Departement.

Commandirt zur Dienstleistung:
Major v. Nißen (PrRA4) à la suite des 1. Drag.-Rgts.
Hptm. v. Irminger v. d. Armee, Vorsteher des Inf.-Depots.

3. Ober-Kriegs-Commissariat.

Abth.-Chef: Ober-Kriegs-Commissair Brackel (mit dem Range als Hauptmann).

4. Ober-Revisions-Büreau.

Abth.-Chef: Hptm. v. Friedrichsen von der Armee.

5. Ober-Medicinal-Büreau.

Abth.-Chef: Oberarzt Dr. Kirchner (mit Hptms.-Rang).

Außerdem zur Dienstleistung commandirt:
Hptm. v. Petersen von der Armee.
— v. Coch — — —

Zur Disposition:
Oberst v. Fabricius von der Armee.
Rittm. v. Jacobsen — — —

Abg. seit dem 20. April: Hptm. v. Lesser z. Ingen.-Corps zurück; Major v. Leonhardt v. d. Armee; Oberst-Lieuts. v. Kindt und v. Schröder f. Commandantur; Major v. Unzer f. Offiz. à la suite der Cavallerie; Majors a. D. v. Elberg und v. Madeprang, Vorsteher resp. des Montirungs-Depots und Garnisons-Hospitals, in den Ruhestand versetzt.

Offiziere à la suite der Armee
(am 31. December 1848):

Gen.-Lieut. **Christian** Carl Friedrich August Herzog von Schleswig-Holstein-Sonderburg-Augustenburg Durchlaucht — v. d. Inf. (*HG1.*)

Gen.-Lieut. **Friedrich** Emil August Prinz zu Schleswig-Holstein-Sonderburg-Augustenburg Durchlaucht — von der Cav. (*HG1.*)

Gen.-Major **Carl** Herzog von Schleswig-Holstein-Sonderburg-Glücksburg Durchlaucht — v. d. Inf. (*RA1.*) (*CHL1.*)

Offiziere von der Armee:

Oberst v. Fabricius (*GEgK*), f. Kriegs-Departement — von der Inf.
Major v. Normann, f. Commandantur — v. d. Inf.
  » v. Leonhardt, f. » — » » »
  » v. Lachmann, f. Christians-Pflegehaus — v. d. Inf.
Hptm. v. Irminger, f. Kriegs-Departement — » » »
  » v. Wiegand, f. Commandantur — » » »
  » v. Friedrichsen, f. Kriegs-Departement — » » »
  » v. Petersen, f. » — » » »
  » v. Coch, f. » — » » »
Rittm. v. Jacobsen, f. » — v. d. Cav.
Pr.-Lt. v. Cold (mit dem Char. als Hptm.), f. Christians-Pflegehaus — v. d. Inf.

Abg. seit dem 24. März 1848: Hptm. v. Petersen 2ter mit Pension der Abschied bew.

Alphabetisches Verzeichniss des Quartier-Standes der Armee am 24. März 1848.

Altona.
1 Detachem. vom ehem. 14. 15. u. 16. (1. 2. u. 3.) Inf.-Bat.
See-Batterie Friedrichsort am Kieler Hafen.
Commandantur.
1 Detachement vom ehemal. 4. (1.) Jäger-Corps.

Glückstadt.
Ehem. 17. (4.) Inf.-Bat.

Itzehoe.
Stab. 1. und 2. Escadr. des 2. Drag.-Rgts.

Kiel.
Ehem. 5. (2.) Jäger-Corps.
3. Escadr. des 2. Drag.-Rgts.

Ploen.
4. Escadr. des 2. Drag.-Rgts.

Rendsburg (Festung).
General-Commando in den Herzogthümern.
Commandantur.
Ehem. 14. (1.) Inf.-Bat.
     »   15. (2.)
     »   16. (3.)
     »   2. Artill.-Rgt.
1 Pionier-Compagnie.

Schleswig (Stadt).
Ehem. 4. (1.) Jäger-Corps.
1. Drag.-Rgt.

31. December 1848.

Altona.
Commandantur.
3. Inf.-Bat.

Apenrade.
1 Detachem. des 1. Drag.-Rgts.

Bramstedt.
2. 6lbige fahr. Batt.

Christiansfeld.
1 Detachem. des 1. Drag.-Rgts.

Eckernförde.
Commandantur.
2. Inf.-Bat.
1. Fest.-Batt.
Christians-Pflegehaus.

Elmshorn.
10. Inf.-Bat.

Flensburg.
Commandantur.

1. Jäger-Corps.
1 Detachem. des 1. Drag.-Rgts.
Hafen-Fort Friedrichsort und See-Batt. Laboe.
Commandantur.
1 Fest.-Batt.
Glückstadt.
Commandantur.
4. Inf.-Bat.
Gravenstein.
1 Detachem. des 1. Drag.-Rgts.
Hadersleben.
Commandantur.
1 Detachem. des 1. Drag.-Rgts.
Heide.
Commandantur.
4. Jäger-Corps.
Itzehoe.
Commandantur.
Stab 1. 2. 3. Esc. des 2. Drag.-Rgts.
Kiel.
Com. der II. Inf.-Brigade.
Commandantur.
6. Inf.-Bat.
1. 6Udige fahr. Batt.
Marine-Ober-Commando.
Seecadetten-Schule.
Lütjenburg.
Stab u. 2 Comp. des 7. Inf.-Bats.
Meldorf.
9. Inf.-Bat.
Neumünster.
Commandantur.
3. 6Udige fahr. Batt.
Oldenburg.
2 Comp. des 7. Inf.-Bats.

Oldesloe.
5. Inf.-Bat.
Ottensen.
5. Esc. des 2. Drag.-Rgts.
Pinneberg.
2 Comp. des 1. Inf.-Bats.
Ploen.
Stab u. 2 Comp. d. 8. Inf.-Bats.
4. Esc. des 2. Drag.-Rgts.
Preetz.
2 Comp. des 8. Inf.-Bats.
Rendsburg.
Festungs-Commandantur.
Platz-Commandantur.
Art.-Rgts.-Stab, II Feld-Abth., 3 Fest.-Batt., Pontonnier-Cp., Unteroff.-Elevenschule, Zeug-Laboratorium u. Handw.-Etat, Train und Munit.-Colonne.
Ingen.-Corps nebst 1 Pion.-Cp.
Schleswig.
Armee-Commando.
Kriegs-Departement.
Com. der I. Inf.-Brig.
Insp. der Jäger.
Com. der Cav.-Brig.
Commandantur.
Stab u. 1 Esc. d. 1. Drag.-Rgts.
Segeberg.
3. Jäger-Corps.
Tondern.
Commandantur.
2. Jäger-Corps.
1 Detachem. des 1. Drag.-Rgts.
Uetersen.
Stab u. 2 Comp. d. 1. Inf.-Bats.
Wandsbeck.
Com. d. Holst. Grenz-Gensd'arm.

Uebersicht der Armee-Eintheilung am 24. März 1848.

	Infanterie.	Cavallerie.	Artillerie.	Pioniere.
Eine Brigade.	Infanterie-Bataillone u. Jäger-Corps. Chem. 14. Inf.-Bat. „ 15. „ „ „ 16. „ „ „ 17. „ „ „ 4. Jäg.-Corps „ 5. „ à 4 Compagnien. 1. Inf.-Bat. 2. „ „ 3. „ „ 4. „ „ 1. Jäg.-Corps 2. „	1. Drag.-Rgt. 2. Drag.-Rgt. à 4 Escadr.	Chem. 2. Regiment, bestehend aus 2 bespannten 6pfdg. und 2 unbespannten fahrenden Batterien, einer Pontonniers-Comp., Unterofficier-Eleven-Schule, einem Zeug-Laboratorium und Handwerker-Etat.	Eine Pionier-Compagnie.

Das Contingent in den Herzogthümern Schleswig-Holstein.

Uebersicht der Armee-Eintheilung am 31. December 1848.

Brigaden.	Infanterie. Bataillone und Corps.	Cavallerie.	Artillerie.	Pioniere.
I. Inf.-Brig.	1. Inf.-Bataillon 2. „ „ 3. „ „ 4. „ „	Eine Brigade. 1. Dragoner-Regiment (1. 2. 3. 6ß., 1. 2. 12ß. reit. Abth.), 1 Pontonnier-Comp., Unteroff.-Eleven-Schule, Zeug-Laboratorium u. Handwerker-Etat und Train-Comp.	Ein Regiment, bestehend aus: 2 Feld-Abtheilungen (1. 2. 3. 6ß., 1. 2. 12ß. reit. Abth.), 1 Fest.-Abth. (5 Batt.), 1 Pontonnier-Comp., Unteroffiz.-Eleven-Schule, Zeug-Laboratorium u. Handwerker-Etat und Train-Comp.	1 Compagnie.
II. Inf.-Brig.	5. Inf.-Bataillon 6. „ „ 7. „ „ 8. „ „	2. Dragoner-Regiment.		
Jäger-Inspection.	1. Jäger-Corps 2. „ „ 3. „ „ 4. „ „ à 4 Compagnien.	à 5 Escadr.		

Schleswig-Holsteinische Armee.

Anm. III. Feld-Abth. noch in der Formation begriffen.

Armee-Eintheilung.

Armee-Commando
(am 31. December 1848).
Schloß Gottorff.

Command. General: Gen.-Lieut. v. Bonin (PrRA3mitSchl.) (PrEK1) (PrEK2S) (PrJR) (PrPM) (PrDK) (BV3) (RW3) (RA2mK*).

Abg.: Command. General: Gen.-Lt. Friedrich Prinz zu Schleswig-Holstein, Sonderburg-Augustenburg Durchl., f. Ohst. à la suite der Armee.

Generalstab der Armee
(am 24. März 1848).

Major du Plat. — v. d. Cav.

Abgang:	Zugang:
Sous-Chef: Hptm. v. Leßer zum Ingen.-Corps zur.	Sous-Chef: Hptm. v. Leßer vom Ingen.-Corps.
Chef: Oberst v. Fabricius als Comdr. der I. Inft.-Brig.	Chef: Oberst-Lt. v. Fabricius.
Chef: Major Leo,	Sous-Chef: Hptm. v. Wrangel.
Sous-Chef: Hptm. v. Katzeler, beiden der Abschied bew.,	Sous-Chef: Hptm. v. Katzeler.
Hptm. v. Wrangel in die Adjut. versetzt.	Chef: Major Leo,
	Chef: Königl. Preuß. Hauptm. v. Delius.

(Am 31. December 1848).
Schleswig.

Chef: Hptm. v. Delius (PrRA4mSchw.).

à la suite:

Oberst-Lieut. du Plat, f. Kriegs-Departement.

Adjutantur
(am 24. März 1848).

Pr.-Lt. v. Lützow 1ste b. Gen.-Com. der Herzogthümer.
(Vom 24. März bis 31. December 1848 incl.)

Zugang:

Oberst-Lt. **Friedrich** Prinz zu Schleswig-Holstein-Sonderburg-Augustenburg Durchl à la suite der Cav. b. Armee-Com.

Ob.-Lt. Graf v. Blome-Salzau à la suite d. Cav. (Ordonnanz-Offizier) b. Armee-Com.

Rittm. v. Christiansen b. d. II. Inf.-Brig.

Sec.-Lt. Graf v. Brockdorff-Ahlefeldt (v. d. Cav.) Ordonnanz-Offiz. b. d. II. Inf.-Brig.

Hptm. v. Kageler (v. d. Inf.) b. Armee-Com.

Sec.-Lt. Bärens, Civil-Adjut. Sr. Durchl. d. com. Generals.

Pr.-Lt. Frhr. v. Diepenbroick-Grüter b. d. Cav.-Brig.

Hptm. v. Berger (v. d. Inf.) persönl. Adjut. Sr. Durchl. d. com. Generals (BL3) (HG4).

Hptm. v. Schimmelmann (v. d. Inf.) als Stabs-Chef b. d. II. Inf.-Brig.

Hptm. Sörensen (v. d. Inf.) als Stabs-Chef b. d. I. Inf.-Brig.

Sec.-Lt. Graf v. Holstein (v. d. Cav.) b. Armee-Com. (Ordonnanz-Offizier).

Rittm. Graf zu Elz b. Armee-Com. (Ordonnanz-Offizier).

Hptm. v. Wrangel (v. d. Inf.) b. d. Jäger-Insp.

Sec.-Lt. Aye (v. d. Cav.) b. Armee-Com.

Pr.-Lt. v. Alten (v. d. Inf.) b. Armee-Com.

Kön. Preuß. Pr.-Lt. v. Treskow (v. d. Inf.) b. Armee-Com.

Hptm. v. Bräuchitsch (v. d. Inf.) b. Armee-Com.

Abgang:

Hptm. v. Kageler als Sous-Chef in den Generalstab versetzt.

Sec.-Lt. Graf v. Holstein in's 2. Drag.-Rgt. einrangirt.

Sec.-Lt. Bärens in's 1. Jäger-Corps einrangirt.

Oberst-Lt. Graf v. Blome-Salzau zu den Offizieren à la suite der Cav. zurückversetzt.

Hptm. v. Schimmelmann,
Sec.-Lt. Graf v. Brockdorff-Ahlefeldt,
Hptm. v. Berger,
Rittm. Graf zu Elz,
Pr.-Lt. Frhr. v. Diepenbroick-Grüter als Rittm. u. Escadr.-Chef in's 2. Drag.-Rgt.;
Hptm. Sörensen als Comp.-Chef in's 4. Inf.-Bat. versetzt.

Armee-Eintheilung. Adjutantur.

(Am 31. December 1848).

Rittm. v. Christiansen, b. d. II. Inf.=Brig.
Hptm. v. Wrangel (v. d. Inf.), b. d. Jäger=Inspection.
 ‑ v. Lützow (v. d. Inf.) b. Chef d. Kriegs=Depart.
Pr.=Lt. v. Brauchitsch (v. d. Inf.) b. Armee=Commando,
 com. b. d. Marine.
Pr.=Lt. v. Alten (v. d. Inf.) b. Armee=Commando.
Sec.=Lt. Aye (v. d. Cav.) b. Armee=Commando.

Commandirt zur Dienstleistung:

Oberst.=Lt. Friedrich Prinz zu Schleswig=Holstein=Sonderburg=
 Augustenburg Durchl., à la suite der Cav., b. Armee=Com.
Pr.=Lt. v. Zeska 1ste, v. 1. Jäger=Corps, b. d. Jäger=Inspect.
Sec.=Lt. b. Hennings, = 1. ‑ = b. d. I. Inf.=Brig.
 = v. Sachau, = 1. = = b. d. II. =
 = Graf v. Luckner, v. 1. Drag.=Rgt., b. d. Cav.=Brig.
 = v. Abercron 1ste, = 2. = b. Armee=Com.
 = Graf v. Blome=Salzau, v. 2. Drag.=Rgt., b.
 Armee=Com. (Ordonnanz-Offizier).

Außerdem:

Königl. Preuß. Pr.=Lt. v. Trescow, des Kaiser Alexander
 Grenadier=Regiments (*Pr RA 4m Schw.*), b. Armee=Commando.

Außerdem gehören zum Stabe der Armee:

Armee-Auditeur (mit dem Range als Major):

Cartheuser.

Abg.: Audit. v. Harbou von der Wahrnehmung der Geschäfte entb.,
 s. Jäger-Insp.

Generalstabs-Arzt der Armee (m. d. Range als Oberst=Lt.):	General-Arzt der Armee (m. d. Range als Major):
ad int.: Ober=Arzt Dr. Riese.	
Abg.: Generalstabs-Arzt Professor und Etatsrath Dr. Langenbeck der Abschied bew.	

Ober-Quartiermeister der Armee (m. d. Range als Major):

Geerz. (Der Geschäftskreis desselben ist durch die Bekannt-
 machung der gemeinf. Regier. v. 20. Nov. 1848 festgestellt.)

Feld-Probst der Armee:

Abg.: Feldprediger Dr. Ut genannt der Abschied bew.

Feld-Post-Amt der Armee:
Feld-Postmeister Pierzig (m. d. Range als Pr.-M.) [prov.].

I. Infanterie-Brigade.
Schleswig.
(Am 31. December 1848.)

Com.: Oberst Graf v. Baudissin (PrJR).
(Vom 9. Sept. bis 27. Sept. mit der stellvertretenden Führung der Armee beauftragt gewesen.)
Etatsm. Stabs-Offizier: Major v. Staffeldt.

Chef des Stabes:	Adjutant:
Brigade-Auditeur: Ober-Auditeur Graf v. Baudissin.	Sec.-Lt. v. Hennings, vom 1. Jäger-Corps, z. Dienstl.
Brigade-Arzt:	Feldprediger: . . . .

1. 2. 3. 4. und 9. Inf.-Bataillon.

Abg.: Com. Gen.-Major v. Krohn, als Chef des Kriegs-Departements; Com. Oberst v. Fabricius z. d. Offiz. v. d. Armee und zur Disposit. gestellt; Adj. Pr.-Lt. v. Irminger z. 1. Drag.-Rgt. zur.; Stabs-Chef Hptm. Sörensen v. d. Adjut. als Comp.-Chef, z. 4. Inf.-Bat., Ordonnanz-Offiz. Sec.-Lt. Graf v. Baudissin-Knoop in's 2. Inf.-Bat. versetzt.

II. Infanterie-Brigade.
Kiel.
(Am 31. December 1848.)

Com.: Oberst-Lt. v. Sachau.
Etatsm. Stabs-Offiz.: Oberst-Lt. v. Garrelts (PrEK2) (PrDK).

Chef des Stabes:	Adjutant:
Brigade-Auditeur: Sachau.	Rittm. v. Christiansen.
Brigade-Arzt:	Sec.-Lt. v. Sachau, v. 1. Jäg.-Corps, z. Dienstl.
	Feldprediger: . . . .

5. 6. 7. 8. und 10. Inf.-Bataillon.

Armee-Eintheilung. Jäger-Insp.

Abg.: Com. Gen.-Major Carl Herzog von Schleswig-Holstein-Sonderburg-Glücksburg Durchl. zu den Offizieren à la suite der Armee zurückgetreten; Stabs-Chef: Hptm. v. Schimmelmann v. d. Adjut., und Adj.: Sec.-Lt. Graf v. Brockdorff-Ahlefeldt der Abschied bew.; Adj.: Pr.-Lt. v. Krohn der Adjutant. in's 4. Inf.-Bat. versetzt.

Jäger-Inspection
(errichtet den 29. August 1848).

Schleswig.
(Am 31. December 1848)

Inspecteur: Oberst-Lt. v. Zastrow. *(PrRA4mSchw.) (PrDK) (BZL3) (DD4) (RW4) (TNJmBr)*.
Etatsm. Stabs-Offizier: . . . .

Adjutant.:	Insp.-Auditeur: v. Harbou.
Hptm. v. Wrangel. Pr.-Lt. v. Zeska 1ste, vom 1. Jäger-Corps, z. Dienstl.	

1. 2. 3. 4. Jäger-Corps.

Abg.: Etatsm. Stabs-Offizier Major Willmann als Comdr. des 2. Inf.-Bataillons.

Infanterie.

1. Infanterie-Bataillon (ehem: 14. Inf.-Bat.).

Rendsburg
(den 24. März 1848).

Com.: Oberst v. Seyffarth (*PrRA3*), s. Commandantur.
Major v. Zeska   Stab.
Hptm. v. Krabbe 1ste   3. | Hptm. v. Staffeldt   2.
     v. Springborn   4. | Pr.-Lt. Graf v. Brockdorff-
                                   Schneh.

Ober-Arzt: Cramer.
Ober-Auditeur: Brackel . . . . Rechn.-Führer.

(Vom 24. März bis 31. December 1848 incl.)

Zugang:

Sec.-Lt. v. Zeska 2te (Adj.).	Pr.-Lt. v. Lupinski.
Pr.-Lt. Schimmelfennig-v. d. Oye.	= = Graf v. Westarp.
Pr.-Lt. v. Münchhausen.	Sec.-Lt. Rodowicz.
Pr.-Lt. v. Malachowski 1ste (Comp.-Comdr.).	= = Unger.
	= = Ochsz.
Com.: Major v. Panwitz (*PrDK*) (*NL3*).	Pr.-Lt. Lütgen.
Pr.-Lt. Preuß.	= = v. Drosedow (Comp.-Comdr.).
Com.: Major v. Wasmer 2te.	Pr.-Lt. v. Unruh (Comp.-Comdr.).
Hptm. und Comp.-Chef Bar. v. Puttkammer.	

Abgang:

Rechn.-Führer: Ober-Auditeur Brackel als Ober-Kriegs-Commissair in's Kriegs-Departement versetzt.	Comdr. des 3. Inf.-Bat.
	Pr.-Lt. Schimmelfennig-v. d. Oye,
Hptm. v. Krabbe 1ste als	Pr.-Lt. v. Münchhausen der Abschied bew.

Infanterie.

Com.: Major v. Panwitz in gleich. Eigensch. z. 5. Inf.-Bat.,
Pr.-Lt. Preuß in's 5. Inf.-Bat.,
Pr.-Lt. v. Malachowski 1ste als Comp.-Comdr. in's 4. Jäger-Corps,
Pr.-Lt. v. Zeska 2te in's 3. Jäger-Corps,
Pr.-Lt. Lütgen als Comp.-Comdr. in s9. Inf.-Bat. versetzt.

Hptm. v. Springborn als Major u. Comdr. d. 7. Inf.-Bats.
Hptm. v. Staffeldt als Major u. etatsm. Stabsoffizier zur I. Inf.-Brig.
Oberst v. Seyffarth zur Dispos. gestellt u. hiernach mit Pension d. Abschied bew.

(Am 31. December 1849.)

Stab und 2 Comp. Uetersen, 2 Comp. Pinneberg.

Com.: Major v. Wasmer 2te.
Hptm. Bar. v. Puttkammer 3.
  = Graf v. Brockdorff-Schney 1.
Pr.-Lt. v. Unruh (Ep.-Com.) 4.
  =   v. Drosedow (=) 2.
  =   v. Lupinski.

Sec.-Lt. Rodowicz (mit Pr.-Lts.-Anc.).
Pr.-Lt. Graf v. Westarp.
Sec.-Lt. Unger Adj.
  =   = Ochsz.

à la suite:

Oberst-Lieut. v. Zeska, f. Commandantur.
Ober-Arzt: Cramer.
Rechn.-Führ.: Abel.

---

3. Infanterie-Bataillon (ehem. 15. Inf.-Bat.).

Rendsburg
(am 24. März 1849).

Com.: . . . .
Major v. Schroeder (SWVM) Stab.
Hptm. v. Jeß 3.
  = v. Brackel 1.
Pr.-Lt. v. Clasen.
  = A v. Wenck.

Pr.-Lt. v. Jeß Adj.
Sec.-Lt. v. Zeska 2te.
  =   = v. Friedrichsen.

Ober-Arzt: Jürgensen.

Jahrbuch.

(Vom 24. März bis 31. December 1848 incl.)

Zugang:

Com.: Major v. Kindt.
Sec.-Lt. Wegener.
Pr.-Lt. v. Scriba.
 ‒ ‒ v. Schmieden (Adj.).
 ‒ ‒ v. Röhl.
Sec.-Lt. v. Specht.
 ‒ ‒ Mischke.

Sec.-Lt. Langer.
 ‒ ‒ Tiehsen.
 ‒ ‒ Graf v. Baudissin-Knoop.
Com.: Major Willmann.
Sec.-Lt. v. Ewald.

Abgang:

Etatsm. Stabs-Offiz. Major v. Schroeder als Comdr. des 5. Inf.-Bats.
Sec.-Lt. v. Zeska 2te in's 1. Inf.-Bat. verf.

Pr.-Lt. v. Scriba,
Sec.-Lt. Wegener,
Pr.-Lt. v. Röhl, der Abschied bewilligt.
Com.: Major v. Jeß gestorben.

(Am 31. December 1848.)

Eckernförde.

Com.: Major Willmann (PrEK2).
Hptm. v. Brackel 1.
 ‒ v. Clasen 4.
 ‒ v. Wenck 2.
Pr.-Lt. v. Jeß 3.
 ‒ ‒ v. Schmieden, Adj.
Sec.-Lt. Tiehsen.
 ‒ ‒ v. Friedrichsen.

Sec.-Lt. Langer.
 ‒ ‒ Mischke.
 ‒ ‒ Graf v. Baudissin-Knoop (2te).
 ‒ ‒ v. Specht.
 ‒ ‒ v. Ewald.

à la suite:

Oberst-Lt. v. Kindt, f. Commandantür.
 Ober-Arzt: Holtz (3. Cl.).
 Rechn.-Führ.: Wagner.

3. Infanterie-Bataillon (ehem. 16. Inf.-Bat.).
Rendsburg
(am 24. März 1848.)

Com.: Oberst-Lt. Graf v. Baudissin (P+JR).
Major v. Kindt   Stab.
Hptm. v. Abercron   1. | Hptm. v. Coch.
= v. Schmidt   2. | Pr.-Lt. v. Lüders,   Adj.
= v. Thalbitzer   3. | Sec.-Lt. v. Claussen.
= v. Krabbe 2te   4. |
Ober-Arzt: ad int. Unt.-Arzt Dr. Clasen.
Rechn.-Führ.: Hptm. a. D. Friedrichsen.

(Vom 24. März bis 31. December 1848 incl.)

Abgang:	Zugang:
Etatsm. Stabs-Offiz. Major v. Kindt als Combr. d. 2. Inf.-Bats.	Hptm. u. Comp.-Chef v. Eggers.
Hptm. v. Coch als Comp.-Chef in's 4. Inf.-Bat.	Pr.-Lt. v. Beeren (Adj.).
Hptm. a. D. v. Friedrichsen (ehem. Rechn.-Führ.) zu den Offizieren v. d. Armee verf.	Sec.-Lt. Blees.
	Com.: Hptm. v. Krabbe 1ste.
	Pr.-Lt. Joesting.
	Sec.-Lt. Bar. v. Stillfried-Rattonitz 1ste.
Hptm. v. Schmidt an d. bei Bau erhaltenen Wunden am 12. April c. in der Gefangenschaft gestorben.	Sec.-Lt. Duwe.
	Hptm. v. Kempski (aggreg.).
	Sec.-Lt. v. Hirschfeld.
Com.: Oberst-Lt. Graf v. Baudissin als Combr. der I. Inf.-Brigade.	Hptm. u. Comp.-Chef v. Zimmermann.
Hptm. v. Thalbitzer als Major u. Combr. des 6. Inf.-Bats.	
aggreg. Hptm. v. Kempski als Comp.-Chef in's 10. Inf.-Bat. verf.	
Hptm. v. Krabbe als Major mit Pension der Abschied bew.	
Com.: Major v. Krabbe mit Pension der Abschied bew.	

Infanterie.

(Am 31. December 1848.)
Altona.

Com.: Oberst-Lt. v. Abercron.
Hptm. v. Eggers . . . . 2. | Sec.-Lt. Bar. v. Stillfried,
   » v. Zimmermann 4. | Rattoniz 1ste,
Pr.-Lt. v. Beeren (Cp.-Com.) 3. | » » Blees,   Adj.
 » » v. Claußen (») 1. | » » v. Hirschfeld.
 » » v. Joesting. | » » Duwe.

        à la suite:

Hptm. v. Lüders, f. Commandantur v. Rendsburg.
     Ober-Arzt: Dr. Clasen (3. Cl.).
     Rechn.-Führ.: Lüthje.

---

4. Infanterie-Bataillon (ehem. 17. Inf.-Bat.).
Glückstadt
(am 24. März 1848.)

Com.: Oberst v. Lobedanz.
Major v. Bündiger   Stab.
Hptm. v. Knobbe   2. | Hptm. v. Hansen 2te   4.
  » v. Hansen 1ste   3. | Sec.-Lt. v. Normann.
    Ober-Arzt: Meyer.
    Auditeur Graf v. Baudissin.   Rechn.-Führ.

(Vom 24. März bis 31. December 1848 incl.)

Abgang: Zugang:

Com.: Oberst v. Lobedanz | Hptm. v. Labaes |
  z. Dispos. gest. | » v. Lienau | à la suite.
Sec.-Lt. v. Normann in's | » u. Comp.-Chef v. Coch (1.)
  6. Inf.-Bat., | Pr.-Lt. Unruh (Adj.)
Hptm. v. Coch zu den Offi- | » » Bauer,
  zieren v. d. Armee, | » » v. Blanbowski 1ste
Audit. Graf v. Baudissin als | (Comp.-Com.),
  Ober-Aud. z. I. Inf.-Brigade | » » v. Krohn (Comp.-Com.).
  versetzt. | Sec.-Lt. Herzbruch,
Sec.-Lt. v. Kleist verab- | » » Hagemann,
  schiedet. | » » Bornträger.

Infanterie.

Abgang:	Zugang:
Hptm. à la suite v. Hansen 1ste als Major und Comdr. des 5. Inf.=Bats.	Sec.=Lt. v. Kleist. Hptm. u. Comp.=Chef: Sörensen.
Oberst z. Disp. v. Lobedanz, Hptm. v. Lavaetz mit Pension der Abschied bew.	Sec.=Lt. v. Keller=Schleitheim. Sec.=Lt. Meyer 2te.

(Am 31 December 1848.)
Glückstadt.

Com.: Oberst=Lt. v. Bündiger.	
Hptm. v. Hansen 4.	Pr.=Lt. Unruh.
= Sörensen	Sec.=Lt. Herzbruch.
(Pr RA 4m Schw.) 3.	= = Hagemann.
Pr.=Lt. v. Blandowski	= = Bornträger.
(Cp.=Com.) 2.	= = v. Keller=Schleit=
= = v. Krohn 1ste	heim, Adj.
(Cp.=Com.) 1.	= = Meyer 2te.
= = Bauer, c. z. Dst. b. 8. Inf.=Bat.	

à la suite:
Major v. Knobbe, f. Platz=Commandantur v. Rendsburg.
Hptm. v. Lienau, f. Armee=Intendantur.
Ober=Arzt: Meyer (1. Cl.).
Rechn.=Führ.: Desau.

---

5. Infanterie=Bataillon.
Errichtet den 25. März 1848.
Rendsburg. (Am 9. April.)

Com.: Major v. Zastrow.	
Hptm. Köhn = v. Jaski.	Pr.=Lt. Graf v. Westarp, Adj.
= v. Doering.	= = v. Stuckradt.
= v. Brauchitsch.	= = v. Wedderkop.
Pr.=Lt. v. Ziemietzki (Cp.= Com.).	Sec.=Lt. v. Emme.
	= = v. Blandowski 3te.
= = v. Zschüschen.	

Infanterie.

à la suite:

Major v. Schroeder, f. Kriegs-Departem.
Hptm. v. Brodersen, f. = =
  = v. Friedrichsen 2te, f. = =
  = v. Petersen 1ste, f. = =
  = v. Irminger 2te, f. = =

aus dem aufgelösten
5. Inf.-Bat.

Ober-Arzt: Dr. Jöns (3. Cl.).
Rechn.-Führ.: Kröger.

(Vom 10. April bis 31. December 1849 incl.)

Abgang:	Zugang:
Com.: Oberst-Lt. v. Zastrow in gl. Eigensch. z. Jäger-Corps,	Sec.-Lt. v. Regeleln.
	= = Wichers.
Com.: Major v. Wasmer 2te in gl. Eigensch. z. 1. Inf.-Bat.,	Com.: Major v. Wasmer 2te.
	Sec.-Lt. Friedrichsen 2te.
Hptm. v. Doering ins 4. Jäger-Corps,	= = Engelbrecht.
	Com.: Major v. Panwitz.
Pr.-Lt. v. Bschüschen ins 4. Jäger-Corps,	Pr.-Lt. Preuss.
	Sec.-Lt. Noodt.
Pr.-Lt. Graf v. Westarp ins 1. Inf.-Bat.,	Pr.-Lt. v. Malachowski 2te (Comp.-Com.).
Hptm. v. Brauchitsch zur Adjutantur versetzt.	Int. Com.: Hptm. v. Hansen 1ste.
Com: Major v. Panwitz und Pr.-Lt. Preuss d. Abschied bew.	Hauptm. und Comp.-Chef v. Rahtlev.
Hptm. v. Petersen (à la suite) zu den Offizieren v. d. Armee.	Pr.-Lt. v. Aller (Comp.-Com.).
Hptm. v. Rahtlev ins 2. Jäg.-Corps,	Pr.-Lt. v. Gönner (Comp.-Com.).
Hptm. v. Aller ins 1. Jäg.-Corps versetzt.	Pr.-Lt. v. Gotzkow (Comp.-Com.).
Hptm. (à la suite) v. Irminger 2te,	Pr.-Lt. v. Bischoffshausen (Comp.-Com.).
Sec.-Lt. Friedrichsen 2te.	Pr.-Lt. v. Pritzbuer (Comp.-Com.).
Hptm. (à la suite) v. Brodersen, letzterm mit Pension.	
Hptm. Köhn-v. Jaski,	

Infanterie.

Abgang:
Pr.-Lt. v. Malachowski 2te,
 = = v. Ziemietzki,
 = = v. Stuckradt,
Sec.-Lt. v. Blandowski 2te,
Hptm. v. Friedrichsen 2te
 (à la suite), diesem mit Pens.,
 sämmtlich d. Abschied bew.

(Am 31. December 1848.)
Oldesloe.

Com.: Major v. Hansen.
Pr.-Lt. v. Gotzkow (Cp.-Com.) .... 1.
 = = 2. Sönner (Cp.-Com.) .... 4.
 = = v. Bischoffshausen (Cp.-Com.) ... 2.
 = = v. Pritzbuer (Cp.-Com.) .... 3.

Pr.-Lt. v. Wedderkop.
Sec.-Lt. v. Emme, Adj.
 = = v. Negelein.
 = = Wichers.
 = = Engelbrecht.
 = = Noodt.

à la suite:
Oberst-Lt. v. Schroeder, f. Commandantur.
 Ober-Arzt: Dr. Francke (3. Cl.).
 Rechn.-Führ.: Lt. a. D. Kröger.

6. Infanterie-Bataillon.
Errichtet den 25. März 1848.
(Am 1. Juli deff. Jahres.)

Com.: Hptm. v. Hedemann 1ste.
Hptm. v. Steyber .... 2.
 = v. Cramm .... 4.
 = v. Eickstedt .... 1.
Pr.-Lt. v. Erhardt (Cp.-Com.) .... 3.
Sec.-Lt. v. Normann.
 = = v. Lilienstein, Adj.

Sec.-Lt. Katjen.
 = = Kröhnke.
 = = v. Tresenreuter.
 = = Buthenow.
 = = Alex. Graf v. Luckner.
 = = v. Neergaard.

Infanterie.

Ober-Arzt: Zettler (2. Cl.)
Auditeur Sachau   Rechn.-Führ.

Abg. seit d. Errichtung: Pr.-Lt. Frhr. v. Reitzenstein, Sec.-Lt. Kauffmann d. Abschied bew.; Pr.-Lt. v. Alten ins Jäg.-Corps versetzt.

(Am 31. December 1848.)
Kiel.

Com.: Major v. Thalbitzer.
Hptm. v. Steyber   2. | Sec.-Lt. v. Tresenreuter.
  » Bathke   1. | » » Wuthenow.
  » v. Cramm   4. | » » Aler. Graf v.
Pr.-Lt. v. Erhardt (Cp.=   »   Luckner,   Adj.
  Com.)   3. | » » v. Neergaard, c.
Sec.-Lt. v. Normann. | z. Dst. b. Ing.-Corps.
  » » v. Lilienstein. | » » Holm, c. z. Dst.
  » » Kröhnke, c. z. Dst. | b. Ing.-Corps.
      b. Ing.-Corps.

Ober-Arzt: Zettler (2. Cl.).
Rechn.-Führ.: Brüning.

Abg. seit d. 2. Juli: Com.: Hptm. v. Hedemann 1ste, als Major, Sec.-Lt. Ratjen beid. d. Abschied bew.; Hptm. v. Eickstedt als Comp.-Chef ins 4. Jäger-Corps, Audit. Sachau in gl. Eigensch. zur II. Inf.-Brigade versetzt.

---

7. Infanterie-Bataillon.
Errichtet den 25. Juli 1848.

(Am 31. December 1848.)
Stab und 2 Comp. Lütjenburg, 2 Comp. Oldenburg.

Com.: Major v. Springborn.
Hptm. v. Matzdorff | Pr.-Lt. v. Podbielski.
      (PrEKr2)   1. | Sec.-Lt. Kuhn.
  » v. Arnim (PrRA4)   3. | » » Theilkuhl.
  » Grundtmann   2. | » » Meier 1ste,   Adj.
Pr.-Lt. v. Kall (Cp.=Com.)   4. | » » Schellhorn.
      Ober-Arzt: Jebsen (2. Cl.).
      Rechn.-Führ.: Sec.-Lt. a. D. Bünsow.

Infanterie. 33

Abg.: Hptm. Buß *(PLA)* als Combr. d. Lauenburger Jäger-Abtheilung; Pr.-Lts. v. Lupinski ins 1., v. Gottow ins 5., v. Unruh ins 1. Inf.-Bat. sämmtl. als Comp.-Com., Com.: Oberst-Lt. v. Barrelts als etatsm. Stabsoffizier z. II. Inf.-Brigade versetzt.

8. Infanterie-Bataillon.

Errichtet den 25. Juli 1848.

(Am 31. December 1848.)

Stab 1. und 3. Comp. Ploen, 2. und 4. Comp. Preetz.

Com.: Major v. Roques *(PrDK)*.
Hptm. v. Woringen *(PrLA)* 4.   Sec.-Lt. Wormbs.
  „ Frhr. v. Lauer-Münch-   „ „ Hacke.
      hofen *(RG5)(SsM)* 1.   „ „ Semper.
  „ Schilling-v. Canstadt   „ „ Schneider 2te.
      [Cav.] *(PrDK)* 3.   „ „ Sarauw 2te.
Sec.-Lt. v. d. Goltz,   Adj.

Commandirt zur Dienstleistung:

Pr.-Lt. Bauer v. 4. Inf.-Bat. (Cp.-Com.).   2.

Ober-Arzt (fung.): Assist.-Arzt 1. Cl. Dr. Beeken.
Rechn.-Führ.: Rasmussen.

Abg. seit d. Errichtung: Inf. Com.: Major v. Leonhardt von dem Commando entbunden, s. Commandantur; Com.: Major Willmann als etatsm. Stabsoffizier zur Jäger-Inspection versetzt; Sec.-Lts. Baron v. Werder und Kayser aus d. Dienste entlassen; Pr.-Lt. v. Pritzbuer als Comp.-Combr. in's 5. Inf.-Bat. versetzt.

9. Infanterie-Bataillon.

Errichtet den 23. Juli 1848.

(Am 31. December 1848.)

Meldorf.

Com.: Major v. Hake.
Pr.-Lt. Lütgen (Cp.-Com.) 4.   Pr.-Lt. Grabner (Cp.-
  „ „ de Crompton (Cp.-   Com.)   3.
      Com.)   1.   Sec.-Lt. v. Wobeser.
  „ „ v. Szczepanski   „ „ Behrens.
      (Cp.-Com.)   2.   „ „ Schmidt.

3

Sec.-Lt. v. Reutadowski. | Sec.-Lt. Buchenhagen.
" " Traut. | " " Jordan.
" " Keller. | " " Westphal, Untersuch.-
" " v. Montowt. | u. rechnungführ. Offiz.
" " Schmidt-Schwar- | " " de Borde.
    zenhorn. | " " Poggenstein, Adj.
Ober-Arzt: Seidenschnur (8. Cl.).

Abg.: Hptm. v. Wobeser u. Sec.-Lt. Schramm der Abschied bew.

---

10. Infanterie-Bataillon.
Errichtet den 30. August 1848.
(Am 31. December 1849.)
Elmshorn.

Com.: Major v. Marklowski.
Hptm. v. Düsterlho . . . 2. | Sec.-Lt. Susarczewski.
 " v. Wittich (Pr R 14) 3. | " " Tichy.
 " v. Hagen . . . . 1. | " " Schenk, Adj.
 " v. Kempski . . . 4. | " " Sandes-v. Hoff-
Pr.-Lt. v. Gleißenberg. | mann.
Ober-Arzt (fung.): Ass.-Arzt 1. Cl. Dr. Lüders.
Rechn.-Führ.: Hübbinett.

Abg.: Sec.-Lts. Unger und Tiehsen resp. ins 1. u. 2., Hptm. v. Matz-dorff ins 7. Inf.-Bat. versetzt.

1. Jäger-Corps.

Gebildet aus dem ehemaligen

4. Jäger-Corps und 5. Jäger-Corps.

Schleswig. (Am 24. März 1848.)	Kiel.	
Hptm. v. Lange.	Major v. Sachau	Stab.
Pr.-Lt. v. Lützow (à la suite), r. als Abj. b. General-Commando in d. Herzogth.	Hptm. v. Michelsen	1.
	- v. Hedemann	2.
	- v. Halle	3.
Pr.-Lt. v. Passewitz.	Pr.-Lt. v. Rahtlev.	
- - v. Zeska 1ste.	- - van Aller.	
	- - v. Obnner.	
	Sec.-Lt. v. Lützow 2te.	
	- - v. Sachau.	
	- - v. Hennings.	
	- - v. Binzer.	
	Ober-Arzt Scheuerlen.	
	Auditr. v. Harbou, Rechn.-Führ.	
(War vom 24. März bis 9. April 1848 das 1. Jäger-Corps.)	(War vom 24. März bis 9. April 1848 das 2. Jäger-Corps.)	

(Vom 24. März bis 31. December 1848 incl.)

Abgang:	Zugang:
Pr.-Lt. v. Lützow 1ste in die Adjut. verf., f. Kriegs-Depart.	Sec.-Lt. Graf v. Reventlow.
	Hptm. v. Sandrort (Comp.-Chef).
Pr.-Lt. Waldmann (Cp.-Com.) in der Schlacht bei Schleswig geblieben.	Hptm. u. Comp.-Chef v. d. Heyde.
	Pr.-Lt. Waldmann (Comp.-Com.).
Comdr. d. vorm. 2. Jäger-Corps: Major v. Michelsen, und	Pr.-Lt. Fuchs.
Sec.-Lt. v. Lützow 2te, an den bei Bau erhaltenen Wunden in dänischer Gefangenschaft gestorben.	Sec.-Lt. Leo.
	- - Lüders.
	- - Ulrich.
	- - Ohlsen.
Pr.-Lt. v. Blandowski 1ste als Cp.-Com. ins 4. Inf.-Bat.,	- - Schneider 1ste.
	- - Lenz.
Pr.-Lt. Ganzer als Cp.-Com. ins 2. Jäger-Corps.	- - Bünsow.
	Pr.-Lt. Ganzer.

Jäger.

Abgang:

Sec.-Lt. Bünsow als Rechn.-Führ. ins 7. Inf.-Bat.,
Pr.-Lt. v. Malachowski 2te, Comp.-Comdr. der Lauenburger Jäger-Abtheilung in gleich. Eigenschaft ins 5. Inf.-Bat.,
Sec.-Lt. Leo zur Lauenburger Jäg.-Abth. versetzt.
Com.: Oberst-Lt. v. Zastrow z. Inspecteur d. Jäger ernannt.
Auditeur v. Harbou in gleich. Eigenschaft z. Jäg.-Insp. vers.
Oberst-Lt. (à la suite) v. Sachau, bisher Commandant von Kiel, zum Comdr. der II. Inf.-Brigade ernannt.
Pr.-Lt. Fuchs ins 2. Jäg.-Corps,
— — v. Alten, bisher Comp.-Comdr. in der Lauenburger Jäg.-Abtheil., in die Adjutant. vers. (s. Armee-Commando).
Hptm. (à la suite) v. Rahtleva als Cp.-Chef ins 2. Jäg.-Corps,
Pr.-Lt. van Aller als Comp.-
— — v. Gönner   Comdr.
  ins 5. Inf.-Bat.,
Sec.-Lt. v. Binzer ins 3.,
— — Sarauw ins 4.,
— — Gramm ins 3. Jäger-Corps versetzt.
Hptm. (à la suite) v. Halle, Vorsteher d. Montirungs-Depots zu Rendsburg, als Major mit Pension d. Abschied bew.

Zugang:

Pr.-Lt. v. Schoening (Cp.-Com.).
Pr.-Lt. v. Blandowski 1ste.
— — v. Malachowski 2te.
Sec.-Lt. Sarauw.
Pr.-Lt. v. Alten.
Com. des Jäger-Corps Oberst-Lt. v. Zastrow.
Etatsm. Stabs-Offizier Major v. Gersdorff.
Sec.-Lt. Gramm.
— — Adalb. Graf v. Baudissin.
— — Frhr. v. Heintze.
— — Heckscher.
— — Ahlmann.
— — v. Waltersdorff.
— — Bären.
Hptm. und Comp.-Chef van Aller.
Sec.-Lt. v. Krohn 2te.

Anm. Dem Corps war während des Feldzuges 1848 die Lauenburger Jäger-Abtheilung (2 Compagnien) und die Jäger-Abtheilung auf der Insel Fehmarn attachirt.

Jäbr.

(Am 31. December 1848.)
Flensburg ꝛc.

Com.: Major v. Gersdorff (PrRA4mSchw.) (PrJR) (RW4).
Major v. Hedemann   Stab.
Hptm. v. Sandrart   3. | Sec.-Lt. Lüders.
  - van Aller   2. | - Ulrich.
  - v. d. Heyde | - Ohlsen — war vom
      (PrRA4mSchw.)   4. | 18. Sept. bis 20. Oct. 1848
Pr.-Lt. v. Zeska 1ste, c. als | auf d. Inf. Fehmarn com.
    Adj. b. d. Jäg.-Insp. | - Schneider 1ste.
  - v. Schoening | - Lenz.
      (Cp.-Com.)   1. | - Adalb. Graf v.
Sec.-Lt. v. Sachau, c. als Adj. | Baudissin 1ste.
    b. d. II. Inf.-Brig. | - Frhr. v. Heintze.
  - v. Hennings, c. als | - Heckscher.
    Adj. b. d. I. Inf.-Brig. | - Ahlmann,   Adj.
  - Graf v. Reventlow. | - v. Waltersdorff.
  - Bärens. | - v. Krohn 2te.

à la suite:

Major v. Lange, s. Commandantur.
Hptm. v. Bassewitz, c. z. Dstl. beim Ministerial-Departement des Krieges.
  Ober-Arzt: Scheuerlen (1. Cl.).
  Rechn.-Führ.: Schmidt.

---

2. Jäger-Corps.
Errichtet den 25. Juli 1848.
(Am 31. December 1848.)
Tondern.

Com.: Major v. Seelhorst.
Hptm. v. Rähtleb — vom | Pr.-Lt. Ganzer (Cp.-Com.) 1.
  16. April bis 18. Sept. 1848 | - Fuchs (-   ) 3.
  Führer d. Jäg.-Detachem. | - v. Kahlden (-) 4.
  auf d. Insel Fehmarn —   2.| Sec.-Lt. v. Strantz.*)
  - v. Doering, abcom. | - v. Restorff.
    nach Schleswig.   4.| - Gelpke,   Adj.

---

*) Erhält später die Ancienuetät vor dem Pr.-Lt. v. Kahlden.

Sec.-Lt. v. Bülow.　　　　　　　Sec.-Lt. Dau.
  -   - Hammel.　　　　　　　 -   - v. Sellin.
  -   - Hennig.　　　　　　　 -   - v. Sperling.
  -   - v. Boeckmann.　　　　 -   - v. Reineck.
  -   - Menzel.

Ober-Arzt (fung.): Ass.-Arzt 1. Cl. Dr. Goeze.
Rechn.-Führ. 2. Cl.: Kratzenstein.

Abg.: Com. ad int. Major v. d. Armee v. Leonhardt vom Commando entb., k. Commandantur Heide; dienstl. Pr.-Lt. Budet vom 4. Inf.-Bat. zum 5. Inf.-Bat. übergetreten; Sec.-Lt. Dude bis 3., Sec.-Lt. Holm ins 6. Inf.-Bat., Pr.-Lt. Vellmunde als Comp.-Com. ins 4. Jäger-Corps versetzt; Hptl. Möller, v. Rekowsky u. v. Knobelsdorff (PrRM), Pr.-Lt. v. Reichenbach (Halb-Invalide), diesem als Hptm. mit 5jähriger Pension, sämmtlich der Abschied bew.

5. Jäger-Corps.
Errichtet den 28. August 1848.
(Am 31. December 1848.)
Segeberg.

Com.: Major v. Stuckradt.
Hptm. Schroer　　　　　　3. | Sec.-Lt. v. Binzer.
  - v. Steensen　　　　　4. | -   - Gramm.
  - v. Reisswitz　　　　　2. | -   - v. Haeseler.
  - v. Bülow　　　　　　　1. | -   - Baron v. Stillfried-
Pr.-Lt. Soubiran (PrDK),　　 |　　　　Rattonitz-Neu-
  - v. Zeska 2te.　　　　　 |　　　　tode 2te.
Sec.-Lt. v. Köppen.　　　　　 | -   - Heymann.
  - Rau,　　　　　　　Adj. | -   - Lübeck.
　　　　　　　　　　　　　　| -   - v. Lochow.

Ober-Arzt (fung.): Ass.-Arzt 1. Cl. Dr. Janssen.
Rechn.-Führ. 2. Cl.: Wiese.

Jäger.

4. Jäger-Corps.
Errichtet den 29. August 1848.

(Am 31. December 1848.)

Heide

Com.: Major v. Schmid (P+DK).
Hptm. Hennig (*PrRA4*) | Sec.-Lt. Hoffmann, Adj.
   (*RA3*)   1. | - - v. Kornatzki.
- v. Eickstedt   3. | - - Sarauw 1ste — war
Pr.-Lt. v. Malachowski | v. 16. April bis 20. Oct.
   (Cp.-Com.)   4. | 1848 auf der Insel Feh-
- - Hellmundt (Cp.-Com.) | marn com.
   (*PrRA4mSchw.*) 2. | - - Hilliger.
- - v. Zschüschen, | - - Reimann.
   abcom. nach Kiel.

Ober-Arzt (fung.): Assist.-Arzt 1. Cl. Dr. Meyer-Hane.
Rechn.-Führ. 2. Cl.: Böttcher.

Abg.: Com. Major v. Roques in gleich. Eigenschaft ins 8. Inf.-Bat., Hptm. v. Doering, Sec.-Lts. v. Restorff und v. Bülow ins 2. Jäger-Corps, Pr.-Lt. v. Drosedow ins 1. Inf.-Bat. versetzt.

Cavallerie.

Cavallerie-Brigade.
(Am 31. December 1849.)
Schleswig.

Int. Com.: Oberst-Lt. v. Fürsen-Bachmann, f. 1. Drag.-Rgt.
Chef des Stabes: | Adjutant.:
. . . . . . | Sec.-Lt. Graf v. Luckner,
| vom 1. Drag.-Rgt., 1. Oftl.

(1. und 2. Drag.-Rgt. à 5 Escadr.)

Abg.: Brigade-Comdr. Oberst-Lt. Woldemar Prinz zu Schleswig-Holstein-Sonderburg-Augustenburg Durchl. der Abschied bew.; Adj. Pr.-Lt. Frhr. v. Diepenbroick-Grüter als Rittm. und Esc.-Chef ins 2. Drag.-Rgt. versetzt. (Letzterer führte im Gefecht bei Bau am 9. April c. eine Abtheilung des 5. Inf.-Bats.)

---

1. Dragoner-Regiment.
Schleswig.
(Am 24. März 1849.)

Major Baron v. Brockdorff   Stab.
Rittm. v. Nißen (*PrRA4*) 1. | Pr.-Lt. Baron v. Brockdorff.
  „   v. Fürsen-Bach- | Sec.-Lt. v. Rumohr.
        mann   2. | „   „ v. Schröder.
Pr.-Lt. v. Holstein 1ste. | „   „ v. Waßmer.
  „   „ v. Matheson. | „   „ v. Irminger.
        Ober-Arzt: Henningsen.
        Auditeur Pustau   Rechn.-Führ.

Cavallerie. 41

(Vom 24. März bis incl. 31. August 1848.)

Abgang:

Major (à la suite) Baron v. Brockdorff gest., f. Com. der Holstein. Grenzgendarmerie.
Rittm. Frhr. v. Egloffstein ins 2. Drag.-Rgt.,
Audit. Pustau als Secretair ins Kriegs-Departem. versetzt.
Pr.-Lt. v. Gumpenberg der Abschied bew.
Sec.Lt. Frhr. v. Heintze 2te, am 21. Juni 1848 in Flensburg an seinen Wunden gest. (Wurde am 12. Juni bei Styding verw.)

Zugang:

Sec.-Lt. Niemojewsky.
Rittm. v. Jacobsen (à la suite).
Pr.-Lt. v. Brockenhuus.
 - - Julius Prinz zu Schleswig-Holstein-Sonderburg-Glücksburg Durchl.
 - - Frhr. v. Heintze 1ste.
 - - Alexander Gustav August Prinz v. Croy Durchl.
Sec.-Lt. Graf v. Luckner.
Rittm. v. Bismarck (Esc.-Chef).
Pr.-Lt. v. Gröning.
Sec.-Lt. Peters.
 - - Hellner 1ste.
 - - Hellner 2te.
 - - Müller.
 - - Schulz, Rechn.-Führ.
 - - v. Borries.
Rittm. Frhr. v. Egloffstein (Esc.-Chef).
Pr.-Lt. v. Bülow.
 - - Reckling.
Auditeur: Baron v. Loewenstern.
Sec.-Lt. Brandenburg.
Pr.-Lt. v. Gumpenberg.
Sec.-Lt. Frhr. v. Heintze 2te.
 - - Koch.
 - - v. Abercron 2te.
 - - v. Rumohr.
 - - v. Dorrien.
 - - Schmidt.
 - - v. Graeve (aggreg.).

Cavallerie.

(Am 1. September 1848.)
(Im Felde.)

Com.: Oberst-Lt. v. Fürsen-Bachmann.
Rittm. v. Holstein 1ste   Stab.
- v. Bismarck   5. | Pr.-Lt. Reckling.
- v. Matheson   3. | - - v. Bülow.
- Bar. v. Brockdorff 4. | - - v. Brockenhuus.
Pr.-Lt. v. Gröning (Esc.- | Sec.-Lt. Graf v. Luckner,
    Com.)   2. | 2. Rgts.-Adj.
- - v. Rumohr (Esc.- | - - v. Borries.
    Com.)   1. | - - Peters.
- - v. Schröder. | - - Hellner 1ste.
- - v. Niemojewsky, | - - Hellner 2te.
    1. Rgts.-Adj. | - - Müller.
- - v. Wasmer. | - - Brandenburg.
- - v. Irminger. | - - Koch.
- - Julius Prinz zu Schles- | - - v. Abercron 2te.
    wig-Holstein-Son- | - - v. Rumohr.
    derburg-Glücksburg | - - v. Dorrien.
    Durchl. (*B. HL1*). | - - Schmidt.
- - Frhr. v. Heintze.
- - Alexander Gustav Au-
    gust Prinz v. Croy Durchl.

à la suite:

Major v. Nissen, f. Kriegs-Departem.
Rittm. v. Jacobsen, Vorsteher des Pferde-Depots zu Rendsburg.

Aggregirt:

Sec.-Lt. v. Graehe.

Ober-Arzt Henningsen (1. Cl.).
Auditeur: Bar. v. Loewenstern.
Sec.-Lt. Schulz   Rechn.-Führ.

———

Cavalerie.

(Am 31. December 1848.)

Stab und 1 Esc. Schleswig, 4 Esc. in Flensburg, Tondern, Gravenstein, Hadersleben, Apenrade und Christiansfeld.

Com.: Oberst-Lt. v. Fürsen-Bachmann, f. Brigade.
Major v. Holstein   Stab.

Rittm. v. Bismarck	5.	Sec.-Lt. Graf v. Luckner,
„ v. Matheson	3.	c. als Adj. b. d. Cav.-Brig.
„ Bar. v. Brockdorff	4.	„ „ Peters, Adj.
„ v. Rumohr	1.	„ „ Hellner 1ste.
„ v. Schroeder	2.	„ „ Hellner 2te.
Pr.-Lt. Niemojewsky.		„ „ Müller.
„ „ v. Wasmer.		„ „ Brandenburg.
„ „ Julius Prinz zu Schles-		„ „ Koch.
wig-Holstein-Son-		„ „ v. Abercron 2te.
derburg-Glücksburg		„ „ v. Rumohr.
Durchl. (BrHL1)		„ „ v. Dorrien.
„ „ Frhr. v. Heintze.		„ „ Schmidt 1ste.
„ „ Reckling.		

à la suite:

Major v. Nißen, f. Kriegs-Departem.
Ober-Arzt: Henningsen (1. Cl.).
Auditeur: Bar. v. Loewenstern.
Sec.-Lt. a. D. Schulz   Rechn.-Führ.

Abg. seit dem 1. Sept.: Pr.-Lt. v. Brockenhuus als Sec.-Lt. ins Artill.-Rgt, Pr.-Lt. v. Jethinger ins 2. Drag.-Rgt. versetzt; aggreg. Sec.-Lt. v. Graeve ins 2. Drag.-Rgt. eingerangirt; Pr.-Lts. Prinz v. Croy Durchl. u. v. Bülow der Abschied bew.; Pr.-Lt. v. Gröning als Rittm. und Escadr.-Chef ins 2. Drag.-Rgt., Rittm. à la suite v. Jacobsen z. d. Offizieren v. d. Armee versetzt; Sec.-Lt. v. Borries d. Abschied bew.

---

2. Dragoner-Regiment.

Stab 1. und 2. Esc. Itzehoe, 3. Esc. Kiel, 4. Esc. Ploen.

(Am 24. März 1848.)

Rittm. Friedrich Prinz zu	Pr.-Lt. v. Linstow.
Schleswig-Holstein-Son-	Sec.-Lt. v. Jensen-Tusch.
derburg-Glücksburg Durchl.	„ „ Graf v. Baudissin.
(RA1) (CHL1) 3.	
Pr.-Lt. v. Holstein 2te.	

Cavallerie.

Ober-Arzt: Mencke.
Ober-Audit. Boysen — Rechn.-Führ.

(Vom 24. März bis 31. August 1848 incl.)

Abgang:	Zugang:
er-Auditeur Boysen, zum Ober-Verpflegungs-Commissair der Armee ernannt.	Pr.-Lt. v. Bernstorff.
-Lt. v. Gumpenberg ins 1. Drag.-Rgt.,	Com.: Major v. Hanßen.
- Paysen ins Artill.-Rgt. versetzt.	Oberst-Lt. **Christian** Prinz zu Schleswig-Holstein-Sonderburg-Augustenburg Durchl.
	Sec.-Lt. **Nicolaus** Prinz zu Schleswig-Holstein-Sonderburg-Glücksburg Durchl.
	Sec.-Lt. **Friedrich** Prinz zu Schleswig-Holstein-Sonderburg-Augustenburg (Noer) Durchl.
	Rittm. v. Buchwaldt (Esc.-Chef).
	Sec.-Lt. Röhrig, Rechn.-Führ.
	Pr.-Lt. **Johann** Prinz zu Schleswig-Holstein-Sonderburg-Glücksburg Durchl.
	Pr.-Lt. Paysen.
	- - v. Schack.
	Rittm. Frhr. v. Wittenhorst-Sonsfeld (Esc.-Chef).
	Pr.-Lt. **Felix** Prinz zu Salm-Salm Durchl.
	- - Frhr. v. Müffling gen. Weiß.
	- - Graf v. Mengersen.
	- - v. Gumpenberg.
	Auditeur Friederici.
	Sec.-Lt. Frhr. v. Los 1ste.
	Pr.-Lt. Frhr. v. Strombeck.
	Sec.-Lt. v. Levetzow.
	Rittm. Frhr. v. Egloffstein (Esc.-Chef).

Cavallerie. 45.

Zugang:
Sec.-Lt. Graf v. Holstein.
 =   = Hanßen.
 =   = Graf v. Blome-
        Salzau.
 =   = v. Abercron 1ste.
 =   = v. Buchwaldt 1ste.
Rittm. v. Lindern.
Sec.-Lt. v. Buchwaldt 2te.
 =   = Lenz.
 =   = v. Krogh.
 =   = Frhr. v. Los 2te.

(Am 1. September 1848.)
(Im Felde.)

Com.: Major v. Hanßen.
Major. **Friedrich** Prinz zu Schleswig-Holstein-Sonderburg-Glücksburg Durchl. (*RA1*) (*CHL1*) Stab.

Rittm. Frhr. v. Egloffstein 1.	Sec.-Lt. **Nicolaus** Prinz zu
= v. Buchwaldt 4.	Schl.-Holst.-Sonderb.-
= Frhr. v. Wittenhorst-	Glücksb. Durchl.
Sonsfeld 5.	= = **Friedrich Christian Carl**
= v. Holstein 2te. 2.	**August** Prinz zu Schl.-
= v. Linstow, Adj.	Holst.-Sonderb.-Au-
= v. Bernstorff 3.	gustenb. (Noer) Durchl.
= v. Lindern.	= = Röhrig, Rechn.-Führ.
Pr.-Lt. Frhr. v. Müffling-	= = Graf v. Holstein.
gen. Weiß.	= = Frhr. v. Los 1ste.
= = Frhr. v. Strombeck.	= = v. Levetzow.
= = v. Schack.	= = v. Abercron 1ste.
= = Graf v. Mengersen.	= = Hanßen.
= = Graf v. Baudissin.	= = Graf v. Blome-
= = **Johann** Prinz zu Schles-	Salzau.
wig-Holstein-Son-	= = v. Buchwaldt 1ste.
derburg-Glücksburg	= = v. Buchwaldt 2te.
Durchl.	= = Lenz.
= = **Felix** Prinz zu Salm-	= = v. Krogh.
Salm Durchl.	= = Frhr. v. Los 2te.

46   **Cavallerie**

à la suite:

Oberst=Lt. Friedrich **Christian** Carl August Prinz zu Schles=
wig=Holstein=Sonderburg=Augustenburg Durchlaucht.
Pr.=Lt. v. Jensen=Tusch, Commandeur der Holsteinischen Grenz=
Gensdarmerie.

Ober=Arzt: Mencke (1. Cl.).
Auditeur: Friederici.

(Am 31. December 1848.)

Stab, 1. 2. und 3. Esc. Itzehoe, 4. Esc. Ploen, 5 Esc. Ottensen.

int. Com.: Major v. Buchwaldt.

Rittm. v. Holstein 2.	Sec.=Lt. Röhrig, Adj.
= v. Bernstorff 3.	= = Graf v. Holstein
= Frhr. v. Diepenbroick= Grüter (*PrRA4mSchw.*) 5.	= = v. Levetzow, c. b. d. Armee=Intendantur.
= v. Gröning 4.	= = v. Abercron 1ste, c. als Adj. d. Armee=Com.
Pr.=Lt. Graf v. Baudissin (Esc.=Com.) 1.	= = Hanssen
= = v. Irminger.	= = Graf v. Blome= Salzau, c. b. Armee=Com.
= = Johann Prinz zu Schles= wig=Holstein=Sonder= burg=Glücksburg Durchl.	= = v. Buchwaldt 1ste.
= = v. Graeve.	= = v. Buchwaldt 2te.
Sec.=Lt. Nicolaus Prinz zu Schl.=Holst.=Sonderb.= Glücksb. Durchl.	= = Lenz.
	= = v. Krogh.
= = Friedrich Christian Carl August Prinz zu Schlesw.= Holst.=Sonderb.=Au= gustenb. (Noer) Durchl.	= = Schmidt 2te.
	= = Friedrichsen.

à la suite:

Major (mit Oberst=Lt. Char.) Friedrich Prinz zu Schleswig=
Holstein=Sonderburg=Glücksburg Durchl. (*RA1*) (*CHL1*).
Rittm. v. Linstow, f. Kriegs=Departement.
Pr.=Lt. v. Jensen=Tusch, mit Commando der Holst. Grenz=
Gensdarmerie.

Cavallerie.

Ober-Arzt: Mencke (1. Cl.).
Auditeur: Friederici.
Rechn.-Führ.: Tietjens (3. Cl.)

Abg.: Com. Major v. Hanssen als Oberst-Lt. mit Pension, Sec.-Lts. Frhr. v Los 1ste und 2te, Rittm. Frhr. v. Wittenhorst-Sonsfeld und v. Lindern, Pr.-Lts. Frhr. v. Müffling - gen. Weiß, Frhr. v. Strombeck, v. Schad, Graf v. Mengersen, Prinz Felix zu Salm-Salm, Rittm. Frhr. v. Egloffstein, diesem als Major, sämmtlich der Abschied bew.; Oberst-Lt. Prinz Christian von Schleswig-Holstein-Sonderburg-Augustenburg tritt zu den Offizieren à la suite der Cavallerie zurück.

à la suite der Cavallerie.

Oberst-Lt. Graf v. Blome-Salzau.
  " " Friedrich Christian August Prinz zu Schleswig-Holstein-Sonderburg-Augustenburg Durchl., com z. Dienstl. als Adjut. beim Armee-Commando.
  " " Friedrich Christian Carl August Prinz zu Schleswig-Holstein-Sonderburg-Augustenburg Durchl.
Major v. Wasmer-Friedrichshoff (CHL4).

Abg.: Major v. Unzer mit Pension der Abschied bew.

Artillerie.

Artillerie-Regiment. (ehem. 2. Rgt.)
Rendsburg.
(Am 24. März 1848)

Major v. Koefoed, Zeugmeister zu Rendsburg.
   » v. Schütz   Stab.
Hptm. v. Lesser. | Sec.-Lt. Hagedorn, Frw.-
Pr.-Lt. v. Feldmann. | Lieut.

    Auditeur Güllich   Rechn.-Führ.
    Zeughaus-Verwalter: Kriegs-Assessor Jensen.
    Unt.-Arzt: de la Motte.
    Rgts.-Thier-Arzt: Stessenbüttel.

(Am 31. December 1848)

Stab und II. Feld-Abtheilung: 1. und 2. 12Pfdige u. reit. Batt., noch in der Formation begriffen — Rendsburg; Fest.-Abtheilung (F.) Rendsburg, Friedrichsort, Laboe und Eckernförde; I. Feld-Abtheilung: 1. 6Pfdige fahr. Batt. Kiel, 2. Bramstedt, 3. Neumünster; Pontonnier-Comp., Unteroffz.-Eleven-Schule, Zeug-Laboratorium- und Handwerker-Etat und Train Rendsburg; außerdem die Munitions-Colonn.

Com. ad int.: Major v. Lesser.
Hptm. Siegfried, c. z. Dstl. b.| Pr.-Lt. Müller.
    Ministerial-Depart. des | » » Weinrebe.
    Krieges. | » » Christiansen,
 » v. Feldmann. | Rgts.-Adj.
Pr.-Lt. (mit Hptms.-Char.) Grön-| » » Dedters.
    ning, Handw.-Etat. | » » Lorenzen.
 » » Liebe, inter. Vorst. der | » » Hagedorn.
    Elev.-Schule. | » » Peters, Laborat.-Etat.
 » » Scheffler. | » » Möhring.
 » » Paysen. | Sec.-Lt. v. Brockenhuus.
 » » Canabaeus. | » » Roemeling.
 » » Jourdan, int. Zeugmstr.| » » Kartscher.
    zu Rendsburg.

Artillerie rc. 49

à la suite:
Pr.-Lt. Toscheski, s. Commandantur v. Friedrichsort.
Ober-Arzt: Dr. Martens (2. Cl.)
Auditeur Gülich   Rechn.-Führ.
Zeughaus-Verwalter: Kriegs-Assessor Jensen.

Abg.: Major v. Koefoed z. Dispos. gestellt; Com. Oberst-Lt. v. Schütz, als Oberst mit Pension, und Hptm. Beelitz der Abschied bew.

Ingenieur-Corps.

— Pionier-Compagnie. —
Rendsburg.
(Am 24. März 1848.)

Major v. Dau, dirigirender Stabsofsizier des Wegebaues in den Herzogthümern.
Hptm. v. Jess. | Hptm. v. Lesser.
  „ v. Krabbe.
Material-Verwalter zu Rendsburg: Kriegs-Assessor Krüger.
  „   Schreiber zu Friedrichsort: „   „ Hübbinett.

(Am 31. December 1848.)
Rendsburg.

Com.: Oberst-Lt. v. Dau.
Major v. Jess   Stab.
Hptm. v. Krabbe (Comp.-Chef). | char. Sec.-Lt. Siemsen.
Sec.-Lt. Clement.

Aggregirt:
Hptm. v. Lesser, Oberwege-Beamter in den Herzogthümern.
Commandirt zur Dienstleistung:
Sec.-Lt. Kröhnke, v. 6. Inf.-Bat.
  „ „ v. Neergaard, v. 6. Inf.-Bat.
  „ „ Holm, v. 6. Inf.-Bat.
Ober-Arzt: Dr. Struve (3. Cl.).
Kriegs-Assess. Krüger   Rechn.-Führ.

Abg.: Unter-Arzt Dr. Beeken als Ober-Arzt ins 8. Inf.-Bat. versetzt.

Gouvernements und Commandanturen.

Altona.
Commandant: . . . .
    Platz-Major: . . . .

Eckernförde.
Commandant: Hptm. v. Wiegand v. d. Armee.
    Platz-Major: . . . .

Flensburg.
Commandant: Major v. Gersdorff, f. 1. Jäg.-Corps.
Abg.: Comdt. Major v. Unzer, f. Offiz. à la suite der Cav.

See-Fort Friedrichsort (mit d. Strand-Batt. Laboe).
Commandant: Pr.-Lt. Loscheall à la suite der Artillerie.
    Lieutenant zur See: Heesch (Laboe).
    Platz-Major: .
    Garnisons-Arzt: Dr. Schulz.
Abg.: Comdt.: Hptm. v. Irminger v. d. Funct. enth., f. Offiz. v. d. Armee. Comdt.: Königl. Preuß. Sec.-Lt. Siemens, der 5. Art.-Brig. d. Abschied bewilligt.

Glückstadt.
Commandant: Major v. Kornmann v. d. Armee.
    Platz-Major: . . .

Hadersleben.
Commandant: Rittm. v. Matheson, f. 1. Drag.-Rgt.
    Platz-Major: . . . . . .

Heide.
Commandant: Major v. Leonhardt v. d. Armee.
    Platz-Major: . . . .
Abg.: Platz-Major: Sec.-Lt. Keller ins 9. Inf.-Bat. zur.

Gouvernements und Commandanturen.

Itzehoe.
Commandant: Oberst-Lt. v. Schroeder à la suite des 5. Inf.-Bats. (*GSVM*).
 Platz-Major: . . . .

Kiel.
Commandant: Oberst-Lt. v. Zeska à la suite des 1. Inf.-Bats.
 Platz-Major: . . . .
Abg.: Comdt.: Oberst-Lt. v. Sachau, f. 1. Jäger-Corps.

Neumünster.
Commandant: Oberst-Lt. v. Klndt à la suite des 2. Inf.-Bats.
 Platz-Major: . . . .

Rendsburg.
Gouverneur: . . . .
Vice-Gouverneur: . . . .
 Adj.: . . . .
1ster Commandant: (Festungs-) Königl. Preuß. Major Schmitt d. 3. Art.-Brig. (*PrRA4mSchw.*) (*PrDK*).
2ter Commandant: (Platz-) Major v. Knobbe à la suite d. 4. Inf.-Bats.
 Platz-Major (Capitain-Wachtmeister): Hptm. v. Lüders à la suite des 3. Inf.-Bats.
 Garnisons-Auditeur: Auditeur Lüders.
 " Arzt: . . . .
 " Prediger: Probst Callisen.
Abg.: Comdt.: Oberst v. Seyffarth, f. 1. Inf.-Bat.; Platz-Comdt.: Oberst-Lt. v. Abercron, f. 3. Inf.-Bat.

Schleswig. (Schloß Gottorff.)
Commandant: Major v. Lange, à la suite d. 1. Jäger-Corps.
 Platz-Major: . . . .
Abg.: Comdt.: Major v. Unzer, f. Offiz. à la suite der Cav.

Tondern.
Commandant: Major v. Seelhorst, f. 2. Jäger-Corps.
 Platz-Major: . . . .
Abg.: Comdt.: Oberst-Lt. v. Zeska in gleich. Eigenschaft nach Kiel versetzt.

Gendarmerie.

Grenz-Gendarmerie im Herzogthum Holstein.

Com.: Pr.-Lt. v. Jensen-Tusch à la suite d. 2. Drag.-Rgts. (Station Wandsbeck.)

Offiziere.

Sec.-Lt. Andersen, v. d. Cav.

Abg.: Com.: Major Baron v. Brockdorff, à la suite des 1. Drag.-Rgts., gestorben.

Christians-Pflegehaus in Eckernförde.

Ober-Director: Der commandirende General in den Herzogthümern.
Director: Major v. Lachmann v. d. Armee.
Zweiter Offizier: Pr.-Lt. (mit Hptm.-Char.) v. Cold v. d. Armee.

Ober-Arzt: Dr. Manicus (Hptms.-Rang).
Proviant-Verwalter von der Lith.

Anciennetäts-Liste

der

Generale,
Stabs- und Subaltern-Offiziere

der Armee

am 31. December 1848.

Generale.

General-Lieutenants.

Christian Carl Friedrich August Herzog von Schleswig-Holstein-Sonderburg-Augustenburg Durchl., à la suite der Armee (nicht activ), v. d. Inf.

Friedrich Emil August Prinz zu Schleswig-Holstein-Sonderburg-Augustenburg Durchl., à la suite der Armee (nicht activ), v. d. Cav.

v. Bonin, commandirender General der Armee, v. d. Inf.

General-Majors.

v. Krohn, Chef des Kriegs-Departements, v. d. Inf.

Carl Herzog von Schleswig-Holstein-Sonderburg-Glücksburg Durchl., à la suite der Armee (nicht activ), v. d. Inf.

Obersten.

v. Fabricius, v. d. Armee (z. Disp.), v. d. Inf.
Graf v. Baudissin, Com. d. I. Inf.-Brigade.

Oberst-Lieutenants.

Graf v. Blome-Salzau, à la suite der Cav.
du Plat, à la suite des Generalstabes, Abth.-Chef im Kriegs-Departement, v. d. Cav.
v. Fürsen-Bachmann, Com. ad int. der Cav.-Brig. und Com. des 1. Drag.-Rgts.
v. Zastrow, Inspecteur der Jäger.
v. Dau, Com. des Ingenieur-Corps.
v. Kindt, Commandant von Neumünster.
v. Sachau, Com. der II. Inf.-Brigade.
v. Schroeder, Commandant von Itzehoe.
v. Zeska, : : Kiel.
v. Garrelts, Etatsm. Stabsoffizier der II. Inf.-Brig.
v. Abercron, Com. des 2. Inf.-Bats.

Friedrich Christian August Prinz zu Schleswig-
    Holstein-Sonderburg-Augustenburg Durchl., à la suite der Cav.
Friedrich Christian Carl August Prinz zu Schleswig-
    Holstein-Sonderburg-Augustenburg Durchl., à la suite der Cav.
v. Bündiger,   (Char.) Com. des 4. Inf.-Bats.
Friedrich Prinz zu Schleswig-Holstein-Sonderburg-
    Glücksburg Durchl.,   (Char.) à la suite des 2. Drag.-Rgts.

Majors.

Schmitt, Königl. Preuß. Major der Art., Festungs-
                                Commandant v. Rendsburg.
v. Wasmer-Friedrichshoff 1ste,   à la suite der Cav.
v. Normann, v. d. Armee,   Commandant von Glückstadt.
v. Leonhardt, = = =   =   = Heide.
v. Lachmann, = = = Director des Christians-Pflegehauses in Eckernförde.
v. Hedemann,   etatsm. Stabsoffizier des 1. Jäger-Corps.
v. Lange, à la suite b. 1. Jäg.-Corps,   Commandant v. Schleswig.
v. Knobbe, à la suite b. 4. Inf.-Bats., (Platz-) = v. Rendsburg.
v. Lesser,   int. Com. des Art.-Rgts.
v. Wasmer 2te,   Com. des 1. Inf.-Bats.
v. Thalbitzer,   = = 6. = =
v. Jeß,   v. Ingenieur-Corps.
v. Delius, Königl. Preuß. Hptm. (mit Majors Anc.),
                      Chef des Generalstabes d. Armee.
v. Nissen,   à la suite des 1. Drag.-Rgts.
v. Hansen,   Com. des 5. Inf.-Bats.
v. Roques,   = = 8. = =
v. Seelhorst,   = = 2. Jäg.-Corps.
v. Marklowski,   = = 10. Inf.-Bats.
Willmann,   = = 2. = =
v. Schmid,   = = 4. Jäg.-Corps.
v. Stuckradt,   = = 3. = =
v. Gersdorff,   = = 1. = =
v. Buchwaldt,   inter.   = = 2. Drag.-Rgts.
v. Hake,   = = 9. Inf.-Bats.
v. Springborn,   = = 7. = =
v. Staffeldt,   etatsm. Stabsoffiz. der 1. Inf.-Brig.
v. Holstein,   =   = des 1. Drag.-Rgts.

Hauptleute und Rittmeister.

Rittm. v. Christiansen,	Adjutantur.
Hptm. v. Irminger,	v. d. Armee.
" v. Wiegand,	" " "
" v. Friedrichsen,	" " "
" v. Petersen,	" " "
" v. Lienau,	à la suite d. 4. Inf.=Bats.
" v. Hansen,	4. Inf.=Bat.
" Siegfried,	Artill.=Rgt.
" v. Brackel,	2. Inf.=Bat.
" v. Mutzdorff,	7. " "
" v. Krabbe,	Ingen.=Corps
" v. Lesser,	" " "
" v. Coch,	v. d. Armee.
Rittm. v. Jacobsen (à Disp.),	" " "
" v. Bismarck,	1. Drag.=Rgt.
Hptm. v. Woringen,	8. Inf.=Bat.
" Frhr. v. Lauer-Münchhofen,	8. " "
" Bar. v. Puttkammer,	1. " "
" v. Wrangel,	Adjutantur.
" v. Arnim,	7. Inf.=Bat.
" v. Lüders,	à la suite d. 3. Inf.=Bats.
" v. Lützow,	Adjutantur.
" v. Rahtlev,	2. Jäg.=Corps.
" v. Steyber,	6. Inf.=Bat.
" v. Eggers,	3. " "
" Schilling v. Canstadt,	8. " "
Rittm. v. Holstein,	2. Drag.=Rgt.
" v. Matheson,	1. " "
Hptm. Schrör,	3. Jäg.=Corps.
" v. Steensen,	3. " "
" Bathke,	6. Inf.=Bat.
" v. Bassewitz,	à la suite d. 1. Jäg.=Corps.
" v. Düsterlho,	10. Inf.=Bat.
" v. Wittich,	10. " "
" v. Reißwitz,	3. Jäg.=Corps.
" v. Cramm,	6. Inf.=Bat.

Hptm. Graf v. Brockdorff-Schmidt und zum
　　　Thierstein,　　　　　　　　　　　1. Inf.-Bat.
　*　Hennig,　　　　　　　　　　　　　4. Jäg.-Corps.
　*　v. Eickstedt,　　　　　　　　　　4.　=　=
　*　v. Bülow,　　　　　　　　　　　　3.　=　=
　*　v. Hagen,　　　　　　　　　　　　10. Inf.-Bat.
Rittm. v. Linstow,　　　　　à la suite d. 2. Drag.-Rgts.
　*　Bar. v. Brockdorff,　　　　　　　1. Drag.-Rgt.
　*　v. Bernstorff,　　　　　　　　　 2.　=　=
Hptm. v. Sandrart,　　　　　　　　　　1. Jäg.-Corps.
　*　Grundtmann,　　　　　　　　　　　7. Inf.-Bat.
Rittm. Frhr. v. Diepenbroick-Grüter,　2. Drag.-Rgt.
Hptm. v. Clasen,　　　　　　　　　　　2. Inf.-Bat.
　*　v. Aller,　　　　　　　　　　　　1. Jäg.-Corps.
　*　v. Kempski,　　　　　　　　　　　10. Inf.-Bat.
　*　v. Doering,　　　　　　　　　　　2. Jäg.-Corps.
Pr.-Lt. Lütgen,　　　　　　　　　　　 9. Inf.-Bat.
Hptm. v. Wenck,　　　　　　　　　　　 2.　=　=
　*　Sörensen,　　　　　　　　　　　　4.　=　=
　*　v. Zimmermann,　　　　　　　　　 3.　=　=
Pr.-Lt. v. Gotzkow,　　　　　　　　　 5.　=　=
　*　*　v. Blandowski,　　　　　　　　4.　=　=
　*　*　v. Malachowski,　　　　　　　 4. Jäg.-Corps.
Hptm. v. d. Heyde,　　　　　　　　　　1.　=　=
　*　v. Feldmann,　　　　　　　　　　 Artill.-Rgt.
Pr.-Lt. Lbscheski,　　　　　à la suite d. Artill.-Rgts.
　*　*　Hellmundt,　　　　　　　　　　4. Jäg.-Corps
　*　*　v. Beeren,　　　　　　　　　　3. Inf.-Bat.
　*　*　v. Unruh,　　　　　　　　　　 1.　=　=
　*　*　v. Zeska 1ste,　　　　　　　　1. Jäg.-Corps
　*　*　v. Jess,　　　　　　　　　　　2. Inf.-Bat.
　*　*　v. Schoening,　　　　　　　　 1. Jäg.-Corps
　*　*　v. Brauchitsch,　　　　　　　 Adjutantur.
Rittm. v. Gröning,　　　　　　　　　　2. Drag.-Rgt.
　*　v. Rumohr,　　　　　　　　　　　 1.　=　=
　*　v. Schroeder,　　　　　　　　　　1.　=　=
Anm. Die vorstehend aufgeführten Pr.-Lts. haben die Ancienneität
　　　des Hauptmanns.

Premier-Lieutenants.

v. Trescow, Königl. Preuß. Pr.-Lt. des Kais. Alex. Gren.-Rgts.,	Dienstl. b. d. Armee-Com.
Grönning (mit d. Char. als Hptm.),	Artill.-Rgt.
v. Cold (" " " " "),	v. d. Armee.
v. Jensen-Tusch,	à la suite d. 2. Drag.-Rgts.
v. Krohn 1ste,	4. Inf.-Bat.
v. Drosedow,	1. " "
v. Lupinski,	1. " "
v. Gönner,	5. " "
v. Claussen,	3. " "
Ganzer,	2. Jäg.-Corps.
Niemojewsky,	1. Drag.-Rgt.
v. Wasmer,	1. " "
v. Bischoffshausen,	8. Inf.-Bat.
v. Pritzbuer,	5. " "
Soubiran,	3. Jäg.-Corps.
v. Zeska 2te,	3. " "
v. Kall,	7. Inf.-Bat.
Fuchs,	2. Jäg.-Corps.
v. Gleissenberg,	10. Inf.-Bat.
v. Alten,	Adjutantur.
Liebe,	Artill.-Rgt.
Scheffler,	" "
Joesting,	2. Inf.-Bat.
v. Podbielski,	7. " "
v. Schmieden,	2. " "
Sec.-Lt. Rodowicz,	1. " "
" " v. Strantz,	2. Jäg.-Corps.
Graf v. Baudissin,	2. Drag.-Rgt.
v. Erhardt,	6. Inf.-Bat.
Sec.-Lt. Husarczewski,	10. Inf.-Bat.
v. Zschüschen,	4. Jäg.-Corps.
Graf v. Westarp,	1. Inf.-Bat.
Paysen,	Artill.-Rgt.
Sec.-Lt. Hoffmann,	4. Jäg.-Corps.
" " v. Köppen,	3. " "

Anciennetäts-Liste.

de Crompton,	9. Inf.-Bat.
v. Kahlden,	2. Jäg.-Corps
Sec.-Lt. v. d. Goltz,	8. Inf.-Bat.
Canabaeus,	Artill.-Rgt.
v. Irminger,	2. Drag.-Rgt.
Julius, (Prinzen von Schleswig-Hol-	1. = =
Johann, stein-Sonderburg-Glücksburg,	2. = =
v. Graeve,	2. = =
Sec.-Lt. Bar. v. Stillfried-Rattanitz 1ste,	3. Inf.-Bat.
= = Liehsen,	2. = =
= = v. Sachau,	1. Jäg.-Corps.
= = v. Friedrichsen,	2. Inf.-Bat.
= = v. Hennings,	1. Jäg.-Corps.
Frhr. v. Heintze,	1. Drag.-Rgt.
Sec.-Lt. Wormbs,	8. Inf.-Bat.
= = Rau,	3. Jäg.-Corps.
= = Unger,	1. Inf.-Bat.
= = v. Restorff,	2. Jäg.-Corps.
= = v. Binzer,	3. = =
= = v. Normann,	6. Inf.-Bat.
Bauer,	4. = =
Unruh,	4. = =
Sec.-Lt. Blees,	3. Inf.-Bat.
v. Wedderkop,	5. = =
Reckling,	1. Drag.-Rgt.
Jourdan,	Artill.-Rgt.
Müller,	= =
Weinrebe,	= =
Christiansen,	= =
Dedters,	= =
Lorenzen,	= =
Sec.-Lt. Tichy,	10. Inf.-Bat.
= = Schöne,	10. = =
= = v. Emme,	5. = =
= = v. Kornatzki,	4. Jäg.-Corps.
= = v. Lilienstein,	6. Inf.-Bat.
= = Graf v. Reventlow,	1. Jäg.-Corps.

Anciennetäts-Liste. 61

Sec.-Lt. Bärens,   1. Jäg-Corps.
  =   = Lübers,
  =   = Ulrich,
  =   = Ohlsen,   1.
  =   = Schneider 1ste,   1.
         v. Szczepanski,   Inf.-Bat.
         Grabner,
         Hagedorn,   Artill.-Rgt.
         Peters,
         Möhring,
Sec.-Lt. v. Hirschfeld,   Inf.-Bat.

Anm. Die vorstehend aufgeführten Seconde-Lieutenants haben die Premier-Lieutenants-Anciennetät.

Seconde-Lieutenants.

v. Brockenhuus,   Artill.-Rgt.
Nicolaus Prinz zu Schleswig-Holstein-Sonderburg-
    Glücksburg,   2. Drag.-Rgt.
Friedrich Prinz zu Schleswig-Holstein-Sonderburg-
    Augustenburg,   2. Drag.-Rgt.
Graf v. Luckner,   1.
Aye,   Adjutantur.
Langer,   2. Inf.-Bat.
Gelpke,   2. Jäg-Corps.
Mischke,   2. Inf.-Bat.
Duwe,   3.
Hacke,   8.
Röhrig,   2. Drag.-Rgt.
Graf v. Holstein,   2.
Lenz,   1. Jäg-Corps.
Peters,   1. Drag-Rgt.
Hellner 1ste,   1.
Hellner 2te,   1.
Müller,   1.
v. Negelein,   5. Inf.-Bat.
Wichers,   5.
v. Tresenreuter,   6.

Sarauw 1ste,	4. Jäg.-Corps.
Wuthenow,	6. Inf.-Bat.
Graf v. Luckner,	6. = =
Hilliger,	4. Jäg.-Corps.
Kröhnke,	6. Inf.-Bat.
v. Levetzow,	2. Drag.-Rgt.
Brandenburg,	1. = =
v. Neergaard,	6. Inf.-Bat.
v. Abercron 1ste,	2. Drag.-Rgt.
Hanßen,	2. = =
Graf v. Blome-Salzau,	2. = =
Koch,	1. = =
Gramm,	3. Jäg.-Corps.
Graf v. Baudißin 1ste,	1. = =
v. Bülow,	2. = =
Graf v. Baudissin-Knoop (2te),	2. Inf.-Bat.
Kuhn,	7. = =
Frhr. v. Heintze,	1. Jäg.-Corps.
v. Haeseler,	3. = =
Ochsz,	1. Inf.-Bat.
Reimann,	4. Jäg.-Corps.
Hammel,	2. = =
Holm,	6. Inf.-Bat.
Hennig,	2. Jäg.-Corps.
v. Buchwaldt 1ste,	2. Drag.-Rgt.
v. Römeling,	Artill.-Rgt.
Kartscher,	= =
Semper,	8. Inf.-Bat.
v. Wobeser,	9. = =
Behrens,	9. = =
Schmidt,	9. = =
v. Neviadomski,	9. = =
Traut,	9. = =
Keller,	9. = =
v. Montowt,	9. = =
Schmidt-Schwarzenhorn,	9. = =
Buschenhagen,	9. = =

Jordan,	2. Inf.-Bat.
Westphal,	9. = =
de Borde,	9. = =
Regenstein,	9. = =
v. Boeckmann,	2. Jäg.-Corps.
Herzbruch,	4. Inf.-Bat.
Hagemann,	4. = =
Engelbrecht,	5. Inf.-Bat.
Heckscher,	1. Jäg.-Corps.
Clementz,	Ingen.-Corps.
Mentzel,	2. Jäg.-Corps.
Theilkuhl,	7. Inf.-Bat.
Schneider 2te,	8. = =
Ahlmann,	1. Jäg.-Corps.
Borntraeger,	4. Inf.-Bat.
v. Waltersdorff,	1. Jäg.-Corps.
Baron v. Stillfried-Rattonitz-Neurode 2te,	3. = =
v. Dau,	2. = =
v. Sellin,	2. = =
Meier 1ste,	7. Inf.-Bat.
Schellhorn,	7. = =
v. Sperling,	2. Jäg.-Corps.
v. Buchwaldt 2te,	2. Drag.-Rgt.
v. Abercron 2te,	1. = =
v. Rumohr,	1. = =
Lentz,	2. = =
v. Krogh,	2. = =
v. Dorrien,	1. = =
Schmidt 1ste,	1. = =
Noodt,	5. Inf.-Bat.
Heymann,	3. Jäg.-Corps.
v. Specht,	2. Inf.-Bat.
Schmidt 2te,	2. Drag.-Rgt.
v. Reineck,	2 Jäg.-Corps.
Friedrichsen,	2. Drag.-Rgt.
v. Ewald,	2. Inf.-Bat.
v. Keller-Schleitheim,	4. = =

Meyer 2te,   4. Inf.=Bat.
Sandes=v. Hoffmann,   10. =   =
v. Krohn 2te,   1. Jäg.=Corps.
Lübeck,   3. =   =
v. Lochow,   3. =   =
Sarauw 2te,   8. Inf.=Bat.
Siemsen,   Char. Ingen.=Corps.
Andersen,   Grenz-Gendarm.

Marine.

See-Offiziere.

Capitain Donner (abcom. nach Frankfurt a. M.).

Lieutenants zur See.
(prov.)

Heesch, Commandant der Strand-Batt. Laboe, s. Friedrichsort.
Wahrlich, zur Dispos.

See-Cadetten-Institut.
(Eröffnet den 1. December 1848.)
Kiel.

Direction: Professor Scherk.
— Christiansen.
Chef ad int. u. Mil.-Lehr.: Pr.-Lt. v. Brauchitsch v. d. Adjut.
Lehrer der Geschichte 2c.: Dr. Prien.

Marine-Beamte.

Schiffs-Rheder: Lorenz Karberg.
Schiffs-Baumeister: Dreier in Altona.
— Schow in Kiel.

See-Kriegs-Commissair Brodersen, Chef des See-Entwässerungs- und Loorsen-Wesens im Holstein. District, zugleich Oberlootse in Neustadt, Heiligenhafen und auf der Insel Fehmarn (const.).

Namen-Register.
(31. December 1848.)

	Seite		Seite
A.		de Borde, Sec.-Lt.	34.
Abel, Rechn.-Führ.	25.	Vornträger, Sec.-Lt.	29.
v. Abercron, Ob.-Lt.	28.	Boysen, Intendant	13.
— Sec.-Lt.	21. 46.	v. Brackel, Hptm.	26.
— Sec.-Lt.	43.	Brackel, Ob.-Kriegs-Commiss.	12.
Ahlmann, Sec.-Lt.	37.	Brandenburg, Sec.-Lt.	43.
van Aller, Hptm.	37.	v. Brauchitsch, Pr.-Lt.	21. 67.
v. Alten, Pr.-Lt.	21.	v. Brockdorff-Schney, Graf,	
Andersen, Sec.-Lt.	52.	Hptm.	25.
v. Arnim, Hptm.	32.	v. Brockdorff, Bar., Rittm.	43.
Aye, Sec.-Lt.	21.	v. Brockenhuus, Sec.-Lt.	48.
		Brodersen, See-Kriegs-Commiss.	67.
B.		Brüning, Rechn.-Führ.	32.
Baerens, Sec.-Lt.	37.	v. Buchwaldt, Major	46.
v. Bassewitz, Hptm.	12. 37.	— Sec.-Lt.	46.
Bathke, Hptm.	32.	— Sec.-Lt.	46.
v. Baudissin, Graf, Oberst	22.	v. Bülow, Hptm.	38.
— Pr.-Lt.	46.	— Sec.-Lt.	38.
— Sec.-Lt.	37.	v. Bündiger, Ob.-Lt.	29.
— Sec.-Lt.	26.	Bünsow, Rechn.-Führ.	32.
— Ob.-Audit.	22.	Buschenhagen, Sec.-Lt.	34.
Bauer, Pr.-Lt.	29. 33.		
Beeken, Dr., Assist.-Arzt	33.	**C.**	
v. Beeren, Pr.-Lt.	28.	Callisen, Probst	51.
Behrens, Sec.-Lt.	33.	Canabaeus, Pr.-Lt.	48.
v. Bernstorff, Rittm.	46.	v. Canstadt- s. Schilling.	
v. Pinzer, Sec.-Lt.	38.	Cartheuser, Armee-Audit.	21.
v. Bischoffshausen, Pr.-Lt.	31.	v. Christiansen, Rittm.	21. 22.
v. Bismarck, Rittm.	43.	Christiansen, Pr.-Lt.	48.
v. Blandowski, Pr.-Lt.	29.	— Prof., Dir. d. Seecad.-	
Blees, Sec.-Lt.	28.	Schule	67.
v. Blome-Salzau, Graf, Ob.-Lt.	47.	v. Clasen, Hptm.	26.
— Sec.-Lt.	21. 46.	Clasen, Dr., Ob.-Arzt	28.
v. Boeckmann, Sec.-Lt.	38.	v. Claussen, Pr.-Lt.	28.
Böttcher, Rechn.-Führ.	39.	Clementz, Sec.-Lt.	49.
v. Bonin, Gen.-Lt.	19.	v. Coch, Hptm.	14. 15.

Namen-Register.

	Seite		Seite
v. Cold, Pr.-Lt.	15. 52.	v. Gönner, Pr.-Lt.	31.
Cramer, Ob.-Arzt	25.	Goeze, Dr., Ass.-Arzt	38.
v. Cramm, Hptm.	32.	v. d. Goltz, Sec.-Lt.	33.
de Crompton, Pr.-Lt.	33.	v. Gotzkow, Pr.-Lt.	31.
D.		Grabner, Pr.-Lt.	33.
v. Dau, Ob.-Lt.	49.	v. Graeve, Pr.-Lt.	46.
Dau, Sec.-Lt.	38.	Gramm, Sec.-Lt.	38.
Dedters, Pr.-Lt.	48.	v. Gröning, Rittm.	46.
v. Delius, Hptm.	19.	Grönning, Pr.-Lt.	48.
v. Diepenbroick-Grüter, Frhr., Rittm.	46.	Grundtmann, Hptm.	32.
v. Doering, Hptm.	37.	Gülich, Auditeur	49
Donner, Capt. z. See	67.	**H.**	
v. Dorrien, Sec.-Lt.	43.	Hacke, Sec.-Lt.	33.
Dreier, Schiffs-Baumstr.	67.	v. Haeseler, Sec.-Lt.	38.
v. Drosedow, Pr.-Lt.	25.	Hagedorn, Pr.-Lt.	48.
v. Düsterlho, Hptm.	34.	Hagemann, Sec.-Lt.	29.
Duwe, Sec.-Lt.	28.	v. Hagen, Hptm.	34.
E.		v. Hake, Major	33.
v. Eggers, Hptm.	28.	v. Halle, Major a. D.	13.
v. Eickstedt, Hptm.	39.	Hammel, Sec.-Lt.	38.
v. Emme, Sec.-Lt.	31.	v. Hansen, Major	31.
Engelbrecht, Sec.-Lt.	31.	— Hptm.	29.
v. Erhardt, Pr.-Lt.	31.	Hanssen, Sec.-Lt.	46.
v. Ewald, Sec.-Lt.	26.	v Harbou, Auditeur	23.
F.		Heckscher, Sec.-Lt.	37.
v. Fabricius, Oberst	14. 15.	v. Hedemann, Major	37.
v. Feldmann, Hptm.	48.	Hersch, Lieut. z. See	50. 67.
Foltmar, Kriegs-Commissair	13.	v. Heintze, Frhr., Pr.-Lt.	43.
Francke, Dr., Ober-Arzt	31.	— Sec.-Lt.	37.
Friederici, Auditeur	47.	Hellmundt, Pr.-Lt.	39.
v. Friedrichsen, Hptm.	14. 15.	Hellner, Sec.-Lt.	43.
— Sec.-Lt.	26.	— Sec.-Lt.	43.
Friedrichsen, Sec.-Lt.	46.	Hennig, Hptm.	39.
Fuchs, Pr.-Lt.	37.	— Sec.-Lt.	38.
v. Fürsen-Bachmann, Ob.-Lt.	40. 43.	v. Hennings, Sec.-Lt.	22. 37.
G.		Henningsen, Ob.-Arzt	43.
Gantzer, Pr.-Lt.	37.	Herzbruch, Sec.-Lt.	29.
v. Garrelts, Ob.-Lt.	22.	v. d. Heyde, Hptm.	37.
Geertz, Ober-Quartiermstr.	21.	Heymann, Sec.-Lt.	38.
Gelpke, Sec.-Lt.	37.	Hilliger, Sec.-Lt.	39.
v. Gersdorff, Major	37. 50.	v. Hirschfeld, Sec.-Lt.	28.
v. Gleissenberg, Pr.-Lt.	34.	v. Hoffmann, s. Sandes.	
		Hoffmann, Sec.-Lt.	39.
		Holm, Sec.-Lt.	32. 49.
		v. Holstein, Major	43.
		— Rittm.	46.

	Seite		Seite
v. Holstein, Graf, Sec.-Lt.	46.	v. Lange, Major	37. 51.
Holtz, Ob.-Arzt	26.	Langer, Sec.-Lt.	26.
Hübbinett, Rechn.-Führ.	34.	Lauer v. Münchhofen, Frhr.,	
Husarczewski, Sec.-Lt.	34.	Hptm.	33.
		Lentz, Sec.-Lt.	46.
J.		Lenz, Sec.-Lt.	37.
Jacobsen, Departem.-Chef	12.	v. Leonhardt, Major	15. 50.
v. Jacobsen, Rittm.	14. 15.	v. Lesser, Major	48.
Janssen, Dr., Assist.-Arzt 1. Cl.	38.	Hptm.	49.
Jebsen, Ober-Arzt	32.	v. Levetzow, Sec.-Lt.	13. 46.
Jensen, Material-Verw.	49.	Liebe, Pr.-Lt.	48.
v. Jensen-Tusch, Pr.-Lt.	46. 52.	v. Lienau, Hptm.	13. 29.
v. Jeß, Major	49.	v. Lilienstein, Sec.-Lt.	31.
— Pr.-Lt.	26.	v. Linstow, Rittm.	13. 46.
Joesting, Pr.-Lt.	28.	Lith, Prov.-Verwalter	52.
Jordan, Sec.-Lt.	34.	v. Lochow, Sec.-Lt.	38.
Jourdan, Pr.-Lt.	48.	v. Loewenstern, Bar., Audit.	43.
v. Irminger, Hptm.	14. 15.	Lorenzen, Pr.-Lt.	48.
— Pr.-Lt.	46.	v. Luckner, Graf, Sec.-Lt.	40. 43.
		Sec.-Lt.	32.
K.		Lübeck, Sec.-Lt.	38.
v. Kahlben, Sec.-Lt.	37.	v. Lüders, Hptm.	28. 51.
v. Kall, Pr.-Lt.	32.	Lüders, Sec.-Lt.	37.
Karberg, v. d. Marine	67.	— Auditeur	51.
Kartscher, Sec.-Lt.	48.	— Dr., Ass.-Arzt	34.
v. Keller-Schleitheim, Sec.-Lt.	29.	Lütgen, Pr.-Lt.	33.
Keller, Sec.-Lt.	34.	Lüthje, Rechn.-Führ.	28.
v. Kempski, Hptm.	34.	v. Lützow, Hptm.	13. 21.
v. Kindt, Ob.-Lt.	26. 51.	v. Lupinski, Pr.-Lt.	25.
Kirchner, Dr., Ober-Arzt	14.		
Klee, Intend.-Assess.	13.	**M.**	
v. Knobbe, Major	29. 51.	v. Malachowski, Pr.-Lt.	39.
Koch, Sec.-Lt.	43.	Manicus, Dr., Ob.-Arzt	52.
v. Koeppen, Sec.-Lt.	38.	v. Marklowski, Major	34.
v. Kornatzki, Sec.-Lt.	39.	Martens, Dr., Ob.-Arzt	49.
v. Krabbe, Hptm.	49.	v. Matheson, Rittm.	43. 50.
Kratzenstein, Rechn.-Führ.	38.	v. Matzdorff, Hptm.	32.
Kröger, Rechn.-Führ.	31.	Meier, Sec.-Lt.	32.
Kröhnke, Sec.-Lt.	32. 49.	— Int.-Secret.	13.
v. Krogh, Sec.-Lt.	46.	Mencke, Ob.-Arzt	47.
v. Krohn, Gen.-Major	13.	Menzel, Sec.-Lt.	38.
— Pr.-Lt.	29.	Meyer, Sec.-Lt.	29.
— Sec.-Lt.	37.	— Dr., Ob.-Arzt	29.
Krüger, Rechn.-Führ.	49.	Meyer-Hane, Dr., Ass.-Arzt	39.
Kuhn, Sec.-Lt.	32.	Mischke, Sec.-Lt.	26.
		Moehring, Pr.-Lt.	48.
L.			
v. Lachmann, Major	15. 52.	v. Montowt, Sec.-Lt.	34.

Namen-Register. 71

	Seite		Seite
Müller, Pr.-Lt.	48.	v. Rumohr, Rittm.	43.
— Sec.-Lt.	43.	— Sec.-Lt.	43.

N.

S.

	Seite		Seite
v. Neergaard, Sec.-Lt.	32. 49.	v. Sachau, Ob.-Lt.	22.
F. Negelein, Sec.-Lt.	31.	— Sec.-Lt.	22. 37.
v. Neviadomski, Sec.-Lt.	34.	Sachau, Audit.	22.
Niemojewsky, Pr.-Lt.	43.	v. Salchow, Gen.-Kriegs-Comm.	12.
Nese, Dr., Ob.-Arzt	21.	Sandes-v. Hoffmann, Sec.-Lt.	34.
v. Nissen, Major	14. 43.	v. Sandrart, Hptm.	37.
Nissen, Int.-Assess.	13.	Sarauw, Sec.-Lt.	39.
Noodt, Sec.-Lt.	31.	— Sec.-Lt.	33.
v. Normann, Major	15. 50.	Scheffler, Pr.-Lt.	48.
— Sec.-Lt.	32.	Schellhorn, Sec.-Lt.	32.
		Scherk, Professor, Dir. der Seecad.-Schule	67.

O.

	Seite
Ochs, Sec.-Lt.	25.
Oesau, Rechn.-Führ.	29.
Ohlsen, Sec.-Lt.	37.

	Seite
Scheuerlen, Ob.-Arzt	37.
Schilling-v. Canstadt, Hptm.	33.
zu Schlesw.-Holst.-Sonderb.-Augustenb., Herzog, Gen.-Lt.	15.

P.

	Seite
Paysen, Pr.-Lt.	48.
Peters, Pr.-Lt.	48.
— Sec.-Lt.	43.
v. Petersen, Hptm.	14. 15.
Pfersig, Feldpostmstr.	22.
du Plat, Ob.-Lt.	13. 19.
v. Podbielski, Pr.-Lt.	32.
Prien, Dr., Lehrer d. Seecad.-Schule	67.
v. Pritzbuer, Pr.-Lt.	31.
Pustau, Audit.	13.
v. Puttkammer, Bar., Hptm.	25.

	Seite
— Prinz Friedrich, Gen.-Lt.	15.
— Prinz Friedrich, Oberst-Lt.	21. 47.
— Prinz Christian, Oberst-Lt.	47.
— Prinz Friedrich, Sec.-Lt.	46.
zu Schlesw.-Holst.-Sonderb.-Glücksb. Herzog Carl, Gen.-Major	15.
— Prinz Friedrich, Oberst-Lt.	46.
— Prinz Julius, Pr.-Lt.	43.
— Prinz Johann, Pr.-Lt.	46.
— Prinz Nicolaus, Sec.-Lt.	46.

R.

	Seite
v. Rahtlev, Hptm.	37.
Rasmussen, Rechn.-Führ.	33.
Rau, Sec.-Lt.	38.
Rickling, Pr.-Lt.	43.
Regenstein, Sec.-Lt.	34.
Reimann, Sec.-Lt.	39.
v. Reineck, Sec.-Lt.	38.
v. Reißwitz, Hptm.	38.
v. Restorff, Sec.-Lt.	37.
v. Reventlow, Graf, Sec.-Lt.	37.
Rodowicz, Sec.-Lt.	25.
Roehrig, Sec.-Lt.	46.
v. Roemeling, Sec.-Lt.	48.
v. Roques, Major	33.

	Seite		Seite
v. Schmid, Major	39.	**T.**	
Schmidt, Sec.-Lt.	33.	v. Thalbitzer, Major	32.
— Sec.-Lt.	43.	Theilkuhl, Sec.-Lt.	32.
— Sec.-Lt.	46.	Tichy, Sec.-Lt.	34.
— Rechn.-Führ.	37.	Tiehsen, Sec.-Lt.	26.
— - Schwarzenhorn, Sec.-Lt.	34.	Tietjens, Rechn.-Führ.	47.
v. Schmieden, Pr.-Lt.	26.	Toscheski, Pr.-Lt. 49	50.
Schmitt, Major	51.	Traut, Sec.-Lt.	34.
Schneider, Sec.-Lt.	37.	v. Trescкow, Pr.-Lt.	21.
— Sec.-Lt.	33.	v. Tresenreuter, Sec.-Lt.	32.
Schnitter, Int.-Assessor	13.	**U.**	
Schoene, Sec.-Lt.	34.	Ulrich, Sec.-Lt.	37.
v. Schoening, Pr.-Lt.	37.	Unger, Sec.-Lt.	25.
Schow, Schiffsb.-Mstr.	67.	v. Unruh, Pr.-Lt.	25.
v. Schroeder, Ob.-Lt. 31.	51.	Unruh, Pr.-Lt.	29.
— Rittm.	43.	**W.**	
Schrör, Hptm.	38.	Wagner, Rechn.-Führ.	26.
Schulz, Dr., Ass.-Arzt	50.	Wahrlich, Lieut. z. See	67.
Schulz, Rechn.-Führ.	43.	v. Waltersdorff, Sec.-Lt.	37.
v. Seelhorst, Major 37.	51.	v. Wasmer, Major	47.
Seidenschnur, Ob.-Arzt	34.	— Major	25.
v. Sellin, Sec.-Lt.	38.	— Pr.-Lt.	43.
Semper, Sec.-Lt.	33.	v. Wedderkop, Pr.-Lt.	31.
Siegfried, Hptm. 13.	48.	Weinrebe, Pr.-Lt.	48.
Siemsen, Sec.-Lt.	49.	v. Wenck, Hptm.	26.
Sörensen, Hptm.	29.	v. Westarp, Graf, Pr.-Lt.	25.
Soubiran, Pr.-Lt.	38.	Westphal, Sec.-Lt.	34.
v. Specht, Sec.-Lt.	26.	Wichers, Sec.-Lt.	31.
v. Sperling, Sec.-Lt.	38.	v. Wiegand, Hptm. 15.	50.
v. Springborn, Major	32.	Wiese, Rechn.-Führ.	38.
Springer, Bureau-Chef	12.	v. Willemoes-Suhm, Kriegs-Commiss.	12.
v. Staffeldt, Major	22.	Willmann, Major	26.
v. Steensen, Hptm.	38.	v. Wittich, Hptm.	34.
v. Stemann, Kriegs-Commiss.	12.	v. Wobeser, Sec.-Lt.	33.
v. Steyber, Hptm.	32.	v. Woringen, Hptm.	33.
v. Stillfried-Rattonitz, Bar., Sec.-Lt.	28.	v. Wrangel, Hptm. 21.	23.
v. Stillfried-Rattonitz-Neurode, Bar., Sec.-Lt.	38.	Wuthenow, Sec.-Lt.	32.
		Z.	
v. Strantz, Sec.-Lt.	37.	v. Zastrow, Ob.-Lt.	23.
Struve, Dr., Ob.-Arzt	49.	v. Zeska, Ob.-Lt. 25.	51.
v. Studnitz, Major	38.	— Pr.-Lt. 23.	37.
Sulzer, Int.-Rath	13.	— Pr.-Lt.	38.
v. Szczepanski, Pr.-Lt.	33.	Zettler, Ob.-Arzt	32.
		v. Zimmermann, Hptm.	28.
		v. Zschüschen, Pr.-Lt.	39.

Anhang.

Personal-Veränderungen in der Armee und Marine im Jahre 1848.

Mit 4 Anlagen.

Personal-Veränderungen
in der
Schleswig-Holsteinischen Armee und Marine
vom 24. März bis 31. December 1848 incl.

Verfügt durch die provisorische und gemeinsame Regierung der Herzogthümer, sowie durch das Armee-Commando im speciellen Auftrage der Ersteren.

I. In der Armee.

Offiziere, Portepee-Fähnriche und Offizier-Aspiranten.

A. Anstellungen, Ernennungen, Beförderungen, Versetzungen und Commandos.

Den 24. März.

Friedrich Emil August Prinz zu Schleswig-Holstein-Sonderburg-Augustenburg Durchlaucht, General-Lieutenant à la suite, Mitglied der provisorischen Regierung der Herzogthümer, zum commandirenden General der Schleswig-Holsteinischen Armee ernannt.

Die Infanterie-Bataillone № 14, 15, 16 und 17 erhalten die № 1, 2, 3 und 4; die Jäger-Corps № 4 und 5 die № 1 und 2, die beiden Cavallerie-Regimenter № 1 und 2 behalten ihre Nummern, das zweite Artillerie-Regiment wird „Artillerie-Regiment" genannt; und bilden diese Truppentheile mit der Pionier-Compagnie „die Schleswig-Holsteinische Armee."

v. Sachau, Major und etatsmäßiger Stabsoffizier des ehemaligen 5. (2.) Jäger-Corps, unter Führung à la suite desselben, zum Commandanten von Kiel,

Personal-Veränderungen.

v. Michelsen, Hauptmann von demselben Corps, unter Beförderung zum Major, zum Commandeur dieses Corps ernannt.

v. Bernstorff, Premier-Lieutenant à. D., früher im 2. Dragoner-Regiment, in demselben als Premier-Lieutenant wieder angestellt.

v. Lesser, Hauptmann vom Ingenieur-Corps, zum Sous-Chef des Stabes der Armee ernannt.

Den 25. März.

Die Regierung verfügt die Errichtung des 5., 6. und 7. Infanterie-Bataillons aus den Reserve-Mannschaften der vier ersten Bataillone, sowie die Errichtung von Frei-Corps.

v. Kindt, Major und etatsmäßiger Stabs-Offizier des ehemaligen 16. (3.) Infanterie-Bataillons, zum Commandeur des 2. Infanterie-Bataillons.

v. Zeska, Major und etatsmäßiger Stabs-Offizier des ehemaligen 14. (1.) Infanterie-Bataillons, zum Commandeur desselben.

v. Schütz, Major vom ehemaligen 2. Artillerie-Regiment, zum Commandeur des Artillerie-Regiments,

v. Abercron, Hauptmann vom ehemaligen 16. (3.) Infanterie-Bataillon, unter Beförderung zum Major und Führung à la suite dieses Bataillons, zum Platz-Commandanten von Rendsburg,

v. Lübers, Premier-Lieutenant von demselben Bataillon, unter Beförderung zum Hauptmann und Führung à la suite desselben, zum Capitain-Wachtmeister (Platzmajor) von Rendsburg,

v. Jeß, Hauptmann vom Ingenieur-Corps, zum interimistischen Commandeur desselben ernannt.

Niemojewsky (Pole), zum Seconde-Lieutenant im 1. Dragoner-Regiment befördert.

Baron v. Brockdorff, Major und etatsmäßiger Stabs-Offizier vom 1. Dragoner-Regiment, unter Führung à la suite desselben, zum Commandeur der Holsteinischen Grenz-Gendarmerie ernannt; (Station: Wandsbeck).

v. Fürsen-Bachmann, Rittmeister von demselben Regiment, unter Beförderung zum Oberst-Lieutenant, zum Commandeur dieses Regiments ernannt.

v. Nissen, Rittmeister von demselben Regiment, unter Führung à la suite desselben zur Militair-Ausrüstungs-Commission in Rendsburg commandirt.

v. Schroeder, Major und etatsmäßiger Stabs-Offizier vom ehemaligen 13. (2.) Infanterie-Bataillon, zum Commandeur des 5. Infanterie-Bataillons,

v. Hedemann 1ste, Hauptmann à la suite der Infanterie, zum Commandeur des 6. Infanterie-Bataillons,

v. Unzer, Major a. D., in dieser Charge wieder angestellt und unter Führung à la suite der Cavallerie, zum Commandanten von Schleswig (Stadt),

Koch, Lieutenant a. D., Advocat zu Segeberg, unter Beförderung zum Oberst-Lieutenant, zum Chef der zu errichtenden Frei-Corps ernannt.

v. Coch, Hauptmann vom ehemaligen 16. (3.) Infanterie-Bataillon, als Compagnie-Chef in's 4.,

v. Zeska 2te, Seconde-Lieutenant vom 2., in's 1. Infanterie-Bataillon versetzt.

Den 26. März.

v. Krohn, Oberst à la suite der Infanterie, unter Beförderung zum General-Major, zum Commandeur der I. Infanterie-Brigade (ehem. 15. u. 16. Inf.-Bat. u. ehem. 4. Jäg.-Corps),

v. Fabricius, Oberst-Lieutenant à la suite der Infanterie, zum Chef des Generalstabes der Armee,

v. Bündiger, Major und etatsmäßiger Stabs-Offizier vom ehemaligen 17. (4.) Infanterie-Bataillon, zum Commandeur desselben,

v. Lange, Hauptmann vom ehemaligen 4. (1.) Jäger-Corps, zum Commandeur desselben ernannt.

v. Halle, Hauptmann vom ehemaligen 5. (2.) Jäger-Corps, unter Stellung à la suite dieses Corps, zum Montirungs-Depot in Rendsburg commandirt.

Friedrich Christian August Prinz zu Schleswig-Holstein-

Sonderburg-Augustenburg Durchlaucht, Oberst-Lieutenant à la suite der Cavallerie, unter Belassung in diesem Verhältniß, zur Dienstleistung als Adjutant beim Armee-Commando commandirt.

Friedrich Christian Carl August Prinz zu Schleswig-Holstein-Sonderburg-Augustenburg Durchlaucht, Oberst-Lieutenant à la suite der Cavallerie, wird im 2. Dragoner-Regiment angestellt und thut bei demselben Dienst als Escadrons-Offizier.

Graf v. Blome-Salzau, Oberst-Lieutenant à la suite der Cavallerie, unter Belassung in diesem Verhältniß, zur Dienstleistung als Ordonnanz-Offizier beim Armee-Commando commandirt.

v. Hanssen, Major à la suite der Cavallerie, zum Commandeur des 2. Dragoner-Regiments ernannt.

Nikolaus Prinz zu Schleswig-Holstein-Sonderburg-Glücksburg Durchlaucht, Hauptmann à la suite der Infanterie, als Seconde-Lieutenant im 2. Dragoner-Regiment angestellt.

Friedrich Christian Carl August Prinz zu Schleswig-Holstein-Sonderburg-Augustenburg Durchlaucht (Sohn Sr. Durchlaucht des commandirenden Generals), zum Seconde-Lieutenant im 2. Dragoner-Regiment befördert.

v. Wiegand, Hauptmann à la suite der Infanterie, unter Versetzung zu den Offizieren von der Armee, zum Commandanten von Eckernförde,

v. Wasmer, Hauptmann à la suite der Infanterie, zum Führer des 3. Frei-Corps ernannt.

v. Brodersen, Hauptmann à la suite der Infanterie, als Compagnie-Chef im 5. Infanterie-Bataillon angestellt.

v. Petersen 2te, Hauptmann a. D., in der Armee in dieser Charge wieder angestellt, und unter Versetzung zu den Offizieren von der Armee, zur Disposition des Armee-Commandos gestellt. (Organisirt die Bürger-Garde in Glückstadt.)

v. Lavaetz, Hauptmann à la suite der Infanterie, im 4. Infanterie-Bataillon angestellt, und unter Stellung à la suite desselben, zum Führer des zur Bewachung der Zuchthaus-Gefangenen zu Glückstadt zurückgebliebenen Detachements des genannten Bataillons ernannt.

v. Römeling, Seconde-Lieutenant à la suite der Infanterie — ehemaliger Artillerie-Seconde-Lieutenant, — als solcher im Artillerie-Regiment,

v. Jensen-Tusch, Major a. D., im I. Frei-Corps (v. Krogh'schen) angestellt.

v. Normann, Major a: D. (von der Infanterie), in dieser Charge wieder angestellt und unter Versetzung zu den Offizieren von der Armee, am 25. März zum Commandanten von Glückstadt ernannt.

v. Leonhardt, Major a. D. (von der Infanterie), in dieser Charge wieder angestellt, und unter Versetzung zu den Offizieren von der Armee, zur Disposition des Armee-Commandos gestellt.

v. Buchwaldt, Rittmeister a. D., in dieser Charge wieder angestellt und zum Escadrons-Chef im 2. Dragoner-Regiment ernannt.

v. Christiansen, Rittmeister a. D., in dieser Charge wieder angestellt, und unter Versetzung zur Adjutantur, zur Dienstleistung bei der II. Infanterie-Brigade commandirt.

v. Lienau, Hauptmann a. D., in dieser Charge im 4. Infanterie-Bataillon wieder angestellt.

v. Irminger 1ste, Hauptmann à la suite der Infanterie, bisheriger Commandant von Friedrichsort, unter Versetzung zu den Offizieren von der Armee, zur Disposition des Armee-Commandos gestellt. (Organisirt den Landsturm in Dithmarschen.)

v. Petersen 1ste, Hauptmann à la suite der Infanterie, zum Compagnie-Chef im 5. Infanterie-Bataillon ernannt.

v. Wasmer, Hauptmann a. D. (von der Infanterie), Zollcontrolleur, beim Frei-Corps angestellt.

v. Irminger 2te, Hauptmann a. D., in dieser Charge wieder angestellt und zum Compagnie-Chef im 5. Infanterie-Bataillon ernannt.

    Das 1., 2. und 3. Infanterie-Bataillon gehören der I., das 4., 5. und 6. Infanterie-Bataillon der II. Infanterie-Brigade an.

v. Normann, Seconde-Lieutenant vom 4. in's 6. Infanterie-Bataillon versetzt.

v. Wasmer-Friedrichshoff (1ste), Major à la suite (von der Infanterie), ist bei der Cavallerie à la suite zu führen.

v. Friedrichsen 2te, Hauptmann a. D., in dieser Charge wieder angestellt und zum Compagnie-Chef im 5. Infanterie-Bataillon ernannt.

v. Jacobsen, Premier-Lieutenant der Cavallerie a. D., unter Beförderung zum Rittmeister und Stellung à la suite des 1. Dragoner-Regiments angestellt, und zum Vorsteher des Cavallerie-Depots zu Rendsburg ernannt.

v. Lilienstein, Seconde-Lieutenant a. D., in dieser Charge im 6. Infanterie-Bataillon angestellt.

v. Krogh, Lieutenant a. D. (Hardesvoigt), zum Führer des 1.,

Graf zu Rantzau-Breitenburg (Inländer), Ober-Lieutenant a. D., zum Führer des II. Frei-Corps,

v. Friedrichsen (1ste), Hauptmann a. D., bisheriger Rechnungsführer im ehemaligen 16. (3.) Infanterie-Bataillon, in dieser Charge wieder angestellt, und unter Versetzung zu den Offizieren von der Armee, zum Vorsteher des Infanterie-Depots in Rendsburg ernannt.

v. Irminger, Seconde-Lieutenant vom 1. Dragoner-Regiment, zur Dienstleistung als Adjutant zur I. Infanterie-Brigade commandirt.

v. Lesser, Hauptmann vom Artillerie-Regiment, zum Abtheilungs-Commandeur der beiden 6pfündigen Feld-Batterien ernannt.

Herzbruch, Civil-Ingenieur (Inländer), als Offizier-Aspirant (Portepee-Fähnrich) im 4. Infanterie-Bataillon angestellt.

v. Kauffmann (Inländer), zum Seconde-Lieutenant im 6. Infanterie-Bataillon,

v. Brockenhuus (Inländer), Seconde-Lieutenant der Militair-Hochschule zu Kopenhagen, zum Premier-Lieutenant im 1. Dragoner-Regiment befördert.

Ratjen (Inländer), Zoll-Assistent, als Seconde-Lieutenant im 6. Infanterie-Bataillon angestellt.

Röhrig (Inländer), Ober-Wachtmeister vom 1. Dragoner-

Regiment, zum Seconde=Lieutenant befördert, und zum Cavallerie=Depot in Jevenstedt commandirt.

Den 27. März.

v. Unzer, Major und Commandant von Schleswig, in gleicher Eigenschaft nach Flensburg versetzt.

Graf Traugott v. Reventlow, bisher Auscultant der Schleswig=Holsteinischen Regierung, als Seconde=Lieutenant im 1. Jäger=Corps angestellt.

v. Werberkop, früher in der Preuß. Armee (Oldenburger), als Premier=Lieutenant im 5. Infanterie=Bataillon angestellt.

Hanssen, Graf Blome=Salzau, Freiherr v. Heintze, v. Abercron, Koch (Inländer), als Offizier=Aspiranten, erstere drei im 2., letztere im 1. Dragoner=Regiment angestellt.

Den 28. März.

Kröhnke, v. Tresehreuter, Graf A. v. Luckner (Inländer), als Offizier=Aspiranten im 6. Infanterie=Bataillon angestellt.

Den 29. März.

Toschesky (Inländer), Königl. Preuß. Seconde=Lieutenant a. D., früher in der Garde=Artillerie=Brigade, als Premier=Lieutenant im Artillerie=Regiment angestellt.

Den 30. März.

v. Negelein (Oldenburger), Wichers, Friedrichsen (Inländer), als Offizier=Aspiranten im 5. Infanterie=Bataillon angestellt.

v. Fabricius, Oberst=Lieutenant und Chef des Generalstabes der Armee, zum Obersten befördert.

Den 1. bis 26. April incl.

Graf v. Brockdorff=Ahlefeldt (Inländer), zum Seconde=Lieutenant der Cavallerie befördert, und zur Dienstleistung als Ordonnanz=Offizier bei Sr. Durchlaucht dem Herzog Carl commandirt.

Scheffler, Canabaeus, Königl. Preuß. Seconde=Lieutenants a. D., früher in der 6. Artillerie=Brigade, als Seconde=Lieutenants im Artillerie=Regiment angestellt.

Carl Herzog von Schleswig-Holstein-Sonderburg-Glücks-burg Durchlaucht, Oberst à la suite der Infanterie, unter Beförderung zum General-Major, zum Commandeur der II. Infanterie-Brigade ernannt (ehem. 14. u. 17. Inf.-Bat. u. ehem. 5. Jäg.-Corps).

v. Zastrow, Königl. Preuß. Hauptmann des 1. Garde-Regiments zu Fuß, als Major und Commandeur des 7. Infanterie-Bataillons angestellt.

v. Katzeler, Königl. Preuß. Seconde-Lieutenant des 2. Garde-Regiments zu Fuß, unter Beförderung zum Hauptmann in der Adjutantur, zur Dienstleistung beim Armee-Commando commandirt.

Friedrich Prinz zu Schleswig-Holstein-Sonderburg-Glücks-burg Durchlaucht, Rittmeister vom 2. Dragoner-Regiment, unter Beförderung zum Major, zum etatsmäßigen Stabs-Offizier in demselben ernannt.

v. Bismarck, Königl. Preuß. Premier-Lieutenant des Garde-Husaren-Regiments, als Rittmeister und Führer des Eider-stedter Frei-Corps zu Pferde.

v. Gröning (Bremenser), Königl. Preuß. Premier-Lieute-nant a. D., früher im 1. Leib-Husaren-Regiment, als Premier-Lieutenant in demselben Frei-Corps,

Julius Prinz zu Schleswig-Holstein-Sonderburg-Glücks-burg,

Johann Prinz zu Schleswig-Holstein-Sonderburg-Glücks-burg Durchlaucht, Königl. Preuß. Seconde-Lieutenants, ersterer aggregirt dem 5. Ulanen-, letzterer dem Garde-Dragoner-Regiment, als Premier-Lieutenants im 1. und 2. Dragoner-Regiment,

v. d. Heyde, Königl. Preuß. Seconde-Lieutenant des Kaiser Alexander Grenadier-Regiments, als Hauptmann und Compagnie-Chef im 1. Jäger-Corps,

Pahsen (Inländer), Königl. Preuß. Seconde-Lieutenant der 8. Artillerie-Brigade, als Premier-Lieutenant im 2. Dra-goner-Regiment angestellt.

Freiherr v. Heintze (Inländer), Königl. Preuß. Seconde-Lieutenant des 8. Husaren-Regiments, als Premier-Lieute-nant im 1. Dragoner-Regiment,

v. Steyber, Königl. Preuß. Premier-Lieutenant des 12. Infanterie-Regiments, als Hauptmann und Compagnie-Chef,
v. Cramm, Königl. Hannöver. Premier-Lieutenant a. D.,
als Hauptmann und Compagnie-Chef,
v. Eickstedt, Königl. Preuß. Seconde-Lieutenant des II. Garde-
Regiments zu Fuß, als Hauptmann und Compagnie-Chef,
v. Erhardt, Königl. Preuß. Seconde-Lieutenant des Garde-
Reserve-Infanterie- (Landwehr-) Regiments, als Premier-
Lieutenant und Compagnie-Commandeur,
Freiherr v. Reitzenstein, Königl. Preuß. Seconde-Lieutenant des 39. Infanterie-Regiments (7. Reserve-Regiment),
als Premier-Lieutenant,
sämmtlich im 6. Infanterie-Bataillon angestellt.
Köhn=v. Jaski, Königl. Preuß. Premier-Lieutenant des
2. Garde-Regiments zu Fuß (der 2te),
v. Doering, Königl. Preuß. Seconde-Lieutenant des Kaiser
Alexander Grenadier-Regiments,
v. Brauchitsch, Königl. Preuß. Seconde-Lieutenant des
I. Garde-Regiments zu Fuß (der 1ste),
alle drei als Hauptleute und Compagnie-Chefs,
v. Ziemietzki, Königl. Preuß. Seconde-Lieutenant des
16. Infanterie-Regiments, als Premier-Lieutenant und
Compagnie-Commandeur,
v. Zschüschen, Graf v. Westarp, Königl. Preuß. Seconde-
Lieutenants des Garde-Reserve-Infanterie- (Landwehr-)
Regiments,
v. Stuckradt, Königl. Preuß. Seconde-Lieutenant des
Kaiser Alexander Grenadier-Regiments (der 2te), als
Premier-Lieutenants,
sämmtlich im 5. Infanterie-Bataillon angestellt.

Das 5. Infanterie-Bataillon wird wieder aufgelöst und
die Mannschaften desselben zum 1., 2., 3. und 4. Infanterie-Bataillon vertheilt.

Das neu errichtete 7. Infanterie-Bataillon unter Commando des Majors v. Zastrow erhält die № 5.

Die Offiziere des aufgelösten 5. Infanterie-Bataillons
sind zur Disposition des Armee-Commandos gestellt und
bei dem jetzt bestehenden à la suite zu führen.

Freiherr v. Diepenbrock-Grüter, Königl. Preuß. Seconde-Lieutenant des 8. Husaren-Regiments, unter Beförderung zum Premier-Lieutenant, in der Cavallerie angestellt und als Adjutant bei dem Brigade-Commando commandirt.

v. Schack (Mecklenburg-Schweriner), Königl. Preuß. Seconde-Lieutenant des 5. Ulanen-Regiments, als Premier-Lieutenant im 2. Dragoner-Regiment,

Wegener, Königl. Preuß. Unteroffizier (1jähr. Freiw.) des Kaiser Alexander Grenadier-Regiments, als Seconde-Lieutenant im 2. Infanterie-Bataillon angestellt.

v. Sandrart, Königl. Preuß. Seconde-Lieutenant des 2. Infanterie- (Königs-) Regiments, unter Beförderung zum Hauptmann, als Compagnie-Chef im 1. Jäger-Corps angestellt.

Heinrich Carl **Woldemar** Prinz zu Schleswig-Holstein-Sonderburg-Augustenburg Durchlaucht, Königl. Preuß. Major des Regiments Gardés du corps, unter Beförderung zum Oberst-Lieutenant, zum Commandeur der Cavallerie-Brigade ernannt.

Saranw (Inländer), als Offizier-Aspirant im 1. Jäger-Corps angestellt.

v. Berger, Königl. Preuß. Premier-Lieutenant des 2. Garde-Regiments zu Fuß, unter Beförderung zum Hauptmann, zur Dienstleistung als persönlicher Adjutant bei Sr. Durchlaucht dem commandirenden General commandirt.

v. Schimmelmann, Königl. Preuß. Seconde-Lieutenant des 1. Garde-Regiments zu Fuß, unter Beförderung zum Hauptmann in der Adjutantur, zum Chef des Stabes der II. Infanterie-Brigade;

Sörensen (Inländer), Königl. Preuß. Seconde-Lieutenant des 17. Infanterie-Regiments, unter Beförderung zum Hauptmann in der Adjutantur, zum Chef des Stabes der I. Infanterie-Brigade,

v. Gersdorff, Königl. Preuß. Premier-Lieutenant des Garde-Schützen-Bataillons, unter Beförderung zum Hauptmann, zum Commandeur sämmtlicher Frei-Corps ernannt.

v. Unzer, Major und Commandant von Flensburg, unter Belassung à la suite der Cavalerie zur Disposition des Armee-Commandos gestellt, um als Mitglied der Militair-Aushebungs-Behörde zu fungiren.

Unruh, Königl. Preuß. Seconde-Lieutenant a. D., früher im 3. Bataillon (Havelberg) 24. Landwehr-Regiments, als Premier-Lieutenant im 4. Infanterie-Bataillon angestellt.

v. Lesser, Hauptmann und Sous-Chef des Stabes der Armee, tritt, unter Entbindung von dieser Function, zum Ingenieur-Corps zurück.

Freiherr v. Wittenhorst-Sonsfeld, Königl. Preuß. Premier-Lieutenant des 5. Ulanen-Regiments, unter Beförderung zum Rittmeister, zum Chef der neu errichteten 5. Schwadron des 2. Dragoner-Regiments ernannt.

Wuthenow, Königl. Preuß. Unteroffizier a. D., früher einjähriger Freiwilliger im 8. Infanterie- (Leib-) Regiment, als Offizier-Aspirant im 6. Infanterie-Bataillon.

Alexander Gustav August Prinz von Croh Durchlaucht, Königl. Preuß. Seconde-Lieutenant aggregirt dem 8. Husaren-Regiment,

Felix Prinz zu Salm-Salm Durchlaucht,

Freiherr v. Müffling- genannt Weiß, Königl. Preuß. Seconde-Lieutenants des 11. Husaren-Regiments, ersterer demselben aggregirt, als Premier-Lieutenants resp. im 1. und 2. Dragoner-Regiment angestellt.

Graf v. Luckner,
Graf v. Holstein, } (Inländer),

ersterer bisher Führer des nunmehr aufgelösten Frei-Corps (v. Luckner'sches), beide zu Seconde-Lieutenants in der Cavallerie befördert, letzterer zugleich zur Dienstleistung als Ordonnanz-Offizier beim Armee-Commando commandirt.

Die Jäger-Abtheilungen bilden von jetzt ab ein Corps zu 4 Compagnien in 2 Abtheilungen unter Commando des Hauptmanns v. Lange.

v. Emare, Königl. Sächs. Seconde-Lieutenant a. D. (Ruffe), als Seconde-Lieutenant im 5. Infanterie-Bataillon angestellt.

v. Kindt, Major und Commandeur des 2. Infanterie-Bataillons, unter Führung à la suite desselben zur Disposition des Armee-Commandos gestellt.

v. Jeß, Hauptmann vom 2. Infanterie-Bataillon, zum Commandeur desselben ernannt.

Freiherr v. d. Tann, Königl. Baiersch. Major und Flügel-Adjutant Sr. Majestät des Königs von Baiern, zum Commandeur des IV. Frei-Corps ernannt.

Albosser, Königl. Baiersch. Ober-Lieutenant der Artillerie, unter Beförderung zum Hauptmann, im H. (Rantzau'schen) Frei-Corps,

Waldmann, Königl. Baiersch. Seconde-Lieutenant, als Premier-Lieutenant und Compagnie-Commandeur im Jäger-Corps angestellt.

v. Rahtlev, Premier-Lieutenant vom Jäger-Corps, zum Führer des nach der Insel Fehmarn abgehenden Jäger-Detachements ernannt.

Bornträger, aus Preußischen Diensten, als Offizier-Aspirant im 4. Infanterie-Bataillon angestellt.

v. Bismarck, Rittmeister und bisheriger Führer des Frei-Corps zu Pferde, als Escadrons-Chef in's 1. Dragoner-Regiment versetzt.

v. Gröning, Premier-Lieutenant von demselben Frei-Corps, übernimmt die Führung desselben.

Korneli, v. Bouteville, Graf v. Bothmer, Königl. Baiersche Seconde-Lieutenants der Infanterie, Cavallerie und Artillerie, als Premier-Lieutenants im IV. Frei-Corps angestellt.

Hellmundt (Inländer), Königl. Preuß. Seconde-Lieutenant a. D., früher im 37. Infanterie- (5. Reserve-) Regiment, unter Beförderung zum Premier-Lieutenant, zum Führer des Bracklow'schen Scharfschützen-Corps (I. Compagnie des v. Krogh'schen (I.) Corps) ernannt.

Fuchs, Königl. Sächs. Seconde-Lieutenant der Artillerie, als Premier-Lieutenant im Jäger-Corps angestellt.

v. Keller-Schleitheim, Meyer, Lübeck, aus Preußischen Diensten, zur Armee commandirt und als Offizier-

Aspiranten mit den Competenzen des Seconde-Lieutenants
I. Classe dem 4. Infanterie-Bataillon überwiesen.
v. Scriba, Königl. Preuß. Seconde-Lieutenant des 16. Infanterie-Regiments, unter Beförderung zum Premier-Lieutenant, im 2. Infanterie-Bataillon angestellt.
Leo, Lübers, Ulrich, Ohlsen, Schneider, Feldwebel (Commandir-Sergt.) vom Jäger-Corps, zu Seconde-Lieutenants befördert.
Clementz, Stemsen (Inländer), Bauconducteure, als Offizier-Aspiranten im Ingenieur-Corps,
Lenz, Herzogl. Braunschweig. Portepee-Fähnrich a. D., als Seconde-Lieutenant im Jäger-Corps angestellt.
Röhrig, Seconde-Lieutenant vom 2. Dragoner-Regiment, nachdem das Cavallerie-Depot in Jevenstedt, bei welchem er commandirt war, aufgelöst, zum Rechnungsführer in dem genannten Regiment ernannt.
Bünsow, Offizier-Aspirant vom Jäger-Corps, zum Seconde-Lieutenant befördert.
Hagemann (Hannoveraner), Kaiserl. Königl. Oesterreich. Cadett a. D., als Offizier-Aspirant im 4. Infanterie-Bataillon,
v. Eggers (Inländer), Königl. Preuß. Premier-Lieutenant a. D.,
v. Beeren, Gantzer, Königl. Preuß. Seconde-Lieutenants a. D., sämmtlich früher im 15. Infanterie-Regiment, ersterer als Hauptmann und Compagnie-Chef, letztere als Premier-Lieutenants resp. im 3. Infanterie-Bataillon und Jäger-Corps angestellt.
v. Lienau, Hauptmann vom 4. Infanterie-Bataillon, unter Stellung à la suite desselben, zur Dienstleistung bei dem Oberverpflegungs-Commissariat der Armee commandirt.
v. Krohn, General-Major und Commandeur der 1. Infanterie-Brigade, zum Chef des neu errichteten Kriegs-Departements,
du Plat, Major vom Generalstabe, unter Führung à la suite desselben, beim Kriegs-Departement commandirt und zum Chef und Dirigenten des Allgemeinen Bureaus ernannt.

v. Lützow, Premier-Lieutenant à la suite des Jäger-Corps, bisher Adjutant beim Armee-Commando, unter Versetzung zur Adjutantur, zur Dienstleistung beim Chef des Kriegs-Departements.

v. Lesser, Hauptmann vom Ingenieur-Corps, zur Dienstleistung beim Kriegs-Departement commandirt.

v. Bassewitz, Premier-Lieutenant vom Jäger-Corps, zum Hauptmann und Compagnie-Chef befördert.

v. Fabricius, Oberst und Chef des Generalstabes der Armee, zum Commandeur der I. Infanterie-Brigade ernannt.

Leo, Königl. Preuß. Hauptmann des großen Generalstabes, unter Beförderung zum Major, zum Chef des Generalstabes der Armee,

Bauer, Königl. Preuß. Seconde-Lieutenant a. D., früher im 2. Bataillon (Düsseldorf) 17. Landwehr-Regiments, als Premier-Lieutenant im 4. Infanterie-Bataillon,

Blees, Königl. Preuß. Seconde-Lieutenant a. D., früher im 1. Bataillon (Aachen) 25. Landwehr-Regiments, als Seconde-Lieutenant im 3. Infanterie-Bataillon angestellt.

Beelitz, Königl. Preuß. Premier-Lieutenant der I. Artillerie-Brigade (der 1ste), unter Beförderung zum Hauptmann, zum Chef der neu errichteten 12pfündigen Fuß-Batterie ernannt.

v. Schoening, Königl. Preuß. Seconde-Lieutenant des II. Garde-Regiments zu Fuß, als Premier-Lieutenant und Compagnie-Commandeur.

v. Blandowski, Königl. Preuß. Seconde-Lieutenant des 38. Infanterie-Regiments (6. Reserve-Regiment), als Premier-Lieutenant, beide im Jäger-Corps,

v. Malachowski, Königl. Preuß. Seconde-Lieutenant desselben Regiments (der 1ste), als Premier-Lieutenant und Compagnie-Commandeur im 1. Infanterie-Bataillon,

v. Malachowski, Königl. Preuß. Seconde-Lieutenant des I. Garde-Regiments zu Fuß, als Premier-Lieutenant im Jäger-Corps (der 2te),

v. Blandowski, Königl. Preuß. Portepee-Fähnrich a. D., als Seconde-Lieutenant im 5. Infanterie-Bataillon (2te),

Graf v. Mengersen, Königl. Preuß. Seconde-Lieutenant aggregirt dem Regiment Gardes du Corps, als Premier-Lieutenant im 2. Dragoner-Regiment angestellt.

v. Gröning, Premier-Lieutenant und Führer des Frei-Corps zu Pferde, ins 1. Dragoner-Regiment versetzt.

v. Wrangel, Königl. Preuß. Premier-Lieutenant des 1. Infanterie-Regiments, unter Beförderung zum Hauptmann, als Sous-Chef des Generalstabes in der Armee angestellt.

v. Krohn, Königl. Preuß. Seconde-Lieutenant des 27. Infanterie-Regiments, unter Beförderung zum Premier-Lieutenant, in der Adjutantur angestellt und zur Dienstleistung zur II. Infanterie-Brigade commandirt.

v. Schmieden, Königl. Preuß. Seconde-Lieutenant a. D., früher im 29. Infanterie-Regiment,

Schimmelpfennig v. d. Oye, Königl. Preuß. Seconde-Lieutenant des 16. Infanterie-Regiments,

v. Münchhausen 2te, Königl. Preuß. Seconde-Lieutenant des 28. Infanterie-Regiments,

alle drei als Premier-Lieutenants resp. im 2. und 1. Infanterie-Bataillon angestellt.

Graf v. Waldersee, Königl. Preuß. Seconde-Lieutenant des 1. Garde-Regiments zu Fuß (der 2te), als Premier-Lieutenant im Bracklower Scharfschützen-Corps angestellt.

v. Lachmann, Major und Director des Christians-Pflegehauses in Eckernförde,

v. Colb, Premier-Lieutenant und zweiter Offizier desselben, zu den Offizieren von der Armee versetzt.

Graf v. Waldersee, Premier-Lieutenant des Bracklower Scharfschützen-Corps, zum Commandeur desselben in Stelle des verwundeten bisherigen Führers ernannt.

Petersen 1ste, Hauptmann à la suite des 5. Infanterie-Bataillons, unter Versetzung zu den Offizieren von der Armee, zum Inspector des fliegenden Feldlazareths ernannt.

Die bisher zur Disposition des Armee-Commandos gestandenen Offiziere werden in gleicher Eigenschaft dem Kriegs-Departement überwiesen.

v. Fabricius, Oberst und Commandeur der 1. Infanterie-

Brigade, zur Disposition gestellt, und zu den Offizieren von der Armee versetzt.

Graf v. Baudissin, Oberst-Lieutenant und Commandeur des 3. Infanterie-Bataillons, zum Commandeur der 1. Infanterie-Brigade,

v. Krabbe 1ste, Hauptmann vom 1. Infanterie-Bataillon, zum Commandeur des 3. Infanterie-Bataillons,

v. Zeska, Major und Commandeur des 1. Infanterie-Bataillons, unter Stellung à la suite desselben, zum Commandanten von Tondern,

v. Panwitz, Königl. Preuß. Hauptmann des II. Garde-Regiments zu Fuß, unter Beförderung zum Major, zum Commandeur des 1. Infanterie-Bataillons ernannt.

v. Alten, Königl. Preuß. Seconde-Lieutenant des Garde-Reserve-Infanterie- (Landwehr-) Regiments, unter Beförderung zum Premier-Lieutenant im 6. Infanterie-Bataillon,

v. Gumpenberg, Königl. Baiersch. Premier-Lieutenant, in dieser Charge im 2. Dragoner-Regiment angestellt.

Den 27. April.

v. Wrangel, Hauptmann vom Generalstabe, vom Armee-Commando zum Detachement des Majors v. Zastrow versetzt.

v. Katzeler, Hauptmann der Adjutantur, zum Sous-Chef des Generalstabes der Armee ernannt.

Den 28. April.

v. Holstein, Premier-Lieutenant vom 1. Dragoner-Regiment, zum Rittmeister mit der ihm früher reservirten Anciennetät, und ferner mit den Functionen des etatsmäßigen Stabsoffiziers bei demselben beauftragt. Derselbe rangirt unmittelbar hinter dem Rittmeister v. Buchwaldt des 2. Dragoner-Regiments.

v. Rumohr, Niemojewsky, v. Schroeder, Seconde-Lieutenants vom 1.,

v. Jensen-Tusch, Seconde-Lieutenant vom 2. Dragoner-Regiment, zu Premier-Lieutenants,

Peters, Hellner 1ste, Hellner 2te, Müller (Inländer), Oberwachtmeister vom 1. Dragoner-Regiment, zu Seconde-Lieutenants befördert.
Schultz, Quartiermeister vom 1. Dragoner-Regiment, zum Seconde-Lieutenant und Rechnungs-Führer in demselben ernannt.
Graf Adalbert v. Baudissin (Inländer), als Offizier-Aspirant im Jäger-Corps angestellt.

Den 30. April.

v. Krabbe, Hauptmann und Commandeur des 3. Infanterie-Bataillons zum Major befördert.
v. Borries, Königl. Preuß. Unteroffizier (1jähr. Freiw.), von der Cavallerie des 1. Bataillons (Minden) 15. Landwehr-Regiments, als Seconde-Lieutenant im 1. Dragoner-Regiment angestellt.

Den 1. Mai.

v. Buchwaldt (Inländer), zum Offizier-Aspiranten im 2. Dragoner-Regiment ernannt.
Freiherr v. Egloffstein, Herzogl. Sachsen-Meiningensch. Hauptmann und Flügel-Adjutant, früher Königl. Preuß. Lieutenant im 6. Kürassier-Regiment, als Rittmeister im 1. Dragoner-Regiment,
Freiherr v. Los, Königl. Preuß. Portepee-Fähnrich, als Seconde-Lieutenant im 2. Dragoner-Regiment,
v. Bülow, Königl. Preuß. Portepee-Fähnrich des 10. Husaren-Regiments, unter Beförderung zum Premier-Lieutenant im 1. Dragoner-Regiment angestellt.

Den 3. Mai.

Rißler (Inländer), als Offizier-Aspirant im 2. Infanterie-Bataillon angestellt.

Den 4. Mai.

v. Alten, Premier-Lieutenant vom 6. Infanterie-Bataillon, ins Jäger-Corps versetzt.

Den 6. Mai.

Reckling, Königl. Preuß. Seconde-Lieutenant der Cavallerie des 2. Bataillons (Halle) 27. Landwehr-Regiments, als Premier-Lieutenant im 1. Dragoner-Regiment angestellt.

Sarauw (Inländer), Offizier-Aspirant des Jäger-Corps, commandirt beim Detachement desselben auf der Insel Fehmarn, zum Seconde-Lieutenant,

Kröhnke, v. Tresenreuter, Wuthenow, Graf v. Luckner, Offizier-Aspiranten vom 6. Infanterie-Bataillon, zu Seconde-Lieutenants befördert.

Den 12. Mai.

Freiherr v. Strombeck, Königl. Preuß. Seconde-Lieutenant des Garde-Husaren-Regiments, als Premier-Lieutenant im 2. Dragoner-Regiment,

Brandenburg (Inländer), zuletzt Führer des nunmehr aufgelösten berittenen Frei-Corps, als Seconde-Lieutenant im 1.,

v. Levetzow (Inländer), Unteroffizier des genannten Frei-Corps, als Seconde-Lieutenant im 2. Dragoner-Regiment angestellt.

v. Bismarck, Rittmeister vom 1. Dragoner-Regiment, zum Chef der neu errichteten 5. Escadron desselben ernannt.

Den 13. Mai.

v. Negelein, Wichers, Offizier-Aspiranten vom 5. Infanterie-Bataillon, zu Seconde-Lieutenants, jedoch bis auf Weiteres ohne Anciennetät im Bataillon, befördert.

Den 14. Mai.

v. Ewald (Inländer), als Offizier-Aspirant im 2. Infanterie-Bataillon angestellt.

Freiherr v. Egloffstein, Rittmeister vom 1., als Escadrons-Chef in's 2. Dragoner-Regiment versetzt.

Den 18. Mai.

Ahe (Inländer), Ober-Wachtmeister vom 1. Dragoner-Regiment und Secretair des General-Commandos, zum Kanzlisten im Generalstabe mit dem Range eines Seconde-Lieutenants und der Uniform der Cavallerie,

v. Jensen-Tusch, Premier-Lieutenant vom 2. Dragoner-Regiment, unter Führung à la suite desselben, zum Commandeur der Holsteinischen Grenz-Gendarmerie ernannt.

v. Gumpenberg, Premier-Lieutenant vom 2., in's 1. Dragoner-Regiment versetzt.

v. Jastrow, Major und Commandeur des 5. Infanterie-Bataillons, zum Oberst-Lieutenant,
v. Lange, Hauptmann und Commandeur des Jäger-Corps,
v. Lesser, Hauptmann und Abtheilungs-Commandeur des Artillerie-Regiments zu Majors befördert.
Graf v. Holstein, Seconde-Lieutenant der Cavallerie, unter Entbindung von dem Commando als Ordonnanz-Offizier beim Armee-Commando, in's 2. Dragoner-Regiment eingerangirt.

Den 18. Mai.

v. Buchwaldt (Inländer), als Offizier-Aspirant im 2. Dragoner-Regiment angestellt.

Den 19. Mai.

Schmitt, Königl. Preuß. Major,
Clemens, Königl. Preuß. Seconde-Lieutenant von der 3. Artillerie-Brigade, zu Commandanten resp. der Festung Rendsburg und des Hafen-Forts Friedrichsort ernannt.

Den 21. Mai.

v. Abercron 2te (Inländer), als Offizier-Aspirant im 1. Dragoner-Regiment angestellt.

Den 22. Mai.

v. Rumohr, Hirschfeldt, Architekt Holm (Inländer), als Offizier-Aspiranten resp. im 1. Dragoner-Regiment, Jäger- und Ingenieur-Corps angestellt.

Den 23. Mai.

Noodt, Zoll-Assistent (Inländer), als Offizier-Aspirant im 5. Infanterie-Bataillon angestellt.
Paysen, Premier-Lieutenant vom 2. Dragoner-Regiment, in's Artillerie-Regiment versetzt.

Den 24. Mai.

Lentz (Inländer), Wittmaack (Inländer), als Offizier-Aspiranten im 2. Dragoner-Regiment und Jäger-Corps angestellt.
v. Blandowski 1ste, Premier-Lieutenant vom Jäger-Corps, als Compagnie-Commandeur in's 4. Infanterie-

Bataillon versetzt. (Die neu errichtete 2. Compagnie; die alte wurde bei Bau gefangen genommen.)

Den 27. Mai.

v. Coch, Hauptmann vom 4. Infanterie-Bataillon, zur Disposition des Kriegs-Departements gestellt und zu den Offizieren von der Armee versetzt.

v. Krohn, Premier-Lieutenant der Adjutantur, als Compagnie-Führer ins 4. Infanterie-Bataillon versetzt.

Den 28. Mai.

v. Waltersdorff (Inländer), als Offizier-Aspirant im Jäger-Corps angestellt.

Den 1. Juni.

Graf zu Eltz, K. K. Oesterreich. Lieutenant a. D., zuletzt im IV. Frei-Corps, unter Beförderung zum Rittmeister der Cavallerie, zur Dienstleistung als Ordonnanz-Offizier bei Sr. Durchlaucht dem commandirenden General commandirt.

v. Krogh, Georg v. Dorrien, Johann v. Dorrien (Inländer), als Offizier Aspiranten, erstere im 2. und I. Dragoner-Regiment, letzterer im Jäger-Corps angestellt.

Den 3 Juni.

v. Lange, Major und Commandeur des Jäger-Corps, unter Stellung à la suite desselben, zum Commandanten von Schleswig (Stadt) ernannt.

v. Zastrow, Oberst-Lieutenant und Commandeur des 5. Infanterie-Bataillons, in gleicher Eigenschaft zum Jäger-Corps versetzt.

v. Wasmer 2te, Hauptmann, ehemaliger Führer des aufgelösten III. (v. Wasmer'schen) Frei-Corps, unter Beförderung zum Major, zum Commandeur des 5. Infanterie-Bataillons.

v. Malachowski 2te, v. Alten, Premier-Lieutenants vom Jäger-Corps, zu Compagnie-Commandeuren in der errichteten Lauenburger Jäger-Abtheilung (2 Compagnieen), attachirt dem Jäger-Corps.

Personal-Veränderungen. 95

v. Zeska 1ste, Premier-Lieutenant des Jäger-Corps, zum
Rechnungs-Führer in demselben ernannt.

Den 11. Juni.

v. Gersdorff, Hauptmann, bisher Commandeur sämmtlicher Frei-Corps, unter Beförderung zum Major, als
etatsmäßiger Stabsoffizier zum Jäger-Corps versetzt.

v. Lützow, Premier-Lieutenant der Adjutantur, unter Belassung in seinem Commando-Verhältniß als Adjutant
beim Chef des Kriegs-Departements, zum Hauptmann
mit der ihm reservirten Anciennetät,

Friedrichsen, Offizier-Aspirant vom 5. Infanterie-Bataillon, zum Seconde-Lieutenant (2te) befördert.

v. Prangen, W. Schmidt (Inländer), als Offizier-Aspiranten, ersterer im Ingenieur-Corps, letzterer im 1. Dragoner-Regiment angestellt.

Den 13. Juni.

Jourdan, Müller, Weinrebe, Christiansen, Debters, Lorenzen (Inländer), Oberfeuerwerker des Artillerie-Regiments, zu Premier-Lieutenants,

v. Neergaard (Inländer), Offizier-Aspirant vom 6. Infanterie-Bataillon,

Hansen, Offizier-Aspirant vom 2., Freiherr v. Heintze
(2te), Offizier-Aspirant vom 1., Graf v. Blome-
Salzau, Offizier-Aspirant vom 2. Dragoner-Regiment,
zu Seconde-Lieutenants befördert.

Jourdan, Premier-Lieutenant vom Artillerie-Regiment,
zum int. Zeugmeister des Arsenals zu Rendsburg ernannt.

Den 14. Juni.

Bauer, Premier-Lieutenant vom 4. Infanterie-Bataillon,
als Compagnie-Führer zur Dienstleistung bei den neu errichteten Bataillonen nach Rendsburg commandirt.

Den 15 Juni.

Koch, Offizier-Aspirant vom 1. Dragoner-Regiment, zum
Seconde-Lieutenant mit Anciennetät vom 13. Juni a. c.
befördert, und rangirt unmittelbar hinter dem Seconde-
Lieutenant Graf Blome.

Scheffler, Canabaeus, Seconde-Lieutenants vom Artillerie-Regiment, zu Premier-Lieutenants befördert, und zwar gleich den übrigen aus fremden Armeen hier Dienste leistenden Offizieren, von dem Tage ihres Eintritts in die diesseitige Armee an gerechnet.

Den 17. Juni.

Albrecht (Mecklenburger), Freiwilliger des IV. Frei-Corps, zum Offizier-Aspiranten im Jäger-Corps ernannt.

Den 18. Juni.

Gramm (Inländer), Offizier des II. Frei-Corps, als Seconde-Lieutenant im Jäger-Corps,

Engelbrecht (Braunschweiger), als Offizier-Aspirant im 5. Infanterie-Bataillon,

v. Sellin (ehemaliger Preuß. 1jähriger Freiwilliger), Freiwilliger des Frei-Corps, als Offizier-Aspirant in dem zu errichtenden 2. Jäger-Corps angestellt.

Den 20. Juni.

v. Abercron 1ste, Offizier-Aspirant vom 2. Dragoner-Regiment,

Graf Adalbert v. Baudissin, Offizier-Aspirant vom Jäger-Corps, zu Seconde-Lieutenants befördert, und ersterem die Anciennetät vom 4. Juni c. vor dem Seconde-Lieutenant Hanßen beigelegt.

Den 23. Juni.

Freiherr v. Heintze 2te (Inländer), Offizier-Aspirant vom Jäger-Corps, zum Seconde-Lieutenant befördert.

Heckscher (Inländer), Oberjäger desselben Corps, zum Offizier-Aspiranten ernannt.

Kuhn, 1jähriger Freiwilliger, Unteroffizier des Königl. Preuß. Kaiser Franz Grenadier-Regiments, zum Seconde-Lieutenant in dem zu errichtenden 7. Infanterie-Bataillon befördert.

Den 24. Juni.

Preuß 2te, Königl. Preuß. Seconde-Lieutenant des 15. Infanterie-Regiments, als Premier-Lieutenant im 1. Infanterie-Bataillon angestellt.

Den 25. Juni.

v. Lupinski, Königl. Preuß. Seconde-Lieutenant a. D., früher im II. Garde-Regiment zu Fuß, unter Beförderung zum Premier-Lieutenant, im 7. Infanterie-Bataillon angestellt.

v. Kindt, Major à la suite des 2. Infanterie-Bataillons — zur Disposition des Armee-Commandos, — mit der Oberaufsicht über die Ausbildung der Rekruten der neu zu formirenden Bataillone,

v. Leonhardt, Major von der Armee, mit der speciellen Aufsicht über die Ausbildung der Rekruten (Exerzierschule) beauftragt.

Den 1. Juli.

Graf v. Baudissin, Oberst-Lieutenant und Commandeur der I. Infanterie-Brigade, zum Obersten,

v. Schütz, Major und Commandeur des Artillerie-Regiments, zum Oberst-Lieutenant,

v. Holstein, v. Linstow, v. Bernstorff, Premier-Lieutenants vom 2.,

v. Matheson, Baron v. Brockdorff, Premier-Lieutenants vom 1. Dragoner-Regiment, zu Rittmeistern,

Graf v. Brockdorff-Schneh, Premier-Lieutenant vom 1.,

v. Clasen, v. Wend, Premier-Lieutenants vom 2. Infanterie-Bataillon, zu Hauptleuten,

v. Feldmann, Premier-Lieutenant und Commandeur der Pontonnier-Compagnie des Artillerie-Regiments, zum Hauptmann 2. Classe,

Peters, Möhring (Inländer), Oberfeuerwerker von demselben Regiment, zu Seconde-Lieutenants befördert.

Den 2. Juli.

v. Boeckmann (Preuße), vom Frei-Corps, als Offizier-Aspirant in dem zu errichtenden 4. Jäger-Corps angestellt.

Den 3. Juli.

v. Claussen, Seconde-Lieutenant vom 3. Infanterie-Bataillon, zum Premier-Lieutenant mit Anciennetät vom 1. Juli a. c. befördert.

Siemsen, Offizier-Aspirant vom Ingenieur-Corps, der Charakter als Seconde-Lieutenant verliehen.

Den 5. Juli.

v. Blandowski 2ter, Seconde-Lieutenant vom 5. Infanterie-Bataillon, zur Disposition des Kriegs-Departements gestellt.

Holm, Offizier-Aspirant vom Ingenieur-Corps, unter Versetzung in's 2. Jäger-Corps, zum Seconde-Lieutenant befördert.

Das bisherige Jäger-Corps führt von jetzt an, die N: 1.

Den 6. Juli.

Möller, Königl. Preuß. Premier-Lieutenant a. D., zuletzt im 6. Ulanen-Regiment,

v. Rekowsky, Königl. Preuß. Hauptmann a. D., früher im 23. Infanterie-Regiment,

Freiherr v. Lauer-Münchhofen, Königl. Preuß. Seconde-Lieutenant (mit Premier-Lieutenants-Charakter) a. D., früher im 3. Bataillon (Pohn. Elsa) 3. Garde-Landwehr-Regiments,

als Hauptleute II. Classe und Compagnie-Chefs, erstere beide im 2. Jäger-Corps, letzterer in dem zu errichtenden 8. Infanterie-Bataillon angestellt.

Bauer, Premier-Lieutenant vom 4. Infanterie-Bataillon, in seinem Commando-Verhältniß als Compagnie-Führer vom 2. Jäger-Corps, zum 8. Infanterie-Bataillon übergetreten.

Den 7. Juli.

Armee-Befehl, wonach die Offizier-Aspiranten von heute an Portepee-Fähnriche genannt werden sollen. Dieselben rangiren, wenn sie nicht Offiziersdienst verrichten, hinter dem Feldwebel und Oberwachtmeister ꝛc.

Den 8. Juli.

Heldtmann (Freiwilliger), Lippe-Detmold., als Avantageur im 1. Jäger-Corps angestellt.

Den 12. Juli.

Hellmundt, Premier-Lieutenant, zuletzt Führer des Bracklower Scharfschützen-Corps, nachdem er von seiner Wunde geheilt, als Compagnie-Commandeur,

Ganzer, Premier-Lieutenant vom 1., ebenfalls als Compagnie-Commandeur, beide ins 2. Jäger-Corps versetzt.

Den 13. Juli.

v. Plitzbuer, Großherzogl. Mecklenburg-Schwerin. Seconde-Lieutenant a. D., als Premier-Lieutenant im 8. Infanterie-Bataillon,

v. Arnim, Königl Preuß. Hauptmann a. D., früher Premier-Lieutenant im 21. Infanterie-Regiment, als Hauptmann im 7. Infanterie-Bataillon,

Buß, Königl. Preuß. Hauptmann und Compagnie-Führer im 2. Bataillon (Jülich) 25. Landwehr-Regiments, als Hauptmann und Compagnie-Chef im 7. Infanterie-Bataillon angestellt.

Den 16. Juli.

Kuhfer, Preuß. Feldwebel, Lehrer bei der Infanterie-Exerzier-Schule zu Rendsburg, zum Seconde-Lieutenant im 8. Infanterie-Bataillon befördert.

Den 18. Juli.

v. Rahtlev, Premier-Lieutenant vom 1. Jäger-Corps, unter Belassung in seinem Commando als Detachements-Führer auf der Insel Fehmarn und Führung à la suite des Corps, zum Hauptmann,

v. Wasmer, Seconde-Lieutenant vom 1. Dragoner-Regiment,

v. Zesla 2te, Seconde-Lieutenant vom 1. Infanterie-Bataillon,

Graf v. Baudissin, Seconde-Lieutenant vom 2.,

v. Irminger, Seconde-Lieutenant vom 1. Dragoner-Regiment, letzterer unter Belassung in seinem Commando als Adjutant der 1. Infanterie-Brigade, zu Premier-Lieutenants,

v. Buchwaldt, Offizier-Aspirant vom 2. Dragoner-Regiment (der 1ste), zum Seconde-Lieutenant befördert.

Schilling-v. Canstadt, Königl. Preuß. Rittmeister a. D., früher im 5. Kürassier-Regiment, als Hauptmann und Compagnie-Chef im 8. Infanterie-Bataillon provisorisch angestellt.

Hennig, ehemaliger 1jähriger Freiwilliger der Preuß. Armee, zum Seconde-Lieutenant im 2. Jäger-Corps befördert.

v. Kall, Königl. Preuß. Seconde-Lieutenant a. D., früher im 1. Infanterie-Regiment (aggregirt), als Premier-Lieutenant und Compagnie-Führer im 7. Infanterie-Bataillon angestellt.

Den 19. Juli.

Marquardt, Königl. Preuß. Bombardier a. D., zuletzt im 20. Landwehr-Regiment und Offizier-Aspirant, als Portepee-Fähnrich im Artillerie-Regiment,

v. Gaubain, Zinneck (Preußen), als Avantageure, letzterer als Oberjäger im 1. Jäger-Corps angestellt.

v. Schroeder, Major à la suite des 5. Infanterie-Bataillons, bisher zur Dienstleistung beim Kriegs-Departement commandirt, zum Commandanten von Itzehoe ernannt.

Den 20. Juli.

Rahtlev (Inländer), Unteroffizier vom 6. Infanterie-Bataillon, zum Portepee-Fähnrich befördert.

v. Lesser, Hauptmann vom Ingenieur-Corps, unter Entbindung von dem Commando zur Dienstleistung beim Kriegs-Departement, zum Oberwegebeamten in den Herzogthümern ernannt, und ist beim genannten Corps aggregirt zu führen.

v. Jeß, Hauptmann, von dem int. Commando des Ingenieur-Corps entbunden.

v. Dau, charakt. Major von demselben Corps, bisher dirigirender Stabsoffizier für das Chausseewesen in den Herzogthümern, unter Beförderung zum Oberst-Lieutenant, zum Commandeur des genannten Corps ernannt.

v. b. Goltz, Königl. Preuß. Seconde-Lieutenant a. D., früher im 26. Infanterie-Regiment, als Seconde-Lieutenant im 8. Infanterie-Bataillon angestellt.

Semper, Königl. Preuß. Unteroffizier und 1jähriger Freiwilliger, früher im Kaiser Franz Grenadier-Regiment, zum Seconde-Lieutenant im 8. Infanterie-Bataillon befördert.

v. Hake, Königl. Preuß. Hauptmann a. D., zuletzt Hauptmann des IV. (v. d. Tann'schen) Frei-Corps, unter Beförderung

zum Major, zum Commandeur des aus dem genannten Frei-Corps neugebildeten 9. Infanterie-Bataillons ernannt.
v. Wobeser, Königl. Preuß. Premier-Lieutenant der Landwehr a. D., als Hauptmann und Compagnie-Chef,
de Crompton (Engländer), K. K. Oesterreich. Unter-Lieutenant a. D., als Premier-Lieutenant und Compagnie-Commandeur,
v. Szczepanski, ehemaliger Preuß. 1jähriger Freiwilliger im 10. Infanterie-Regiment, als Premier-Lieutenant und Compagnie-Commandeur,
Grabner (Preuße), als Premier-Lieutenant und Compagnie-Commandeur,

als Seconde-Lieutenants:

v. Wobeser (Inländer), Königl. Preuß. Portepee-Fähnrich a. D., früher im Grenadier-Regiment Kaiser Franz,
Behrens (Hannov.), Student,
Schmidt (Preuße),
Schrammeck (Preuße),
v. Neviadomski, Preuß. Portepee-Fähnrich a. D.,
Traut (Preuße),
Keller (Preuße), Student,
v. Montowt (Preuße), früher in der Preuß. Armee,
Schmidt-Schwarzenhorn, früher 1jähriger Freiwilliger des Preuß. Garde-Schützen-Bataillons,
Buschenhagen (Preuße),
Jordan (Preuße),
Westphal (Preuße), Jurist,
de Borde (Hamburger),
Regenstein (Mecklenb.-Schwerin.),
 sämmtliche ehemalige Offiziere des v. d. Tann'schen Frei-Corps, im 9. Infanterie-Bataillon angestellt. (Die Sec.-Lieutenants mit Anc. vom 21. Juli c.)

Den 25. Juli.

v. Strantz, Königl. Preuß. Seconde-Lieutenant a. D., früher in der 8. Jäger-Abtheilung, während des Feldzuges im IV. Frei-Corps, als Seconde-Lieutenant im 2. Jäger-Corps angestellt.

v. Thalbitzer, Hauptmann vom 3. Infanterie-Bataillon, unter Beförderung zum Major, zum Commandeur des 6. Infanterie-Bataillons ernannt.

v. Jeß, Hauptmann vom Ingenieur-Corps,

v. Jeß, Hauptmann und Commandeur des 2. Infanterie-Bataillons,

zu Majors befördert.

v. Hansen 1ste, Hauptmann vom 4. Infanterie-Bataillon, wird die Anciennetät als Major reservirt.

v. Jeß, Major vom Ingenieur-Corps, zur Dienstleistung in's Hauptquartier des Oberbefehlshabers der deutschen Reichs-Armee in den Herzogthümern, Generals der Cavallerie v. Wrangel, während des Feldzuges commandirt.

v. Leonhardt, Major von der Armee, bisher Vorsteher der Infanterie-Exerzier-Schule, zum interim. Commandeur des 2. Jäger-Corps ernannt.

v. Roehl, Königl. Preuß. Seconde-Lieutenant des 16. Infanterie-Regiments, unter Beförderung zum Premier-Lieutenant, im 2. Infanterie-Bataillon angestellt.

Den 27. Juli.

Graf v. Baudissin-Knoop (Inländer), ehemaliger Adjutant des Kieler Studenten-Corps, unter Belassung in seinem Verhältniß als Ordonnanz-Offizier der I. Infanterie-Brigade, zum Seconde-Lieutenant in der Infanterie mit Anciennetät vom 2. Juli 1848 befördert.

v. Boeckmann 1ste, ehemaliger Preuß. 1jähriger Freiwilliger des Garde-Schützen-Bataillons, Portepee-Fähnrich vom 2. Jäger-Corps,

Herzbruch, Hagemann, Bornträger, Portepee-Fähnrichs vom 4. Infanterie-Bataillon,

Engelbrecht, Portepee-Fähnrich vom 5. Infanterie-Bataillon,

Heckscher (Hamburger), Ahlmann, v. Waltersdorff (Inländer), Portepee-Fähnriche vom 1. Jäger-Corps,

Clement, charakterisirter Seconde-Lieutenant vom Ingenieur-Corps,

sämmtlich zu Seconde-Lieutenants befördert.

v. Garrelts, Königl. Preuß. Major zur Disposition, früher Commandeur des 1. Bataillons (Cöln) 28. Landwehr-Regiments, unter Beförderung zum Oberst-Lieutenant, zum Commandeur des 7. Infanterie-Bataillons ernannt.

Willmann, Königl. Preuß. Major a. D., früher im 10. Landwehr-Regiment, als Major in der Armee angestellt.

Hennig, Königl. Preuß. Premier-Lieutenant a. D., früher im 5. Infanterie-Regiment, als Hauptmann und Compagnie-Chef in dem zu errichtenden 4. Jäger-Corps,

Kartscher, Königl. Preuß. Portepee-Fähnrich der Artillerie a. D., als Seconde-Lieutenant im Artillerie-Regiment angestellt.

Hermes (Preuße), Candidat der Mathematik, zum Seconde-Lieutenant in einem der neuen Bataillone,

Mentzel, ehemaliger Preuß. 1jähriger Freiwilliger (cand. jur.), zum Seconde-Lieutenant im 4. Jäger-Corps,

Theilkuhl, Königl. Preuß. Unteroffizier a. D. (ehemaliger 1jähriger Freiwilliger), zum Seconde-Lieutenant im 7.,

Schneider, Königl. Preuß. Vice-Feldwebel der Landwehr a. D. (1jähriger Freiwilliger) mit dem Qualifications-Attest als Landwehr-Offizier, zum Seconde-Lieutenant im 8. Infanterie-Bataillon (der 2/4.).

Linde, Preuß. Feldwebel, Lehrer bei der Infanterie-Exerzier-Schule zu Rendsburg, zu Seconde-Lieutenants befördert.

Getpke, Königl. Preuß. Seconde-Lieutenant a. D., früher im 2. Bataillon (Treuenbrietzen) 20. Landwehr-Regiments, als Seconde-Lieutenant im 2. Jäger-Corps angestellt.

Den 28. Juli.

Bünsow, Seconde-Lieutenant vom 1. Jäger-Corps, zum Rechnungs-Führer im 7. Infanterie-Bataillon ernannt.

Hagedorn, charakterisirter Premier-Lieutenant,

Peters, Seconde-Lieutenant, beide im Artillerie-Regiment, zu Premier-Lieutenants befördert.

v. Feldmann, Hauptmann II. Classe von demselben Regiment, zum Hauptmann I. Classe ernannt.

v. Unruh, Königl. Preuß. Seconde-Lieutenant a. D., früher im 10. Infanterie-Regiment (aggregirt), als Premier-Lieutenant im 7. Infanterie-Bataillon angestellt.

Den 29. Juli.

Toscheski, Premier-Lieutenant vom Artillerie-Regiment, bisher Führer der Munitions-Colonne, unter Führung à la suite des genannten Regiments, zum Commandanten von Friedrichsort ernannt.

Den 31. Juli.

Baron v. Stillfried-Rattonitz-Neurode, Königl. Preuß. Portepee-Fähnrich a. D., als Seconde-Lieutenant in dem zu errichtenden 3. Jäger-Corps angestellt (der 2te).

v. Dau (Inländer), Landmesser, Offizier-Aspirant, zum Seconde-Lieutenant im 2. Jäger-Corps befördert.

Den 1. August.

v. Sachau, Major à la suite des 1. Jäger-Corps, Commandant von Kiel,

v. Schroeder, Major à la suite des 5. Infanterie-Bataillons, Commandant von Itzehoe,

v. Zeska, Major à la suite des 1. Infanterie-Bataillons, Commandant von Tondern,

zu Oberst-Lieutenants befördert.

Joesting, Königl. Preuß. Seconde-Lieutenant a. D., früher im 27. Infanterie-Regiment, als Premier-Lieutenant im 3. Infanterie-Bataillon,

v. Lindern, Königl. Preuß. Premier-Lieutenant des 11. Husaren-Regiments, unter Beförderung zum Rittmeister, im 2. Dragoner-Regiment angestellt.

Den 2. August.

Freiherr v. Loë, Avantageur des Preuß. 11. Husaren-Regiments, zum Portepee-Fähnrich im 2. Dragoner-Regiment befördert.

Den 3. August.

Hammel (ehemaliger Preuß. 1jähr. Freiwilliger), Offizier des v. d. Tann'schen Frei-Corps, als Seconde-Lieutenant im 2. Jäger-Corps angestellt.

Den 6. August.

v. Panwitz, Major und Commandeur des 1. Infanterie-Bataillons, in gleicher Eigenschaft zum 5.,

Preuß, Premier-Lieutenant vom 1., ins 5.,

v. **Wasmer** 2te, Major und Commandeur des 5. Infanterie-Bataillons, in gleicher Eigenschaft zum 1. Infanterie-Bataillon versetzt.

Den 7. August.

v. **Sperling**, Königl. Preuß. Portepee-Fähnrich a. D., früher im 31. Infanterie-Regiment, ehemaliger Offizier des Frei-Corps, als Portepee-Fähnrich im 2. Jäger-Corps angestellt.

v. **Kahlben**, Königl. Preuß. Seconde-Lieutenant a. D., früher im Kaiser Alexander Grenadier-Regiment, zuletzt im 2. Bataillon (Stralsund) 2. Landwehr-Regiments, als Premier-Lieutenant im 2. Jäger-Corps angestellt.

Den 8. August.

Hacke, K. K. Oesterreich. Unter-Lieutenant a. D. (Preuße), als Seconde-Lieutenant im 8. Infanterie-Bataillon,

v. **Podbielski**, Königl. Preuß. Seconde-Lieutenant a. D., früher im 35. Infanterie-Regiment (3. Reserve-Regiment), als Premier-Lieutenant im 7. Infanterie-Bataillon,

Unger, Königl. Preuß. Seconde-Lieutenant a. D., früher im 6. Infanterie-Regiment, als Seconde-Lieutenant im 10. Infanterie-Bataillon, letzterer provisorisch, angestellt.

Emeis (Inländer), als Dragoner mit Aussicht auf Avancement im 2. Dragoner-Regiment angestellt.

Den 9. August.

H. **Lachmund** (Kurhesse), zum Portepee-Fähnrich (Artillerie),

v. **Sellin**, Portepee-Fähnrich vom 2. Jäger-Corps, zum Seconde-Lieutenant befördert.

v. **Reineck**, Großherzogl. Sachsen-Weimar. Portepee-Fähnrich a. D., zuletzt im Bracklower Scharfschützen-Corps, als Portepee-Fähnrich im 2. Jäger-Corps angestellt.

Den 10. August.

Willmann, Major, zum Commandeur des 8. Infanterie-Bataillons ernannt.

v. **Leonhardt**, Major und interim. Commandeur des 2. Jäger-Corps und 8. Infanterie-Bataillons, unter Entbindung von dem int. Commando des letztgenannten Bataillons, neben seiner Stellung mit Wahrnehmung der Geschäfte der Commandantur von Husum beauftragt.

Den 12. August.

v. Gotzkow, Königl. Preuß. Premier-Lieutenant a. D., früher im k. Infanterie-Regiment, als Premier-Lieutenant im 7. Infanterie-Bataillon angestellt.

Den 13. August.

v. Leonhardt, Major, und interim. Commandeur des 2. Jäger-Corps und Commandant von Husum, unter Ernennung zum Commandanten von Norder-Dithmarschen, speciell von Heide, von dem int. Commando des genannten Corps entbunden, und zu den Offizieren von der Armee zurückversetzt.

v. Seelhorst, Königl. Preuß. Major zur Disposition, früher Hauptmann im k. Infanterie-Regiment, als Major zum Commandeur des 2. Jäger-Corps ernannt.

Baron v. Werber, Königl. Preuß. Porteepee-Fähnrich a. D., als Seconde-Lieutenant im 8. Infanterie-Bataillon angestellt.

Den 14. August.

Bärens (Jüländer), Seconde-Lieutenant und persönlicher Adjutant Sr. Durchlaucht des commandirenden Generals, unter Entbindung von diesem Commando, mit Ancienetät vom 24. März 1848 in's 1. Jäger-Corps einrangirt,

Grönning, Premier-Lieutenant der Artillerie a. D. und Zeugschreiber beim Arsenal zu Rendsburg, als Premier-Lieutenant mit Ancienetät vom 1. August a. c. im Artillerie-Regiment wieder angestellt.

Meyer (Preuße), Unterofficier vom 7. Infanterie-Bataillon,
Schellhorn, Königl. Preuß. Bombardier der Landwehr-Artillerie a. D. (ehemaliger 1jähriger Freiwilliger) und Officier-Aspirant in demselben Bataillon,
zu Seconde-Lieutenants befördert.

Graf Blome-Salzau, Oberst-Lieutenant à la suite der Cavallerie, von dem Commando als Ordonnanz-Officier beim Armee-Commando entbunden.

Den 13. August.

v. Coch, Hauptmann 2. Classe von der Armee, die Gage dieser Charge bewilligt.

Den 17. August.

v. Jeß, Premier-Lieutenant und Compagnie-Commandeur vom 2. Infanterie-Bataillon, zum Hauptmann befördert.

Den 18. August.

v. Sperling, Portepee-Fähnrich vom 2. Jäger-Corps,
v. Buchwaldt (2te), Portepee-Fähnrich vom 2.,
v. Abexaron 2te,
v. Rumohr, Portepee-Fähnrichs vom 1.,
Lentz, v. Krogh, Portepee-Fähnrichs vom 2.,
v. Dorrien, Schmidt, Portepee-Fähnrichs vom 1.,
Freiherr v. Loë 2te, Portepee-Fähnrich vom 2. Dragoner-Regiment, zu Seconde-Lieutenants befördert.

Den 21. August.

v. Reichenbach, Königl. Preuß. Seconde-Lieutenant a. D., früher im 17. Infanterie-Regiment, zuletzt Offizier des v. d. Tann'schen Frei-Corps, als Premier-Lieutenant im 2. Jäger-Corps angestellt.

Den 22. August.

v. Köppen, Königl. Preuß. Seconde-Lieutenant a. D., früher im 6. Infanterie-Regiment, in dieser Charge,
Heymann, Königl. Preuß. Unteroffizier a. D. (1jähriger Freiwilliger), früher im Kaiser Alexander Grenadier-Regiment, zum Seconde-Lieutenant befördert,
beide im 3. Jäger-Corps angestellt.
Roodt, Portepee-Fähnrich vom 5. Infanterie-Bataillon, zum Seconde-Lieutenant befördert.
Schrör, Königl. Preuß. Premier-Lieutenant des 13. Infanterie-Regiments,
v. Steensen, Königl. Preuß. Premier-Lieutenant des 22. Infanterie-Regiments,
zu Hauptleuten und Compagnie-Chefs im 3. Jäger-Corps befördert.

Den 23. August.

v. Nissen, Rittmeister à la suite des 1. Dragoner-Regiments, unter Belassung in seinem Commando als Mitglied der Militair-Ausrüstungs-Commission zu Rendsburg, zum Major befördert.

Den 24. August.

Liebe, Königl. Preuß. Seconde-Lieutenant a. D., früher in der Garde-Artillerie-Brigade, unter Beförderung zum Premier-Lieutenant im Artillerie-Regiment,

Graf v. Hacke (Preuße), als Portepee-Fähnrich im 1. Dragoner-Regiment angestellt.

v. Hedemann, v. Lilienstein (Inländer), Unteroffiziere vom 6. Infanterie-Bataillon, zu Portepee-Fähnrichs befördert.

v. Keller-Schleitheim (Preuße), als offizierdienstleistender Portepee-Fähnrich mit der Gage des Seconde-Lieutenants 1. Classe definitiv im 4. Infanterie-Bataillon angestellt.

Den 26. August.

v. Eickstedt, Hauptmann vom 6. Infanterie-Bataillon,

v. Doering, Hauptmann vom 5. Infanterie-Bataillon, als Compagnie-Chefs ins 4. Jäger-Corps versetzt.

v. Malachowski 2te, Premier-Lieutenant vom 1. Jäger-Corps, bisher Compagnie-Commandeur in der Lauenburger Jäger-Abtheilung, ins 5. Infanterie-Bataillon,

v. Malachowski 1ste, Premier-Lieutenant vom 1. Infanterie-Bataillon, ins 4. Jäger-Corps — beide als Compagnie-Commandeure — versetzt.

Buß, Hauptmann vom 7. Infanterie-Bataillon, zum Commandeur der Lauenburger Jäger-Abtheilung ernannt.

Gramm, Seconde-Lieutenant vom 1. Jäger-Corps, zur Dienstleistung bei der Lauenburger Jäger-Abtheilung commandirt.

Leo, Seconde-Lieutenant von demselben Corps, in diese Abtheilung versetzt.

Lenz, Seconde-Lieutenant vom 1. Jäger-Corps, von dem Commando zur Dienstleistung bei der Lauenburger Jäger-Abtheilung entbunden.

v. Studrabt, Königl. Preuß. Hauptmann des Kaiser Alexander Grenadier-Regiments (der 2te), unter Beförderung zum Major, zum Commandeur des 3. Jäger-Corps ernannt.

v. Reißwitz (1ste), v. Bülow (letzterer Mecklenburger), Königl. Preuß. Premier-Lieutenants des 11. und 12. Infanterie-Regiments, unter Beförderung zu Hauptleuten, als Compagnie-Chefs,

Soubiran, Königl. Preuß. Seconde-Lieutenant a. D., früher im 18. Infanterie-Regiment, unter Beförderung zum Premier-Lieutenant,

Rau, Königl. Preuß. Seconde-Lieutenant a. D., früher in der 8. Jäger-Abtheilung, zuletzt im 3. Bataillon (Schweidnitz) 10. Landwehr-Regiments, als Seconde-Lieutenant, sämmtlich im 3. Jäger-Corps angestellt.

v. Roques, Königl. Preuß. Hauptmann des 39. Infanterie-Regiments (7. Reserve-Regiment), unter Beförderung zum Major, zum Commandeur des 4. Jäger-Corps ernannt.

Hoffmann, Königl. Preuß. Seconde-Lieutenant a. D., früher im 18. Infanterie-Regiment, zuletzt im 1. Bataillon (Posen) 18. Landwehr-Regiments, als Seconde-Lieutenant in demselben Corps angestellt.

v. Marklowski, Königl. Preuß. Major zur Disposition, früher Hauptmann im 12. Infanterie-Regiment, als Major zum Commandeur des errichteten 10. Infanterie-Bataillons ernannt.

v. Matzdorff, Königl. Preuß. Hauptmann a. D., früher im 8. Infanterie-Regiment (Leib-Regiment), als Hauptmann und Compagnie-Chef,

v. Düsterlho, Königl. Preuß. Premier-Lieutenant a. D., früher im 21. Infanterie-Regiment,

v. Hagen, Königl. Preuß. Premier-Lieutenant des 8. Infanterie-Regiments (Leib-Regiments), letztere beide unter Beförderung zu Hauptleuten, als Compagnie-Chefs,

Tiehsen, Königl. Preuß. Seconde-Lieutenant a. D., früher im 5. Infanterie-Regiment, zuletzt in der Französischen Legion Algeriens,

Huszarczewski, Königl. Preuß. Seconde-Lieutenant a. D., früher im 24. Infanterie-Regiment,
Schoene, Königl. Preuß. Seconde-Lieutenant a. D., früher im 1. Bataillon (Stettin) 2. Landwehr-Regiments,
als Seconde-Lieutenants, sämmtlich im 10. Infanterie-Bataillon angestellt.

Den 27. August.

Baron v. Puttkammer (1ste), Königl. Preuß. Premier-Lieutenant des 39. Infanterie-Regiments,
Bathke (1ste), Königl. Preuß. Premier-Lieutenant des 21. Infanterie-Regiments,
unter Beförderung zu Hauptleuten, als Compagnie-Chefs im 1. und 6. Infanterie-Bataillon,
Wormbs, Königl. Preuß. Seconde-Lieutenant a. D., zuletzt im 3. Bataillon (Anklam) 2. Landwehr-Regiments, in dieser Charge im 8. Infanterie-Bataillon angestellt.

Den 29. August.

v. Zastrow, Oberst-Lieutenant u. Commandeur des 1. Jäger-Corps, zum Inspecteur der Jäger (1., 2., 3. und 4. Corps),
v. Gersdorff, Major und etatsmäßiger Stabs-Offizier vom 1. Jäger-Corps, zum Commandeur desselben ernannt.
v. Knobelsdorff, Königl. Preuß. Premier-Lieutenant des 32. Infanterie-Regiments, unter Beförderung zum Hauptmann, als Compagnie-Chef im 2. Jäger-Corps angestellt.

Den 30. August.

v. Gleißenberg, Königl. Preuß. Seconde-Lieutenant a. D., früher im 1. Bataillon (Crossen) 12. Landwehr-Regiments, als Premier-Lieutenant im 10. Infanterie-Bataillon,
v. Graeve, Königl. Preuß. Seconde-Lieutenant a. D., früher im 8. Kürassier-Regiment, als Seconde-Lieutenant angestellt, und letzterer bem 1. Dragoner-Regiment aggregirt.
v. Wrangel, Hauptmann vom Generalstabe, unter Versetzung zur Adjutantur, zur Dienstleistung bei dem Inspecteur der Jäger commandirt.

Den 1. September.

Das bisher in der Armee bestandene Oberverpflegungs-Commissariat erhält von jetzt an die Benennung:
"Armee-Intendantur."

v. Haeseler, Großherzogl. Sachsen-Weimarischer Seconde-Lieutenant a. D., als Seconde-Lieutenant im 3. Jäger-Corps angestellt.
v. Lupinski, Premier-Lieutenant vom 7., als Compagnie-Commandeur in's 1. Infanterie-Bataillon.
v. Zeska 2te, Premier-Lieutenant vom 1. Infanterie-Bataillon, in's 3. Jäger-Corps versetzt.
v. Restorff, v. Kormatzki, Königl. Preuß. Seconde-Lieutenants a. D., letzterer früher im 5. Infanterie-Regiment, als Seconde-Lieutenants im 4. Jäger-Corps, ersterer provisorisch, angestellt.
Willmann, Major und Commandeur des 8. Infanterie-Bataillons, zum etatsmäßigen Stabsoffizier bei der Jäger-Inspection ernannt.
v. Roques, Major und Commandeur des 4. Jäger-Corps, in gleicher Eigenschaft zum 8. Infanterie-Bataillon versetzt.
v. Schmid, Königl. Preuß. Hauptmann des 32. Infanterie-Regiments, unter Beförderung zum Major, zum Commandeur des 4. Jäger-Corps ernannt.

Den 2. September.

v. Kleist, Königl. Preuß. Portepee-Fähnrich a. D., zuletzt im 21. Infanterie-Regiment und Königl. Griechischer Seconde-Lieutenant a. D., in der letzteren Charge im 4. Infanterie-Bataillon angestellt.
Graf v. Baudissin-Knoop, Seconde-Lieutenant und Ordonnanz-Offizier der 1. Infanterie-Brigade, unter Entbindung von diesem Commando, ins 2. Infanterie-Bataillon einrangirt.
Strauw (Inländer), Wachtmeister vom 1. Dragoner-Regiment, unter Versetzung in's 3. Jäger-Corps, zum Portepee-Fähnrich befördert.
Friedrich Christian Carl August Prinz zu Schleswig-Holstein-Sonderburg-Augustenburg Durchlaucht, Oberst-Lieutenant, während des Feldzuges zur Dienstleistung beim 2. Dragoner-Regiment, tritt in sein Verhältniß à la suite der Cavallerie zurück.

Den 3. September.

Tichy, Königl. Preuß. Seconde-Lieutenant a. D., früher im 2. Bataillon (Treuenbriezen) 20. Landwehr-Regiments, als Seconde-Lieutenant im 10. Infanterie-Bataillon,

Sandes- v. Hoffmann, aus Preuß. Diensten, (5. Inf.-Regiment), zum Portepee-Fähnrich befördert und in demselben Bataillon,

Hilliger (Lauenburger), v. Bülow (Mecklenburger), Offiziere des Bracklower Scharfschützen-Corps, als Seconde-Lieutenants im 4. Jäger-Corps angestellt.

Den 4. September.

Reimann, Königl. Preuß. Seconde-Lieutenant a. D., früher im 2. Bataillon (Halle) 27. Landwehr-Regiments, als Seconde-Lieutenant im 4. Jäger-Corps angestellt.

v. Jeß 1ste, Major vom Ingenieur-Corps, von seinem Commando zur Dienstleistung im Hauptquartier des Oberbefehlshabers der Reichs-Armee entbunden.

Den 5. September.

Carl Herzog von Schleswig-Holstein-Sonderburg-Glücksburg Durchlaucht, General-Major und Commandeur der II. Infanterie-Brigade, von diesem Commando entbunden und tritt zu den Offizieren à la suite der Armee zurück.

v. Sachau, Oberst-Lieutenant und Commandant von Kiel, zum Commandeur der II. Infanterie-Brigade ernannt.

v. Zschüschen, Premier-Lieutenant vom 5. Infanterie-Bataillon, in's 4. Jäger-Corps versetzt.

v. Zeska, Oberst-Lieutenant und Commandant von Tondern, in gleicher Eigenschaft nach Kiel versetzt.

v. Kindt, Major à la suite des 2. Infanterie-Bataillons, von der Oberaufsicht der Ausbildung der Rekruten entbunden und zum Commandanten von Neumünster ernannt.

v. Zeska, Premier-Lieutenant vom 1. Jäger-Corps, als 2. Adjutant zur Jäger-Inspection commandirt.

Den 6. September.

v. Drosedow, Königl. Preuß. Premier-Lieutenant a. D., früher im 3. Bataillon (Neu-Stettin) des 21. Landwehr-Regiments, als Premier-Lieutenant im 4. Jäger-Corps,

v. Woringen, Königl. Preuß. Hauptmann a. D. und ehemaliger Compagnie-Führer im 3. Bataillon (Düsseldorf) 4. Garde-Landwehr-Regiments, als Hauptmann und Compagnie-Chef im 8. Infanterie-Bataillon angestellt.

v. Reichenbach, Premier-Lieutenant vom 2. Jäger-Corps, zur Dienstleistung bei der Cavallerie commandirt.

Graf v. Westarp, Premier-Lieutenant vom 5., in's 1. Infanterie-Bataillon versetzt.

Den 7. September.

v. Hansen 1ste, Hauptmann vom 4. Infanterie-Bataillon, unter Stellung à la suite desselben, zum int. Commandeur des 5. Infanterie-Bataillons ernannt.

Den 8. September.

Meyer, Lübeck, Offizier-Aspiranten vom 4. Infanterie-Bataillon, als offizierdienstleistende Portepee-Fähnriche mit dem Gehalt des Seconde-Lieutenants I. Classe definitiv angestellt, und letzterer in dieser Eigenschaft in's 3. Jäger-Corps versetzt.

Reifferscheid, Offizier des aufgelösten v. d. Tann'schen Frei-Corps, als Portepee-Fähnrich im 4. Infanterie-Bataillon,

v. Lochow, Königl. Preuß. Unteroffizier (1jähriger Freiwilliger) a. D., früher im Kaiser Franz Grenadier-Regiment, als Portepee-Fähnrich im 3. Jäger-Corps angestellt.

Den 9. September.

Friedrich Prinz zu Schleswig-Holstein-Sonderburg-Augustenburg Durchlaucht, General-Lieutenant und commandirender General der Armee, von diesem Commando entbunden und tritt zu den Offizieren à la suite der Armee zurück.

Fuchs, Premier-Lieutenant vom 1., ins 2. Jäger-Corps versetzt.

v. Specht, Herzogl. Braunschweig. Portepee-Fähnrich a. D., als Seconde-Lieutenant im 2. Infanterie-Bataillon,

Duwe, Königl. Preuß. Seconde-Lieutenant a. D., früher im 1. Bataillon (Minden) 15. Landwehr-Regiments, als Seconde-Lieutenant im 2. Jäger-Corps angestellt.

Keller, Seconde-Lieutenant vom 9. Infanterie-Bataillon, als Adjutant bei der Commandantur von Norder-Dithmarschen (Heide) commandirt.

Graf v. Baudissin, Oberst und Commandeur der I. Infanterie-Brigade, neben dieser Stellung mit der stellvertretenden Führung der Armee bis auf Weiteres beauftragt.

v. Halle, Hauptmann à la suite des I. Jäger-Corps, zum Vorsteher des Montirungs-Depots zu Rendsburg ernannt.

Den 10. September.

Das 1., 2., 3., 4. und 9. Infanterie-Bataillon gehören zur I.,

das 5., 6., 7., 8. und 10. Infanterie-Bataillon zur II. Infanterie-Brigade.

Aye, Seconde-Lieutenant der Cavallerie, bisher Kanzlist des Generalstabes,

v. Alten, Premier-Lieutenant vom I. Jäger-Corps, beide in die Adjutantur versetzt und zur Dienstleistung beim Armee-Commando commandirt.

v. Sachau, Seconde-Lieutenant vom I. Jäger-Corps, als Adjutant zur II. Infanterie-Brigade commandirt.

v. Delius, Königl. Preuß. Hauptmann des großen Generalstabes, zum Chef des Generalstabes der Armee ernannt.

Den 13. September

v. Brockenhuus, Premier-Lieutenant vom I. Dragoner-Regiment, als Seconde-Lieutenant in das Artillerie-Regiment versetzt.

Den 16. September.

Mischke, Königl. Preuß. Seconde-Lieutenant a. D., früher im 1. Bataillon (Danzig) 5. Landwehr-Regiments, als Seconde-Lieutenant im 2. Infanterie-Bataillon angestellt.

Baron v. Stillfried-Rattonitz, Königl. Preuß. Seconde-Lieutenant a. D., früher im 11. Infanterie-Regiment, als Seconde-Lieutenant im 3. Infanterie-Bataillon angestellt (der 1ste).

Den 18. September.

v. Rahtlev, Hauptmann à la suite des I. Jäger-Corps, unter Entbindung von seinem Commando auf der Insel

Fehmarn, als Compagnie-Chef in's 5. Infanterie-Bataillon,

v. Aller, v. Gönner, Premier-Lieutenants vom 1. Jäger-Corps,

v. Gotzkow, Premier-Lieutenant vom 7. Infanterie-Bataillon,

als Compagnie-Commandeure, ebenfalls in's 5. Infanterie-Bataillon versetzt.

Ohlsen, Seconde-Lieutenant vom 1. Jäger-Corps, zum Commandeur des Jäger-Detachements auf Fehmarn ernannt.

v. Irminger, Premier-Lieutenant vom 1. Dragoner-Regiment, von seinem Commando als Adjutant der 1. Infanterie-Brigade entbunden.

Langer, Königl. Preuß. Seconde-Lieutenant a. D., früher im 3. Bataillon (Schweidnitz) 10. Landwehr-Regiments, als Seconde-Lieutenant im 2. Infanterie-Bataillon angestellt.

Duwe, Seconde-Lieutenant vom 2. Jäger-Corps, in's 3. Infanterie-Bataillon versetzt.

Siegfried, Königl. Hannöv. Hauptmann der Artillerie a. D., in dieser Charge im Artillerie-Regiment angestellt.

Friedrich Prinz zu Schleswig-Holstein-Sonderburg-Glücksburg Durchlaucht, Major und etatsmäßiger Stabs-Offizier des 2. Dragoner-Regiments, zum Commandeur desselben ad int. ernannt.

Den 19. September.

Robowicz, Königl. Preuß. Seconde-Lieutenant und Ingenieur-Geograph des großen Generalstabes a. D., früher im 1. Bataillon (Berlin) 20. Landwehr-Regiments, als Seconde-Lieutenant im 1. Infanterie-Bataillon angestellt.

Tiehsen, Unger, Seconde-Lieutenants vom 10., resp. in's 2. und 1. Infanterie-Bataillon versetzt.

Den 20. September.

v. Matzdorff, Hauptmann und Compagnie-Chef vom 10., in gleicher Eigenschaft in's 7. Infanterie-Bataillon versetzt.

Personal-Veränderungen.

Den 22. September.

v. Kempski, Königl. Preuß. Premier-Lieutenant a. D., früher im 18. Infanterie-Regiment, unter Beförderung zum Hauptmann, in der Armee angestellt und dem 3. Infanterie-Bataillon aggregirt.

Den 24. September.

v. Linstow, Rittmeister vom 2. Dragoner-Regiment, unter Stellung à la suite desselben, zur Dienstleistung beim Kriegs-Departement commandirt.

Den 27. September.

Graf v. Baudissin, Oberst und Commandeur der 1. Infanterie-Brigade, von der stellvertretenden Führung der Armee entbunden.

v. Bonin, Königl. Preuß. General-Major (von der Infanterie), unter Beförderung zum General-Lieutenant, zum commandirenden General der Armee ernannt.

v. Tresckow, Königl. Preuß. Premier-Lieutenant des Kaiser Alexander Grenadier-Regiments, Seitens des Preuß. Cabinets zur Dienstleistung als Adjutant bei dem General v. Bonin commandirt.

Den 28. September.

v. Zastrow, Oberst-Lieutenant und Inspecteur der Jäger,
v. Bassewitz, Hauptmann vom 1. Jäger-Corps,
Bohsen, Armee-Intendant,
bilden eine Commission zum Entwurf eines Militair-Strafgesetzbuches; die beiden ersteren, sowie der Hauptmann v. Doering des 4. Jäger-Corps haben sich ferner zu einer Commission zu vereinigen, um Vorschläge zur Feststellung eines Exerzier-Reglements für Infanterie und Jäger dem Armee-Commando einzureichen.

Den 2. October.

v. Wittich (1ste), Königl. Preuß. Premier-Lieutenant des 3. Infanterie-Regiments, unter Beförderung zum Hauptmann, im 10. Infanterie-Bataillon als Compagnie-Chef angestellt.

Personal-Veränderungen.

Den 3. October.

Ochsz, Königl. Preuß. Seconde-Lieutenant a. D., früher im 1. Bataillon (Breslau) 10. Landwehr-Regiments, in dieser Charge im 1. Infanterie-Bataillon interimistisch angestellt mit dem Vorbehalt, ihn nach einer Probezeit wieder entlassen zu können.

v. Bassewitz, Hauptmann II. Classe vom 1. Jäger-Corps, das Gehalt des Hauptmanns I. Classe bewilligt.

v. Binzer, Seconde-Lieutenant vom 1., in's 3. Jäger-Corps versetzt.

v. Hedemann, Hauptmann vom 1. Jäger-Corps,

v. Knobbe, Hauptmann vom 4. Infanterie-Bataillon, beide mit den Functionen des etatsmäßigen Stabsoffiziers in den genannten Truppentheilen beauftragt.

Den 7. October.

Keller, Seconde-Lieutenant vom 9. Infanterie-Bataillon, von dem Commando zur Dienstleistung als Adjutant bei dem Commandanten von Norder-Dithmarschen Major v. Leonhardt entbunden.

Den 9. October.

v. Hedemann, Hauptmann vom 1. Jäger-Corps,

v. Knobbe, Hauptmann vom 4. Infanterie-Bataillon, zu Majors und etatsmäßigen Stabsoffizieren befördert; ersterer rangirt unmittelbar vor dem Major v. Krabbe Iste, letzterer zwischen dem Major v. Lange und v. Lesser.

van Aller, Premier-Lieutenant und Compagnie-Commandeur vom 5. Infanterie-Bataillon, zum Hauptmann und Compagnie-Chef befördert.

Den 12. October.

Möhring, Seconde-Lieutenent vom Artillerie-Regiment, zum Premier-Lieutenant befördert.

Den 13. October.

Freiherr v. Diepenbrock-Grüter, Premier-Lieutenant und Adjutant der Cavallerie-Brigade, unter Beförderung zum Rittmeister, als Escadrons-Chef in's 2. Dragoner-Regiment,

v. Kempski, Hauptmann aggregirt dem 3. Infanterie-

Bataillon, als Compagnie-Chef in's 10. Infanterie-Bataillon einrangirt.

Grundtmann, Königl. Preuß. Seconde-Lieutenant a. D., früher im 34. Infanterie-Regiment (2. Reserve-Regiment), unter Beförderung zum Hauptmann, als Compagnie-Chef im 7. Infanterie-Bataillon angestellt.

Den 15. October.

v. Abercron 1ste, Graf v. Blome, Seconde-Lieutenants vom 2. Dragoner-Regiment, ersterer als Adjutant, letzterer als Ordonnanz-Offizier beim Armee-Commando commandirt.

v. Levetzow, Seconde-Lieutenant von demselben Regiment, zur Dienstleistung bei der Armee-Intendantur commandirt.

Den 17. October.

Jacobsen, Amtmann, zum interimistischen Chef des Ministerial-Departements des Krieges ernannt.

Den 18. October.

Willmann, Major und etatsmäßiger Stabsoffizier der Jäger-Inspection, zum Commandeur des 2. Infanterie-Bataillons ernannt.

v. Irminger, Premier-Lieutenant vom 1., in's 2. Dragoner-Regiment versetzt.

v. Graeve, Seconde-Lieutenant aggregirt dem 1. Dragoner-Regiment, in's 2. Dragoner-Regiment einrangirt.

Johannsen (Inländer), Unteroffizier vom 1. Dragoner-Regiment, zum Portepee-Fähnrich befördert.

Reeb, Stud. jur. (von der Insel St. Croix), Offizier-Aspirant im ehemaligen 5. Jäger-Corps, vom 9. April bis 2. September in dänischer Gefangenschaft, als Portepee-Fähnrich im 3. Jäger-Corps angestellt.

Den 20. October.

Ohlsen, Seconde-Lieutenant vom 1. Jäger-Corps, von dem Commando als Detachements-Führer auf Fehmarn entbunden.

Sarauw, Seconde-Lieutenant desselben Detachements, in's 4. Jäger-Corps versetzt.

Den 22. October.

Unter dem Vorsitz des Oberst-Lieutenants und Brigade-Commandeurs Prinzen Woldemar Durchlaucht, tritt sofert eine Commission zur Bearbeitung eines Exerzier-Reglements für die Cavallerie in Schleswig zusammen, zu deren Mitgliedern die Rittmeister v. Bismarck und Baron v. Brockdorff des 1., und v. Bernstorff des 2. Dragoner-Regiments ernannt worden.

Den 25. October.

v. Dubben, Mencke (Inländer), Unteroffiziere vom 8. Infanterie-Bataillon, zu Portepee-Fähnrichs befördert.

Den 26. October.

Wree, stud. (Inländer), Offizier-Aspirant des ehemaligen 5. Jäger-Corps, vom 9. April bis 2. Septbr. 1848 in dänischer Gefangenschaft, als Portepee-Fähnrich im 3. Jäger-Corps angestellt.

Den 27. October.

v. Krogh, Sigismund (Inländer), Offizier-Aspirant vom ehemaligen 5. Jäger-Corps, vom 9. April bis 2. Septbr. 1848 in dänischer Gefangenschaft, als Portepee-Fähnrich im 2. Infanterie-Bataillon angestellt.

Friedrich Prinz zu Schleswig-Holstein-Sonderburg-Glücksburg Durchlaucht, Major und etatsmäßiger Stabsoffizier des 2. Dragoner-Regiments, unter Führung à la suite dieses Regiments und Entbindung von dem interim. Commando, einen sechsmonatlichen Urlaub ins Ausland ertheilt.

v. Buchwaldt, Rittmeister vom 2.,

v. Holstein Iste, Rittmeister vom 1. Dragoner-Regiment, zu Majors und etatsmäßigen Stabs-Offizieren in denselben,

v. Gröning, v. Rumohr, v. Schröder, Premier-Lieutenants vom 1., ersterer unter Versetzung in's 2. Dragoner-Regiment, zu Rittmeistern und Escadrons-Chefs befördert.

v. Buchwaldt, Major und etatsmäßiger Stabsoffizier vom 2. Dragoner-Regiment, zum interim. Commandeur desselben ernannt.

Den 29. October.

v. Jacobsen, Rittmeister à la suite des 1. Dragoner-Regiments, bisher Vorsteher des nunmehr aufgelösten Pferde-Depots, wird zu den Offizieren von der Armee versetzt und verbleibt bis auf Weiteres zur Disposition des Kriegs-Departements.

Den 1. November.

Schmidt (Inländer), Wachtmeister vom 2. Dragoner-Regiment, zum Seconde-Lieutenant (der 2te) befördert.

Petersen, Hauptmann von der Armee, bisher Inspector des fliegenden Feld-Lazareths, zum militairischen Mitgliede der Lazareth-Commission in der Stadt Schleswig ernannt.

Siegfried, Hauptmann vom Artillerie-Regiment, zur Dienstleistung beim Kriegs-Departement commandirt.

Den 3. November.

v. Rahtlev, Hauptmann und Compagnie-Chef vom 5. Infanterie-Bataillon, in gleicher Eigenschaft ins 2. Jäger-Corps versetzt.

Den 5. November.

Am 1. December a. c. tritt unter Vorsitz des Majors v. Lesser des Artillerie-Regiments eine Commission in Rendsburg zusammen, um ein Reglement für das Armee-Fuhrwesen nach der Instruction des Kriegs-Departements zu entwerfen. Als Beisitzer dieser Commission werden commandirt:

 der Major v. Holstein des 1. Dragoner-Regiments und der Hauptmann v. Brackel des 2. Infanterie-Bataillons.

Holm, Seconde-Lieutenant vom 2. Jäger-Corps, in's 6. Infanterie-Bataillon,

Marquardt, Portepee-Fähnrich vom Artillerie-Regiment, in's 3. Infanterie-Bataillon,

Gramm, Seconde-Lieutenant vom 1. Jäger-Corps, nachdem derselbe von dem Commando bei der Lauenburger Jäger-Abtheilung entbunden worden, in's 3. Jäger-Corps versetzt.

Holm, Seconde-Lieutenant vom 6. Infanterie-Bataillon, zur Dienstleistung beim Ingenieur-Corps commandirt.

Den 7. November.

Lütgen, Königl. Hannöver. Seconde-Lieutenant a. D., als Premier-Lieutenant im 1. Infanterie-Bataillon,

v. Krogh, Theodor (Inländer), stud. jur., Offizier-Aspirant im ehemaligen 5. Jäger-Corps, vom 9. April bis 2. September a. c. in dänischer Gefangenschaft, als Portepee-Fähnrich im 3. Jäger-Corps angestellt.
Sörensen, Hauptmann der Adjutantur, commandirt zur Dienstleistung bei der 1. Infanterie-Brigade, als Compagnie-Chef in's 4. Infanterie-Bataillon versetzt.
v. Hennings, Seconde-Lieutenant vom 1. Jäger-Corps, als Adjutant zur 1. Infanterie-Brigade commandirt.

Den 9. November.

v. Hirschfeld, Großherzogl. Oldenburg. Seconde-Lieutenant a. D., als Seconde-Lieutenant im 3. Infanterie-Bataillon angestellt.

Den 13. November.

v. Bischoffshausen, Kurfürstl. Hessischer Seconde-Lieutenant a. D., als Premier-Lieutenant und Compagnie-Commandeur im 5. Infanterie-Bataillon angestellt.
du Plat, Major à la suite des Generalstabes, Chef und Dirigent des Allgemeinen Bureaus des Kriegs-Departements,
v. Kindt, Major und Commandant von Neumünster,
zu Oberst-Lieutenants, und zwar mit Ancienneität resp. vom 25. März und 29. Juli a. c. befördert.
v. Bündiger, Major und Commandeur des 4. Infanterie-Bataillons,
Friedrich Prinz zu Schleswig-Holstein-Sonderburg-Glücksburg Durchlaucht, Major à la suite des 2. Dragoner-Regiments,
v. Abercron, Major und Platz-Commandant von Rendsburg,
der Charakter als Oberst-Lieutenant verliehen.
v. Hansen 1ste, Hauptmann à la suite des 4. Infanterie-Bataillons, interim. Commandeur des 5. Infanterie-Bataillons, unter Beförderung zum Major mit Ancienneität vom 25. Juli a. c., zum wirklichen Commandeur dieses Bataillons ernannt und rangirt unmittelbar hinter dem Major v. Wasmer.

v. Reineck, Portepee-Fähnrich vom 2. Jäger-Corps, zum Seconde-Lieutenant befördert.

Den 15. November.

Malte, Königl. Preuß. Vice-Feldwebel der Landwehr a. D., als Portepee-Fähnrich im 3. Infanterie-Bataillon angestellt.

Den 18. November.

Grönning, Premier-Lieutenant vom Artillerie-Regiment, der Charakter als Hauptmann verliehen.

Den 20. November.

Graf v. Luckner, Seconde-Lieutenant vom 1. Dragoner-Regiment, als Adjutant zur Cavallerie-Brigade commandirt.

Den 21. November.

v. Friedrichsen 1ste, Hauptmann von der Armee, unter Entbindung von dem Commando als Vorsteher des Infanterie-Depots zu Rendsburg, als Abtheilungs-Chef in's Kriegs-Departement commandirt.

v. Irminger 1ste, Hauptmann von der Armee, bisher zur Disposition des Kriegs-Departements, zum Vorsteher des genannten Depots ernannt.

v. Brauchitsch, Premier-Lieutenant, zuletzt im 5. Infanterie-Bataillon, unter Versetzung zur Adjutantur, zur Marine commandirt und daselbst zum int. Chef des See-cadetten-Instituts ernannt.

Den 24. November.

v. Fürsen-Bachmann, Oberst-Lieutenant und Commandeur des 1. Dragoner-Regiments, neben seiner Stellung mit der stellvertretenden Führung der Cavallerie-Brigade, während der Abwesenheit des Commandeurs, beauftragt.

Den 28. November.

Zinneck, Oberjäger und Offizier-Aspirant vom 1. Jäger-Corps, zum überzähligen Portepee-Fähnrich,

Ritzsch, Bohsen (Inländer), Steinhaus (Preuße), Oberjäger und Offizier-Aspiranten vom 2. Jäger-Corps, Thiessen (Inländer), Oberjäger und Offizier-Aspirant vom 4. Jäger-Corps,

zu Portepee-Fähnrichs,

v. Binzer (Lauenburger), Dörr, Oberjäger, Paulsen, Gefreiter, Boje, Breckling, Jäger (Inländer), ebenfalls vom 4. Jäger-Corps, zu Offizier-Aspiranten befördert.

Lehmann (Inländer), Hinsching (Preuße), Unteroffiziere und Offizier-Aspiranten vom 4. und 9. Infanterie-Bataillon, zu Portepee-Fähnrichs,

Lammers, Unteroffizier (Inländer),

Klein (Nassauer), Vice-Unteroffizier, Bender (Kurhesse), Gefreiter vom 9. Infanterie-Bataillon, letztere beide zu Unteroffizieren und alle zu Offizier-Aspiranten ernannt.

Den 29. November.

v. Petersen, Hauptmann von der Armee, milit. Mitglied der Lazareth-Commission zu Schleswig, zum Präses derselben ernannt.

Den 30. November.

Emets, Unteroffizier und Offizier-Aspirant vom 2. Dragoner-Regiment, zum Portepee-Fähnrich,

v. Buchwaldt, Unteroffizier,

Berghofer, Dragoner (Inländer), von demselben Regiment, letzterer unter Ernennung zum Unteroffizier, zu Offizier-Aspiranten befördert.

Den 3. December.

Behufs der vorzunehmenden Umänderung von Musketen und Büchsen zu Spitzkugeln tritt eine Untersuchungs-Commission, bestehend aus:

dem Hauptmann v. d. Heyde des 1. Jäger-Corps als Präses,
dem Lieutenant Mischle des 2. Infanterie-Bataillons,
dem Ober-Büchsenmacher Danielsen,

sogleich zusammen, und wird diese Commission die nähere Weisung vom Kriegs-Departement erhalten.

Den 7. December.

v. Zschüschen, Premier-Lieutenant vom 4. Jäger-Corps, zum Führer der nach Kiel, Behufs Fortsetzung ihrer Studien commandirten Mannschaften der Armee, ernannt.

Den 13. December.

v. Lesser, Major und Abtheilungs-Commandeur vom Artillerie-Regiment, zum interim. Commandeur dieses Regiments ernannt.

Den 14. December.

v. Fürsen-Bachmann, Oberst-Lieutenant und Commandeur des 1. Dragoner-Regiments, unter Beibehaltung dieses Commandos, zum interim. Commandeur der Cavallerie-Brigade ernannt.

Den 15. December.

Hellmundt, Premier-Lieutenant und Compagnie-Commandeur vom 2., in gleicher Eigenschaft in's 4. Jäger-Corps,

v. Doering, Hauptmann und Compagnie-Chef vom 4., in gleicher Eigenschaft in's 2. Jäger-Corps versetzt. Letzterer verbleibt bis auf Weiteres in Schleswig commandirt.

v. Gersdorff, Major und Commandeur des 1. Jäger-Corps,

v. Seelhorst, Major und Commandeur des 2. Jäger-Corps,

v. Matheson, Rittmeister vom 1. Dragoner-Regiment, übernehmen neben ihrer Stellung die Commandantur-Geschäfte resp. in Flensburg, Tondern und Hadersleben.

Den 16. December.

v. Aller, Hauptmann und Compagnie-Chef vom 5. Infanterie-Bataillon, in gleicher Eigenschaft in's 1. Jäger-Corps versetzt.

v. Bassewitz, Hauptmann vom 1. Jäger-Corps, unter Stellung à la suite desselben, zur Dienstleistung beim Ministerial-Departement des Krieges commandirt.

v. Zimmermann, Königl. Preuß. Premier-Lieutenant des 36. Infanterie-Regiments (4. Reserve-Regiment), unter Beförderung zum Hauptmann, als Compagnie-Chef im 3. Infanterie-Bataillon angestellt.

Den 20. December.

v. Graeve, Seconde-Lieutenant,

Friedrichsen (Inländer), Wachtmeister vom 2. Dragoner-Regiment, ersterer zum Premier-, letzterer zum Seconde-Lieutenant,

Alpen, Unteroffizier vom 8.,

Schleth, Hartz, Unteroffiziere vom 10.,

v. Bertouch, Unteroffizier vom Ingenieur-Corps (Inländer), zu Offizier-Aspiranten befördert.
Den 25. December.
Lütgen, Premier-Lieutenant vom 1., als ältester Compagnie-Commandeur in's 9. Infanterie-Bataillon versetzt.

v. Pritzbuer, Premier-Lieutenant vom 8., als Compagnie-Commandeur in's 5. Infanterie-Bataillon versetzt.
Den 27. December.
v. Restorff, v. Bülow, Seconde-Lieutenants vom 4., in's 2. Jäger-Corps versetzt.
Den 28. December.
Beförderungen zu Portepee-Fähnrichs:
Die Offizier-Aspiranten und Unteroffiziere:

v. Bertouch vom Ingenieur-Corps,

Röhe, Braasch vom 1.,

Dau vom 2. (Inländer),

Gültzow (Lübecker), Hansen, Lucht vom 7.,

Alpen, v. Ahlefeldt-Seestedt (Inländer),

Schnobel (Lauenburger), Kauffmann, Kirchhoff vom 8. Infanterie-Bataillon, letztere 4 über den Etat,

Becher (Preuße), vom 10. Infanterie-Bataillon,

v. Buchwaldt vom 2. Dragoner-Regiment (Inländer),

Zimmermann, Oberjäger vom 2. Jäger-Corps (Inländer).

Ernennungen zu Offizier-Aspiranten.
Die Gefreiten:

Gurlitt, Herzbruch, Hansen (Inländer), vom 2.,

Koch, Giese, Lange, Möller (Inländer), vom 3.,

Siefert (Großherzgl. Sachsen-Weimar),

Torp, v. Bertouch, Ottens, Johannsen, Falk, Würger (Inländer), vom 4. Jäger-Corps.
Den 29. December.
v. Abercron, Oberst-Lieutenant à la suite des 3. Infanterie-Bataillons und Platz-Commandant von Rendsburg, erhält, unter Ernennung zum Commandeur dieses Bataillons, ein Patent seiner Charge.

v. Knobbe, Major und etatsmäßiger Stabsoffizier vom 4. Infanterie-Bataillon, unter Stellung à la suite dieses Bataillons, zum Platz-Commandanten von Rendsburg,

v. Garrelts, Oberst-Lieutenant und Commandeur des 7. Infanterie-Bataillons, zum etatsmäßigen Stabsoffizier der II. Infanterie-Brigade,

v. Springborn, Hauptmann vom 1. Infanterie-Bataillon, unter Beförderung zum Major, zum Commandeur des 7. Infanterie-Bataillons,

v. Staffeldt, Hauptmann vom 1. Infanterie-Bataillon, unter Beförderung zum Major, zum etatsmäßigen Stabsoffizier bei der I. Infanterie-Brigade ernannt.

v. Ewald, Portepee-Fähnrich vom 2.,

v. Keller-Schleitheim, Meyer (der 2te), Portepee-Fähnrichs vom 4.,

Sandes- v. Hoffmann, Portepee-Fähnrich vom 10. Infanterie-Bataillon,

v. Krohn (Inländer), Portepee-Fähnrich vom 1. (der 2te), Lübeck, v. Lochow, Sarauw (der 2te), Portepee-Fähnrichs vom 3. Jäger-Corps, letzterer unter Versetzung in's 8. Infanterie-Bataillon, zu Seconde-Lieutenants befördert.

v. Drosedow, Premier-Lieutenant vom 4. Jäger-Corps,

v. Unruh, Premier-Lieutenant vom 7. Infanterie-Bataillon, als Compagnie-Commandeure in's 1. Infanterie-Bataillon versetzt.

Nachtrag.
Den 3. April.

Andersen, Oberwachtmeister der Holst. Grenz-Gendarmerie, zum Seconde-Lieutenant in derselben befördert.

B. Abschiedsbewilligungen rc.
Den 24. März.

v. Seyffarth, Oberst und Commandeur des ehemaligen 14. (1.) Infanterie-Bataillons und Commandant ad int. der Festung Rendsburg, zur Disposition gestellt.

Den 26. März.

v. Lobedanz, Oberst und Commandeur des ehemaligen 17. (4.) Infanterie-Bataillons, zur Disposition gestellt.

Den 11. April.

Koch, Oberst-Lieutenant, Chef sämmtlicher Frei-Corps, zur Disposition gestellt.

Den 29. April.

Kauffmann, Seconde-Lieutenant vom 6. Infanterie-Bataillon, der Abschied bewilligt.

Den 2. Mai.

v. Krogh, Lieutenant, Führer des I. (v. Krogh'schen) Frei-Corps, ausgeschieden.

v. Irminger 2te, Hauptmann à la suite des 5. Infanterie-Bataillons, der Abschied bewilligt.

Freiherr v. Reitzenstein, Premier-Lieutenant vom 6. Infanterie-Bataillon, der Abschied bewilligt. (Beurlaubter Preuß. Offizier, geht nach Preußen zurück.)

Den 20. Mai.

Schimmelfennig, v. d. Oye, v. Münchhausen, Premier-Lieutenants vom 1. Infanterie-Bataillon, der Abschied bewilligt. (Beurl. Preuß. Offiziere.)

Den 27. Mai.

v. Scriba, Premier-Lieutenant,
Wegener, Seconde-Lieutenant vom 2. Infanterie-Bataillon, der Abschied bewilligt. (Ersterer beurlaubt. Preuß. Offizier.)

Den 13. Juni.

v. Loefved, Major des Artillerie-Regiments und Zeugmeister des Rendsburger Arsenals, zur Disposition gestellt.

Den 23. Juni.

Plehn, Offizier-Aspirant vom 5. Infanterie-Bataillon, der Abschied bewilligt.

Den 16. Juli.

Friedrichsen 2te, Seconde-Lieutenant vom 5. Infanterie-Bataillon, der Abschied bewilligt.

Den 19. Juli.

v. Jenssen-Tusch, Major und Führer des bem 10. Bundes-Armee-Corps attachirt gewesenen, nunmehr aufgelösten Frei-Corps (aus dem I.),

Graf zu Rantzau-Breitenburg, Ober-Lieutenant a. D., Führer des ebenfalls aufgelösten II. Frei-Corps ausgeschieden.

Den 25. Juli.

v. Hedemann, Hauptmann und Commandeur des 6. Infanterie-Bataillons, als Major der Abschied bewilligt.

Den 28. Juli.

v. Brodersen, Hauptmann à la suite des 5. Infanterie-Bataillons, mit Pension der Abschied bewilligt.

Den 29. Juli.

Siemens, Königl. Preuß. Seconde-Lientenant und Commandant von Friedrichsort, der Abschied bewilligt. (Commandirter Preuß. Offizier, geht nach Preußen zurück.)

Petersen 2te, Hauptmann von der Armee, bisher zur Disposition des Kriegs-Departements, mit Pension der Abschied bewilligt.

Den 9. August.

Freiherr v. d. Tann, Major, Führer des aufgelösten IV. Frei-Corps,

Alboffer, Hauptmann vom ehemaligen II. Frei-Corps,

v. Gumpenberg, Premier-Lieutenant vom I. Dragoner-Regiment,

Graf v. Bothmer, Premier-Lieutenant vom vormaligen v. d. Tann'schen Frei-Corps,

v. Bouteville, Premier-Lieutenant vom ehemaligen II. Frei-Corps, der Abschied bewilligt; (kehren nach Baiern zurück, waren beurlaubt.)

Den 22. August.

v. Werder, Seconde-Lieutenant vom 8. Infanterie-Bataillon, aus dem Dienst entlassen.

Den 26. August.

Buß, Hauptmann vom 7. Infanterie-Bataillon, als Commandeur der Lauenburger Jäger-Abtheilung ausgeschieden.

Den 5. September.

Graf v. Waldersee, Premier-Lieutenant und Commandeur des nunmehr aufgelösten Bracklower Scharfschützen-Corps,

v. Schimmelmann, Hauptmann und Stabs-Chef der 11. Infanterie-Brigade,

Graf v. Brockdorff-Ahlefeldt, Seconde-Lieutenant der Cavallerie und Ordonnanz-Offizier derselben Brigade, der Abschied bewilligt. (Erstere Beide beurlaubte Preuß. Offiziere, gehen nach Preußen zurück.)

Den 8. September.

v. Panwitz, Major und Commandeur des 5. Infanterie-Bataillons,

Preuß, Premier-Lieutenant von demselben Bataillon, der Abschied bewilligt. (Kehren nach Preußen zurück; waren beurlaubt.)

Den 9. September.

Leo, Major und Chef des Generalstabes der Armee (zur Schleswig-Holsteinischen Armee commandirt),

v. Katzeler, Hauptmann und Sous-Chef desselben,

v. Berger, Hauptmann der Adjutantur,

Köhn-v. Jaski, Hauptmann vom 5. Infanterie-Bataillon,

v. Malachowski, v. Ziemietzki, v. Studrabt, Premier-Lieutenants von demselben Bataillon (beurlaubte Preuß. Offiziere),

Graf zu Eltz, Rittmeister der Adjutantur,

Ratjen, Seconde-Lieutenant vom 6. Infanterie-Bataillon, sämmtlich der Abschied bewilligt. (Die Preuß. Offiziere kehren in ihr Vaterland zurück.)

Möller, v. Rekowsky, Hauptleute vom 2. Jäger-Corps,

v. Blandowski 2te, Seconde-Lieutenant vom 5. Infanterie-Bataillon,

v. Röhl, Premier-Lieutenant vom 2. Infanterie-Bataillon, (beurlaubter Preuß. Offizier),

Linde, Hermes, Seconde-Lieutenants, commandirt bei der Exerzier-Schule der Infanterie, der Abschied bewilligt. (Gehen nach Preußen zurück.)

Kayser, Seconde-Lieutenant vom 8. Infanterie-Bataillon, aus dem Dienst entlassen.

Den 12. September.

Freiherr v. Loß 1ste, Seconde-Lieutenant vom 2. Dragoner-Regiment, der Abschied bewilligt. (Geht nach Preußen zurück.)

Den 18. September.

v. Hanssen, Major und Commandeur des 2. Dragoner-Regiments, als Oberst-Lieutenant, mit Pension der Abschied bewilligt.

Freiherr v. Loë 2te, Seconde-Lieutenant von demselben Regiment; der Abschied bewilligt. (Geht nach Preußen zurück, war beurlaubt.)

Den 14. October.

Freiherr v. Wittenhorst-Sonsfeld, Rittmeister,
v. Lindern, Rittmeister,
Freiherr v. Müffling- genannt Weiß, Premier-Lieutenant,
v. Schack, Premier-Lieutenant,
Freiherr v. Strombeck, Premier-Lieutenant,
Graf v. Mengersen, Premier-Lieutenant,
Felix Prinz zu Salm-Salm Durchlaucht, Premier-Lieutenant,
    vom 2. Dragoner-Regiment,
Alexander Prinz v. Croy Durchlaucht, Premier-Lieutenant,
v. Bülow, Premier-Lieutenant,
    vom 1. Dragoner-Regiment
(sämmtlich beurlaubte Preuß. Offiziere :c.), der Abschied bewilligt. — Dieselben gehen nach Preußen zurück.

Den 26. October.

Freiherr v. Egloffstein, Rittmeister vom 2. Dragoner-Regiment, als Major der Abschied bewilligt. (Geht nach Meiningen zurück, war beurlaubt.)

November.

v. Knobelsdorff, Hauptmann vom 2. Jäger-Corps, der Abschied bewilligt. (Beurlaubter Preuß. Offizier, geht nach Preußen zurück.)

v. d. Osten, Premier-Lieutenant,
v. Bonin, Seconde-Lieutenant,
    beide vom Königl. Preuß. I. Garde-Regiment zu Fuß,
des Barres 2te, Seconde-Lieutenant vom Königl. Preuß.
    35. Infanterie-Regiment,
        nachdem diese Offiziere von dem Commando zur Schleswig-Holsteinischen Armee enthunden, kehren dieselben mit

den commandirten Zöglingen der Königl. Schul-Abtheilung des Lehr-Infanterie-Bataillons nach Preußen zurück.

Den 24. November.

v. Borries, Seconde-Lieutenant vom 1. Dragoner-Regiment, der Abschied bewilligt. (Aus Preußen beurlaubt, geht dahin zurück.)

Den 13. December.

v. Schütz, Oberst-Lieutenant und Commandeur des Artillerie-Regiments, als Oberst mit einer noch näher zu bestimmenden Pension, der Abschied bewilligt.

Den 14. December.

Woldemar Prinz zu Schleswig-Holstein-Sonderburg-Augustenburg Durchlaucht, Oberst-Lieutenant und Commandeur der Cavallerie-Brigade, der Abschied bewilligt. (Beurlaubter Preuß. Offizier, kehrt nach Preußen zurück.)

Beelitz, Hauptmann und Chef der 1. 12pfündigen Batterie des Artillerie-Regiments, der Abschied bewilligt. (Beurlaubter Preuß. Offizier, kehrt nach Preußen zurück.)

v. Kleist, Seconde-Lieutenant vom 4. Infanterie-Bataillon, aus dem Dienst entlassen.

Den 21. December.

Schrammeck, Seconde-Lieutenant vom 9. Infanterie-Bataillon, mit einer einjährigen Gage dieser Charge 2. Classe, der Abschied bewilligt.

Den 22. December.

v. Krabbe Iste, Major und Commandeur des 3. Infanterie-Bataillons, mit Pension,

v. Wöbeser, Hauptmann vom 9. Infanterie-Bataillon,

v. Reichenbach, Premier-Lieutenant vom 2. Jäger-Corps, in Folge Halb-Invalidität, diesem als Hauptmann mit 5jähriger Pension der Abschied bewilligt.

Den 29. December.

v. Lobedanz, v. Seyffarth, Obersten zur Disposition,

v. Unzer, Major à la suite der Cavallerie,

v. Halle, Hauptmann à la suite des 1. Jäger-Corps und

Vorsteher des Montirungs-Depots zu Rendsburg, in welcher Stellung derselbe verbleibt, diesem als Major,

v. Lawaetz, Hauptmann à la suite des 4. Infanterie-Bataillons,

v. Friedrichsen 2te, Hauptmann à la suite des 5. Infanterie-Bataillons,

sämmtlich mit Pension der Abschied bewilligt.

Militair-Aerzte.

A. Anstellungen ꝛc.
Vom 24. März bis ult. April.

Dr. Niese (Inl.), constit. Physicus auf der Insel Arroe, als Oberarzt I. Classe in der Armee angestellt.

Jürgensen, Oberarzt vom 2. Infanterie-Bataillon, an die Lazarethe zu Rendsburg commandirt.

Dr. Clasen, Unterarzt vom 3. Infanterie-Bataillon, zum Oberarzt 3. Classe (prov.),

Holtz, Unterarzt vom 2. Infanterie-Bataillon, zum Oberarzt 3. Classe (prov.) ernannt.

Scheuerlen, Oberarzt vom 2. Jäger-Corps, zur Militair-Session abcommandirt.

Zettler, Unterarzt vom 1. Dragoner-Regiment, zum Oberarzt 3. Classe prov. ernannt und zum 2. Jäger-Corps commandirt.

Dr. Francke, Unterarzt vom 2. Jäger-Corps, unter Ernennung zum prov. Oberarzt 3. Classe, an die Lazarethe zu Rendsburg commandirt.

Dr. Langenbeck (Hannover.), Professor zu Kiel, zum Generalstabs-Arzt der Armee ernannt.

Dr. Herm. Schwartz, als Unterarzt im 6. Infanterie-Bataillon,

Dr. Carsten,

Ahrens,
   als Unterärzte im 1. Infanterie-Bataillon,

Dr. Wurmb, Kaestner, Berg, stud. med.,
   als Unterärzte im 2. Infanterie-Bataillon,

Personal-Veränderungen. 133

Dr. Heseler, als Oberarzt des 6. Infanterie-Bataillons (prov.),
Dr. Thomsen, als Unterarzt am Lazareth,
Dr. Marxsen, Schmiegelow, als Unterärzte im 3. Infanterie-Bataillon,
Dr. Führer, Dr. Schiller, als Unterärzte im 4. Infanterie-Bataillon,
Dr. Jöns, als Oberarzt im 5. Infanterie-Bataillon,
Wittmaad, Könecke, als Unterärzte in demselben Bataillon,
Hübener, Neuber, als Unterärzte im 6. Infanterie-Bataillon,
Dr. Janssen, Ritter, Gerson, Wachs, Kaestner, stud. med.,
sämmtlich als Unterärzte in dem 2. Jäger-Corps angestellt, letzterer zum Jäger-Detachement auf der Insel Fehmarn commandirt.
Dr. Esmarch, Dr. Fahle, Dr. Schrader, Dr. Kirchner, als Unterärzte in der Armee angestellt, erstere drei an die Lazarethe commandirt, letzterer zum Chef des Medicinal-Bureaus (Abth. des Kriegs-Departements) ernannt.
Dr. Roß, als Oberarzt 3. Classe in der Armee prov. angestellt und an die Lazarethe commandirt.
Dr. Martens, als Oberarzt,
Lorentzen, Dr. Cohen, Dr. Strube, als Unterärzte prov. im Artillerie-Regiment angestellt.
Dr. Beeken 2te, als Unterarzt im Ingenieur-Corps,
Dr. Suadicani, Dr. Harald Schwartz, als Unterärzte im 1. Dragoner-Regiment,
Rhenius, als Unterarzt im 2. Dragoner-Regiment,
Dr. Jäger (Inl.), als Unterarzt beim Christians-Pflegehause in Eckernförde,
Dr. Gütschow (Lübecker),
Dr. Dohrn,
Dr. Goeze,
Dr. Bonnegut,
Schacht,
stud. med. Hitscher,
     "   " Sager,

erstere Beide als Oberärzte 3. Classe, letztere als Unterärzte in der Armee angestellt und an die Lazarethe zu Schleswig ꝛc. commandirt.

Dr. Schow, als Unterarzt in der Armee prov. angestellt und an das Lazareth zu Apenrade commandirt.

Klaws, Unterarzt vom 2. Infanterie-Bataillon, an die Lazarethe in Rendsburg commandirt.

Den 1. Mai.

Dr. Bolbemann (Lübecker), als Unterarzt in der Armee angestellt und an das Lazareth zu Tondern commandirt.

Den 22. Mai.

Dr. Herm. Schwartz, Unterarzt vom 6. Infanterie-Bataillon, zum prov. Oberarzt ernannt.

Den 24. Mai.

cand. med. Henningsen (Jnl.), als Unterarzt im 2. Dragoner-Regiment angestellt.

Den 3. Juni.

Dr. Schwartz, Oberarzt vom 6. Infanterie-Bataillon, als solcher an das Lazareth zu Rendsburg.

Zettler, Oberarzt vom Jäger-Corps, in's 6. Infanterie-Bataillon versetzt.

Scheuerlen, Oberarzt, thut bei dem Jäger-Corps wieder Dienst.

Den 20. Juni.

cand. med. Bartels, als Unterarzt beim Lazareth der Garnisons-Schule zu Rendsburg angestellt.

Den 24. Juni.

Dr. Schow, Dr. Esmarch, Dr. Fahle, Dr. Schrader, Unterärzte, zu Oberärzten mit der Gage ihrer früheren Charge ernannt.

Dr. Francke, Dr. Roß, Oberärzte, commandirt bei den Lazarethen, die Gage der 2. Classe dieser Charge.

Hinck, Unterarzt vom 4. Infanterie-Bataillon, die Gage des Oberarztes 3. Classe bewilligt.

Den 25. Juni.

Henningsen, Oberarzt vom 1. Dragoner-Regiment, die Gage eines Oberarztes 1. Classe, vom 1. Juni c. ab, bewilligt.

Den 8. Juli.
Dr. Ruben, als Unterarzt im 2. Jäger-Corps angestellt.

Den 24. Juli.
Dr. Thygesen, als Oberarzt beim Lazareth zu Kiel angestellt.

Dr. Goeze, Dr. Beeken, Unterärzte, ersterer bisher am Lazareth zu Schleswig, letzterer im Ingenieur-Corps, zu Oberärzten bei den neu errichteten Bataillonen ernannt. (2. Jäger-Corps und 8. Inf.-Bat.)

Dr. Suadicani, Unterarzt vom 1. Dragoner-Regiment, die Anciennetät als Oberarzt reservirt.

Seidenschnur 2te, Unterarzt vom 2. Dragoner-Regiment, zum Oberarzt 3. Classe im 9. Infanterie-Bataillon prov. ernannt.

Den 27. Juli.
Cramer, Jürgensen, Oberärzte 3. Classe, ersterer im 1. Infanterie-Bataillon, letzterer an den Lazarethen zu Rendsburg, zu Oberärzten 2. Classe ernannt.

Dr. Kirchner, Unterarzt und Chef des Medicinal-Büreaus der Armee, die Gage des Oberarztes 1. Classe, als Remuneration, bewilligt.

Den 3. August.
Dr. Kirchner, Unterarzt, der Charakter als Oberarzt verliehen. Demselben ist die Gage des Oberarztes 1. Classe nur als Remuneration für seine überhäuften Geschäfte bewilligt.

Den 30. August.
Dr. Lübers, Dr. Janssen, Dr. Meyer-Hane, als Oberärzte in der Armee bei den neu errichteten 3 Bataillonen angestellt. (3., 4. Jäger-Corps u. 10. Inf.-Bat.)

Den 3. September.
Dr. Halling, Unterarzt vom 4. Infanterie-Bataillon, die Anciennetät als Oberarzt von heute an reservirt und die Gage des Oberarztes 3. Classe bewilligt.

Den 21. September.
Dr. Riese, Oberarzt, mit der vorläufigen Wahrnehmung der laufenden Geschäfte des Generalstabs-Arztes der Armee beauftragt.

Den 9. November.

Dr. Niese, Oberarzt, interim. Generalstabsarzt der Armee, die Oberaufsicht über sämmtliche Schleswig-Holsteinische Lazarethe übertragen.

Den 22. November.

Dr. Bonnegut (Preuße), als Unterarzt im 1. Dragoner-Regiment prov. angestellt.

Thier-Aerzte.

Den 26. Juli.

Unrau, Regiments-Thierarzt vom 1. Dragoner-Regiment, in gleicher Eigenschaft zum Cavallerie-Depot nach Rendsburg commandirt.

Jacobsen, charakt. Regiments-Thierarzt von demselben Regiment, zum wirklichen Regiments-Thierarzt ernannt.

Den 27. November.

Böttern, Regiments-Thierarzt vom 2. Dragoner-Regiment, neben seiner Stellung mit den Geschäften des Stabs-Thierarztes der Armee beauftragt.

B. Abschiedsbewilligungen.

Dr. Beeken 1ste, medicin. Director des Garnison-Hospitals zu Rendsburg, der Abschied bewilligt.

Den 18. Mai.

Dr. Thomsen, Unterarzt am Lazareth, der Abschied bewilligt.

Den 22. Mai.

Dr. Heseler, prov. Oberarzt vom 6. Infanterie-Bataillon, der Abschied bewilligt.

Den 30. August.

Gerson, Unterarzt vom 1. Jäger-Corps, der Abschied bewilligt.

Den 9. September.

Dr. Langenbeck, Professor und Generalstabsarzt der Armee, der Abschied bewilligt.

Den 14. October.

Dr. Gütschow, Oberarzt am Lazareth zu Schleswig, der Abschied bewilligt.

Militair-Beamte.

A. Anstellungen ꝛc.

März.

Boysen, Ober-Auditeur vom 2. Dragoner-Regiment, zum Ober-Verpflegungs-Commissair der Armee ernannt.

Brackel, Ober-Auditeur vom 1. Infanterie-Bataillon, zum Ober-Kriegscommissair der Armee ernannt.

April.

v. S. t Geerz, Wege-Conducteur der Herzogthümer, zum prov. Quartiermeister der Armee ernannt.

Pustau, Auditeur vom 1. Dragoner-Regiment, zum Secretair des Chefs des Kriegs-Departements ernannt.

Sachau (Inländer), Secretair auf der Landvoigtei von Norder-Dithmarschen, zum Auditeur und Rechnungsführer im 6. Infanterie-Bataillon ernannt.

Kröger (Inl.), als Rechnungsführer im 5. Infanterie-Bataillon,

Rissen, Schnitter, Klee (Inländer), ersterer als Kanzlist, letztere Beide als Secretaire beim Ober-Verpflegungs-Commissariat der Armee,

Sulzer, Königl. Preuß. Intendantur-Referendarius und Seconde-Lieutenant der Infanterie des 1. Bataillons (Frankfurt) 8. Landwehr-Regiments, zur Dienstleistung bei demselben angestellt.

Mai.

v. Harbou, Auditeur des Jäger-Corps, mit Wahrnehmung der Geschäfte des Armee-Auditeurs, bis auf Weiteres, beauftragt.

Den 10. Mai.

Friederici (Inländer), Amtssecretair,

Baron v. Loewenstern (Inländer), Amtssecretair auf dem Amthause Bordesholm, als Auditeure im 2. und 1. Dragoner-Regiment angestellt.

Dr. Utgenannt, zum Feldprediger der Armee ernannt.

Den 10. Juni.

Lübers (Inländer), Kanzlist des Kriegs-Departements zu Rendsburg, zum Garnisons-Auditeur daselbst ernannt.

Den 9. August.

Rasmussen (Inländer), zum Rechnungsführer in der Armee ernannt.

Den 15. August.

Kratzenstein (Inländer), zum Rechnungsführer ernannt und im 2. Jäger-Corps angestellt.

Den 22. August.

Böttcher, Wiese, Expedienten des Kriegs-Departements, zu Rechnungsführern ernannt und bei den zu errichtenden Bataillonen angestellt.

Den 29. August.

Sachau, Auditeur vom 6. Infanterie-Bataillon, zum Auditeur der 11. Infanterie-Brigade ernannt.

Den 1. September.

Bohsen, Ober-Auditeur und bisheriger Ober-Verpflegungs-Commissair, zum Intendanten der Armee (mit dem Range als Oberst-Lieutenant),

Sulzer, Königl. Preuß. Intendantur-Referendarius, bisher zur Dienstleistung zur Armee commandirt, zum Intendantur-Rath (mit dem Range als Major),

Nissen, Kanzlist,

Klee, Schnitter, Secretaire des Ober-Verpflegungs-Commissariats, zu Intendantur-Assessoren (mit dem Range als Premier-Lieutenant),

Meyer, zum Secretair (mit dem Range als Seconde-Lieutenant) bei der Intendantur der Armee ernannt.

v. Harbou, Auditeur vom 1. Jäger-Corps, unter Entbindung von der Wahrnehmung der Geschäfte des Armee-Auditeurs, als Auditeur zur Jäger-Inspection versetzt.

Den 22. September.

Geerz, Quartiermeister der Armee, definitiv als solcher angestellt.

Cartheuser, Ober- und Land-Gerichts-Advocat zu Schleswig, zum Armee-Auditeur (mit dem Range als Major) ernannt.

Personal-Veränderungen.

Den 11. November.
Graf v. Baudissin, Auditeur vom 4. Infanterie-Bataillon, als Ober-Auditeur zur 1. Infanterie-Brigade versetzt.

Den 22. November.
Geerz, Quartiermeister der Armee, zum Ober-Quartiermeister derselben (mit dem Range als Major) ernannt.

December.
Piersig, Königl. Preuß. Post-Assistent, zum Feld-Postmeister in der Armee prov. ernannt.

B. Abschiedsbewilligungen.
v. Elberg, Major a. D. und Vorsteher des Montirungs-Depots zu Rendsburg,
v. Mackeprang, Major a. D. und Inspector des Garnisons-Hospitals daselbst, der Abschied bewilligt.

Den 28. October.
Dr. Utgenannt, Feldprediger der Armee, der Abschied bewilligt.

II. In der Marine.

Offiziere ꝛc.

A. Anstellungen, Ernennungen ꝛc.
Heesch, Hafenmeister zu Kiel, unter Beförderung zum prov. Lieutenant zur See, zum Commandeur der Strandbatterie bei Laboe (Kieler Hafen) ernannt.
Wahrlich, Schiffsführer der Handels-Marine, als Lieutenant zur See, in der Marine prov. angestellt.

Beamte.

A. Anstellungen ꝛc.
Karberg, Schiffs-Rheder zu Apenrade,
Dreier, Schiffs-Baumeister zu Altona,
Schow, Schiffs-Baumeister zu Kiel,
in der Marine angestellt.

Ordens-Verleihungen.
(September 1848.)

Se. Majestät der König von Preußen haben geruht, folgende Ordens-Verleihungen zu befehlen:

v. Bonin, General-Lieutenant und commandirender General der Armee, den Orden pour le mérite,

Schmitt, Major und Festungs-Commandant von Rendsburg,
v. Zastrow, Oberst-Lieutenant und Inspecteur der Jäger,
v. Delius, Hauptmann und Chef des Generalstabes der Armee,
v. Gersdorff, Major und Commandeur des 1. Jäger-Corps,
v. Trescow, Premier-Lieutenant der Adjutantur,
Freiherr v. Diepenbroick-Grüter, Premier-Lieutenant und Adjutant der Cavallerie-Brigade,
Sörensen, Hauptmann der Adjutantur,
v. d. Heyde, Hauptmann vom 1. Jäger-Corps,
Hellmundt, Premier-Lieutenant vom 2. Jäger-Corps,
den Rothen Adler-Orden 4. Classe mit Schwertern.

Anlage I.

I. Die Armee zählt am 31. December 1848: 305 Offiziere.

Darunter sind:

305 { 156 Inländer incl. 9 Preußische und 83 vormärzliche Offiziere.
149 Ausländer.

Zu den Ausländern gehören:

Aus Preußen	123	(1 war K. K. Oesterr. Offizier).
- Rußland	1	(war Königl. Sächs. Offizier).
- England	1	(war K. K. Oesterr. Offizier).
- Sachsen (Königr.)	1	
- Hannover	4	(2 früher nicht Offizier.)
- Kurhessen	1	
- Polen	1	(will Poln. Offiz. gewesen sein).
- Oldenburg	2	(waren früher nicht Offiziere).
- Mecklenburg-Schwerin	5	(1 war Preuß., 1 Oldenbg., 2 nicht Offiz.).
- Sachsen-Weimar	2	(1 war früher Offiz.).
- Braunschweig	3	(waren nicht ").
- Lauenburg	1	(war " ").
- Hamburg	2	(waren " ").
- Bremen	1	(war Preuß. ").
- Norwegen	1	(war vormärzl. ").
	149.	

Die einzelnen Chargen sind:

5 Generale (2 activ)

44 Stabs-Offiziere { 2 Oberst.
15 Oberst-Lts.
27 Majors

59 Hptl. u. Rittm.
65 Prem.-Lts.
132 Sec.-Lts.

Anlage I.

Hiervon kommen auf:

Infanterie:	29 Stabsoffiz.	43 Hptl.	40 Pr.-Lts.	100 Sec.-Lts.
Cavallerie:	9 "	12 Rttm.	10 "	26 "
Artillerie:	2 "	2 Hptl.	15 "	3 "
Ingenieure:	2 "	2 "	—	2 "
Generalstab:	2 "	—	—	—
Gendarmerie:	—	—	—	1 "

2 active Generale. (3 nicht activ.)   44 Stabsoffiz. u. Rittm.   59 Hptl.   65 Pr.-Lts.   132 Sec.-Lts.

305.

Unter den Preußen (123) befinden sich 33, welche nicht Preuß. Offiziere waren, und 1, welcher Oesterreich. Offizier war. Von den 89 Preuß. Offizieren sind:

a) bereits aus der Preuß. Armee verabschiedet . . 59.
b) commandirt und beurlaubt zur Dienstl. in der Schleswig-Holsteinischen Armee . . . . 19.
c) zur Dienstl. bis zum 1. October 1850 unter dem Vorbehalt des Rücktritts, aus der Preuß. Armee verabschiedet . . . . 11.

giebt die obige Zahl . . 89.

Die commandirten und beurlaubten Offiziere sind:

1. General-Lt. v. Bonin, (Kön. Preuß Gen.-Major d. Div.) u. b. Inf.
2. Major Schmitz, (- - Major d. 3. Artill.-Brig.)
3. Oberst-Lt. v. Zastrow, (- - - b. 1. G.-Rgt. z. F.)
4. Hptm. v. Delius, (- - Hptm. des groß. Gen.-Stabes.)
5. Major v. Gersdorff, (- - - 1. Jäg.-Bats.)
6. Hptm. v. Wrangel, (- - Pr.-Lt. d. 1. Inf.-Rgts.)
7. Rittm. v. Bismarck, (- - - G. Huf. Rgts.)
8. Hptm. v. Steyber, (- - - 12. Inf.-Rgts.)
9. " v. Sandvart, (- - - 2. b. Königs-R.)
10. Pr.-Lt. v. Treskow, (- - - Kais. Alex. Gr.-Rgts.)
11. Rittm. Frhr. v. Diepenbroick-Grüter, (- - Sec.-Lt. d. G. Huf.-Rgts.)
12. Hptm. v. Doering, (- - - Kais. Alex. Gr.-Rgts.)

13. Pr.-Lt. v. Redlach ... (Kön. Pr. Sec.-Lt. d. Inf.-Rgt.) [6.Ref.-
 Rgt.] (b.1ste)
14. Hptm. v. d. Heyde, (- - -d.Kais. Aler. Gr.-Rgts.
15. Pr.-Lt. v. Brauchitsch, (- - -1.G.-Rgt.z.Fuß) [b.1ste.]
16.   * v. Alten, (- - -G.-Res.Inf.-Schw.I-Rgts.
17.   * v. Erhardt, (- - - - - - -)
18.   * Graf v. Westarp, (- - - - - -)
19.   * Reckling, (- - -27. Landw.-Rgts.) v.d. Cav.

Die auf zwei Jahre verabschiedeten Offiziere sind:

1. Major v. Roques, (Kön.Pr.Hptm. zul. im Inf.-Rgt.) [7.Ref.-R.]
2.   * v. Schmid, (- - - - 32 - -)
3.   * v. Stuckradt, (- - - - -Kais.Aler.Gr.-R.) [b.2te.]
4. Hptm. Bar. v. Putt-
 kammer, (- - Pr.-Lt., - - 39. Inf.-Rgt.) [b.1ste.]
5.   * Schrör, (- - - - - 13. -)
6.   * v. Steensen, (- - - - - 22. - .)
7.   * v. Reißwitz, (- - - - - 11. -) [b 1ste.]
8.   * v. Hagen, (- - - - - 8. -) [Leib-Inf.-R.]
9.   * Bathke, (- - - - - 21. -) [b.1ste]
10.   * v. Wittich, (- - - - - 3. -) [b.1ste.]
11.   * v. Zimmer-
 mann, (- - - - - 36. -) [4.Ref.-Rgt.]

außerdem:

12.   * v. Bülow, (- - - - - 12 -) [Befindet sich
 unter der Zahl der Mecklenburger.]

Die zur Dienstleistung commandirten und beurlaubten
 Preuß. Offiziere (Inländer) sind:

1. Pr.-Lt. v. Krohn 1ste, (Kön.Pr.Sec.-Lt. d.27 Inf.-Rgts.)
2. *Prinz Julius, v.Schlesw.-Holst. (- - - aggr.b 5.Ulan.-Rgt.)
3.   *   Johann, Sonderb.-Glücksb. (- - - - d.G.-Drag.-Rgt.)
4.   *   Frhr. v. Heintze, (- - - d. 8 Hus.-Rgts.)

Anlage A.

Von den Inländern haben bereits den Abschied aus der Preuß. Armee erhalten:

1. Hptm. v. Eggers, (stand als Pr.-Lt. im 15. Inf.-Rgt.)
2. " Sörensen, (- - Sec.-Lt. - 17. -)
3. Pr.-Lt. Hellmundt, (- - - - 37. -) [5. Res.-Rgt.]
4. " Toscheski, (- - - in d. G.-Art.-Brig.)
5. " Paysen, (- - - - 8. Art.-Brig.)

II. Zahl der Militair-Aerzte am 31. Dec. 1848 . 70.
III. " " Regiments-Thier-Aerzte " = " . 4.
IV. " " Militair-Beamten " " " . 44,
      excl. Marine.

Anlage II.

A. Die im Feldzuge 1848 vorgefallenen Schlachten und größeren Gefechte:

Gefecht bei Bau	. . . .	am 9. April.
" " Altenhoff und Holtsee	. . .	" 21. "
Schlacht " Schleswig	. . . .	" 23. "
Gefecht " Bilschau	. . . .	" 24. "
Treffen " Nübel (Sundewitt)	. . . .	" 28. Mai.
" " " und Düppel (Sundewitt)		" 5. Juni.
Gefecht " Hoptrup	. . . .	" 7. "

B. Namen des Offiziers, welcher im Feldzuge 1848 auf dem Schlachtfelde geblieben ist:

1. Pr.-Lt. Waldmann d. 1. Jäg.-Corps — bei Schleswig.

C. Namen der auf dem Schlachtfelde im Jahre 1848 verwundeten und später gestorbenen Offiziere:

1. Hptm. v. Wasmer 2te vom Frei-Corps, bei Bau verw., in Kopenhagen gest. *(in Gefangenschaft)*
2. " v. Schmidt des 3. Inf.-Bats., bei Bau verw., in Augustenburg gest. (am 12. April 1848). *(in Gefangenschaft)*
3. Major v. Michelsen, Com. d. 2. Jäg.-Corps, bei Bau verw., in Augustenburg gest. (am 25. Apr. 1848). *(in Gefangenschaft)*
4. Sec.-Lt. v. Lützow 2te des 2. Jäg.-Corps, bei Bau verw., in Augustenburg gest. *(in Gefangenschaft)*
5. " Frhr. v. Heintze 2te des 1. Drag.-Rgts., bei Styding am 12. Juni verw., in Flensburg gest. (am 21. Juni 1848).
6. Hptm. Corneli des v. d. Tann'schen Frei-Corps, bei Hoptrup verw., in Flensburg gest. (am 24. Juni 1848).

Anlage II.

D. **Namen der im Jahre 1848 an inneren Krankheiten gestorbenen Offiziere:**

1. Major v. Jeß, Com. des 2. Inf.-Bats., in Rendsburg (am 5. October).

Außerdem:

2. Major Bar. v. Brockdorff, Com. der Holst. Grenz-Gendarmerie, in Wandsbeck (am 3. April).

E. **Namen der im Laufe des Feldzuges des Jahres 1848 in Dänische Gefangenschaft gerathenen Offiziere.**

1. Major v. Hedemann, etatsm. Stabsoffizier des 1. Jäger-Corps,
2. " v. Knobbe, Platz-Commandant von Rendsburg,
3. Hptm. v. Aller des 1. Jäger-Corps,
4. Pr.-Lt. v. Gönner des 5. Infanterie-Bataillons,
5. Sec.-Lt. v. Sachau des 1. Jäger-Corps,
6. " v. Hennings des 1. Jäger-Corps,
7. " v. Binzer des 3. Jäger-Corps,
(vom 9. April bis 2. Septbr. 1848.)

} bei Bau gefangen.

Außerdem:

8. Pr.-Lt. v. Reichenbach vom 2. Jäg.-Corps, früher im Frei-Corps, (bereits verabschiedet).

Anm. ad 1. 3 u. 8 waren verwundet.

Aerzte.

Gestorben:

Unter-Arzt Weiß vom 2. Jäger-Corps, bei Bau verw. und in Augustenburg am 11. Mai (in Gefangensch.) gestorben.

Anlage III.

Ordre de Bataille des Schleswig-Holsteinischen Truppen-Corps. (1848.)

Command. General: Gen.-Lt. Prinz Friedrich zu Schleswig-Holstein-Sonderburg-Augustenburg.

I. Brigade.
Oberst-Lt. Graf v. Baudissin.

- 1. Inf.-Bat. — Hptm. v. Panwitz.
- 2. Inf.-Bat. — Hptm. v. d. Tes. Maj. v. Panwitz.
- 3. Inf.-Bat. — Maj. v. Krabbe.
- 1. Jäger-Division. (2 Comp.) — Hptm. v. Saubrart

II. Brigade.
Gen.-Major Herzog Carl v. Schleswig-Holstein-Sonderburg-Glücksburg.

- 4. Inf.-Bat. — Maj. v. Bündiger.
- 5. Inf.-Bat. — Maj. v. Bastrow.
- 6. Inf.-Bat. — Hptm. v. Hedemann.
- 2. Jäger-Division. — Hptm. v. d. Heyde.

Cavallerie-Brigade.
Oberst-Lt. Prinz Woldemar zu Schleswig-Holstein-Sonderburg-Augustenburg.

- 1. Drag.-Regiment. — Ob.-Lt. v. Fürsen-Bachmann.
- 2. Drag.-Regiment. — Maj. v. Hansen.

Artill.-Regiment.
Major v. Lesser.

- 1. 6%ige Batterie. — Pr.-Lt. Weinrebe.
- 2. 6%ige Batterie. — Pr.-Lt. Lorentzen.
- 3. 6%ige Batterie. — Pr.-Lt. Scheffler.

Sappeur-Compagnie.

Frei-Corps.
Hauptm. v. Krabbe.

I.	II.	III.	IV.
Bradlow. (ehem. v. Kresp.)	Gf. Ranzau.	v. Wasmer.	v. d. Tann.

1849.
Am 31. December.

Chef der gesammten Land- und Seemacht
— s. 1848 pag. 3. —
der Herzog.

Vertreten durch:
I. Die gemeinsame Regierung, welche vom 22. October 1848 bis 26. März 1849 regiert. Sitz: Schloß Gottorff.
II. Die Statthalterschaft, bestehend aus den Mitgliedern der vormaligen provisorischen Regierung:
Friedrich Graf **von Reventlou** zu Wittenberg, Landrath und Probst des adelichen Convents zu Preetz,
Wilhelm Hartwig **Beseler**, Vice-Präsident der deutschen National-Versammlung zu Frankfurt a. M.,
regiert vom 26. März 1849 an. Sitz: Kiel, vorher: Schloß Gottorff.

Ministerial-Departement des Krieges.
(Erleidet durch die Verfügungen der Statthalterschaft der Herzogthümer d. d. Kiel den 29. September und 1. October 1849 eine Aenderung; nach ersterer geht das bisherige Kriegs-Departement ein.)

Kiel.
int. Chef: General-Major v. Krohn (CHL 2b).

Abg.: inter. Departem.-Chefs Jacobsen und Bopsen von dieser Stellung enth.; Hptm. à la suite des 1. Jäg.-Corps v. Bassewitz, Hptm. v. Wenck v. 2. Inf.-Bat. von der Dienstl. enth.; Hptm. und Adjutant v. Lützow f. Adjutantur.

Ministerial-Departement des Krieges.

I. Abtheilung, zugleich Secretariat des Departements-Chefs:

(Vertheilung der eingehenden Sachen und die allgemeinen Armee- und die persönlichen Angelegenheiten, die Anstellung, Beförderung und Entlassung der Offiziere, sowie die Pensionirung von Offizieren und Unteroffizieren, ferner die auf die Formation, die Stärke, den Dienst und die Ausbildung der Armee, das Militair-Bildungswesen, die kirchlichen Verhältnisse und die auf das Medicinal-Wesen der Armee bezüglichen Geschäfte.)

Abth.-Chef: **Major Seweloh** à la suite der Artill.-Brigade.
Secretair: **Auditeur Pastau.**

Commandirt zur Dienstleistung:

Hptm. v. **Zimmermann** à la suite des 3. Inf.-Bats.
Ober-Arzt Dr. **Kirchner**, Vorsteher des Medicinal-Büreau's.

II. Abtheilung.

(Das Materielle der Armee, die Ausrüstung in Bezug auf Waffen, Munition, Lederzeug, Bepackung, Fuhrwerke, sowie Zug- und Reitgeschirre, die Militair-Bau- und Fortifications-Sachen, die Aufsichtsführung über sämmtliche dem Militair-Etat gehörigen Grundstücke, das Remontirungs-Wesen und die Controlle über die National-Pferde.)

Abth.-Chef: **Oberst du Plat** à la suite des Generalstabes.
Rechn.-Führ. 1. Cl. **Heinson.**

Commandirt zur Dienstleistung:

Major Siegfried der Art.-Brigade. (War vom 7. April 1849 an während des Feldzuges bei Sr. Hoh. d. regier. Herzoge v. Sachsen-Coburg-Gotha com.)
Rittm. v. **Linstow** à la suite des 2. Drag.-Rgts.

III. Abtheilung.

(Aushebungs-Wesen, sowohl zum Land- als zum See-Kriegs-Dienst, sowie die Erledigung desfallsiger Reclamationen und sonstiger Militair-Befreiungsgesuche, das Militair-Justiz- und das Unterstützungswesen nach Maaßgabe der Verordnungen vom 20. October 1848 und 27. Juli 1849; die auf die Schlesw.-Holstein. Marine und das Seecadetten-Institut bezüglichen Sachen.)

Abth.-Chef: der frühere Büreau-Chef **Springer** (ohne milit. Rang).

Ministerial-Departement des Krieges. 158

General-Kriegs-Commissair:
Oberst a. D. v. Salchow (wohnt in Schleswig).

See- und Land-Kriegs-Commissaire:
Major a. D. v. Stemann im I. Schl.-Holst. District (in Schleswig).
Oberst-Lt. a. D. v. Willemoes-Suhm im II. Schl.-Holst. District (in Ottensen).
 „ a. D. v. Foltmar im III. Schl.-Holst. District (in Itzehoe).

Zum Ressort dieser Abtheilung gehört außerdem:
Die Marine-Commission, siehe Marine.

IV. Abtheilung.
(Militair-Oeconomie, mithin das gesammte Cassen-Rechnungs- und Budget-Wesen, das Verpflegungs- und Servis-Wesen, das Bekleidungs-Wesen, sowie die Oeconomie-Verwaltung der Lazarethe und Garnisons-Anstalten.)
Abth.-Chef: **Intendant.-Rath Sulzer**, s. Armee-Intendantur.

Zum Ressort der IV. Abtheilung:
1. **Intendantur der Armee:**
 s. Armee-Commando.
2. **Die Armee-Verpflegungs-Commission.**
 (bestehend aus 9 Civil-Personen.)
3. **Das Montirungs-Depot zu Rendsburg:**
Vorsteher: Major a. D. v. Halle.
4. **Lazareth-Vorstand.**
Hptm. v. Petersen v. d. Armee, s. Krankenw.-Comp.

Commandirt zur Dienstleistung:
Pr.-Lt. Schoene des 10. Inf.-Bats.
Abg.: Abth.-Chef: Intendant Boysen, s. Intendantur d. Armee; Major v. Nissen à la suite d. 1. Drag.-Rgts., s. dies. Truppentheil; Hptm. v. Irminger und v. Coch, s. Offiz. v. d. Armee.

V. Abtheilung.
(Revision der sämmtlichen Rechnungen des Militair-Etats und Controle über die Ausgaben für das Militair-Wesen.)
Abth.-Chef: **Hptm. v. Friedrichsen** v. d. Armee.

Offiziere à la suite der Armee:

Gen.-Lt. **Christian Carl Friedrich August Herzog von Schles-wig-Holstein-Sonderburg-Augustenburg** Durchl., v. d. Inf. (*HG1*).
- **Friedrich Emil August Prinz zu Schleswig-Holstein-Sonderburg-Augustenburg** Durchl., v. d. Cav. (*HG1*).

Gen.-Major **Carl Herzog von Schleswig-Holstein-Sonderburg-Glücksburg** Durchl., v. d. Inf. (*RA1*) (*CHL1*).

Offiziere von der Armee:

Major v. Normann, f. Commandantur.
- v. Lachmann, Director d. Christians-Pflegehauses in Eckernförde.

Hptm. v. Friedrichsen, Abth.-Chef im Minist.-Departem. des Krieges (v. d. Inf.).
- v. Petersen, f. Krankenw.-Compagnie.

Pr.-Lt. v. Cold (mit Hptms.-Char.), zweit. Offizier des Christians-Pflegehauses.

Sec.-Lt. (Char.) Dendtler, Platzmajor der Festung Friedrichsort.

Abg.: Oberst v. Fabricius f. III. Inf=Brigade; Major v. Leonhardt, Hptm. u. früh. Commandant v. Eckernförde v. Wiegand, Hptm. v. Coch, Rittm. v. Jacobsen, letzterer zuletzt in der Reserve=Cav.=Division, mit Pension in den Ruhestand versetzt; Hptm. v. Irminger als Comdr. des 13. Inf.=Bataillons (ehem. 3. Reserve=Bats.).

Alphabetisches Verzeichniss
des
Quartier-Standes der Armee
am
31. December 1849.

Altona.
Commandantur.
1. Jäger-Corps.
Stab u. 5. Esc. d. 1. Drag.-Rgts.

Barmstedt.
1 Comp. des 13. Inf.-Bats.

Bramstedt.
1. 12tt. Batt.

Eckernförde.
Christians-Pflegehaus.

Elmshorn.
9. Inf.-Bat.

Friedrichsort
und See-Batt. Labse.
Commandantur.
6. Fest.-Batt.
1 Detachem. des 5. Jäg.-Corps.

Glückstadt.
Com. der III. Inf.-Brigade.
Commandantur.
4. Inf.-Bat.
14. "   "

Heide.
11. Inf.-Bat.
2. 6tt. Batt.

Heiligenhafen.
2 Comp. des 5. Inf.-Bats.

Itzehoe.
Commandantur.
15. Inf.-Bat.
3. u. 6. Escabr. d. 1. Drag.-Rgts.

Kellinghusen.
1. Escabr. des 2. Drag.-Rgts.

Kiel.
Kriegs-Ministerium.
Armee-Commando.
Marine-Obercommando.
Com. der II. Inf.-Brig.
 "   "   Cav.-Brig.
Inspection der Jäger.
Commandantur.
Stab u. 2 Comp. des 6. Inf.-Bats.
2. Jäger-Corps.
Stab u. 3. Esc. d. 2. Drag.-Rgts.
3. 6tt. Batt.
Seecadetten-Schule.

156 Alphabetisches Verzeichniss des Quartierstandes.

Hammershagen ꝛc.
5. Esc. des 2. Drag.-Rgts.

Lütjenburg..
4. Jäger-Corps.

Meldorf.
12. Inf.-Bat.

Neuenbrock.
Reit. Batt.

Neumünster.
Commandantur.
2 Comp. d. 6. Inf.-Bats.
Stab d. II. Feld-Art.-Abth., 2. u. 3. 12U. Batt.

Neustadt.
Commandantur.
10. Inf.-Bat.

Niendorf ꝛc.
1. 6U. Batt.

Nienstädten.
2. Escabr. des 1. Drag.-Rgts.

Nortorf.
Train-Comp.

Oldenburg.
Stab u. 2 Comp. d. 5. Inf.-Bats.

Oldesloe.
7. Inf.-Bat.

Ottensen.
1. Escabr. des 1. Drag.-Rgts.

Pinneberg.
1 Comp. des 13. Inf.-Bats.

Ploen.
8. Inf.-Bat.
4. Escabr. des 2. Drag.-Rgts.

Preetz.
5. Jäger-Corps.

Rendsburg.
Com. d. I. Inf.-Brig.
  - d. Reserv.-Brig.(IV.u.V.)
  - d. Artill.-Brig.
  - d. Ingenieur-Corps.
Gouvernement.
Festungs-Commandantur.
Platz-
1. Inf.-Bat.
2. - - -
3. - - -
Stamm d. 16. 17. 18. 19. 20. 21. 22. u. 23. Inf.-Bats.
Stamm d. 6. u. 7. Jäg.-Corps } Reserve.
Stab d. I. Feld-Art.-Abtheilung.
24U. Granat.-Batt.
Festungs-Art.-Abtheilung.
Zeug-Laboratorium-, Handw. u. Stall-Etat, u. Unteroffiz.-Eleven-Schule.
6. Esc. des 2. Drag.-Rgts.
1 Pionier-Abtheilung.
Montirungs-Depot.
Feld-Lazareth-Depot.
Garnison-Verwaltungs-Wesen.

Segeberg.
Commandantur.
3. Jäger-Corps.
4. 6U. Batt.

Uetersen.
Stab u. 2 Comp. d. 13. Inf.-Bats.

Wandsbeck.
4. Escabr. des 1. Drag.-Rgts.
Com. d. Grenz-Gendarmerie.

Westensee.
2. Escabr. des 2. Drag.-Rgts.

Armee-Eintheilung. 157

Uebersicht der Armee-Eintheilung am 31. December 1849.

		Infanterie.	Cavallerie.	Artillerie.	Pioniere.
	Brigaden.	Bataillone und Corps.			
Schleswig-Holsteinische Armee.	I. Inf.-Brig.	1. Infanterie-Bataillon 2. " " 3. " " 4. " "	1. Dragoner-Regiment. 2. Dragoner-Regiment. à 6 Escadr. (Eine Brigade)	Eine Brigade, bestehend aus 3 Feld- u. 1 Festungs-Abtheilung, d. Zeug-Laboratorium, Handwerker- u. Stall-Etat, der Unteroffiz.-Eleven-Schule und Train-Compagnie. I. Feld-Abth.: 1. 2. 4. 6 H. Batt. II. Feld-Abth.: 1. 2. 3. 12H. Batt. III. Feld-Abth.: reit, 3. 6H. und 24H. Gran.-Batt. Festungs-Abth.: 1.2.3.4.5.6. Fest.-Batt.	Eine Abtheilung. (2 Comp.)
	II. Inf.-Brig.	5. Infanterie-Bataillon 6. " " 7. " " 8. " "			
	III. Inf.-Brig.	9. Infanterie-Bataillon 10. " " 11. Infanterie-Bataillon 12. " " 13. " " 14. " " 15. Krankenwärter-Comp.			
	Jäg.-Inspection.	1. Jäger-Corps 2. " " 3. " " 4. " " 5. " "			
	Reserve-Inf.-Brig. (IV. u. V.)	16. Reserve-Inf.-Bataill. (Stamm) 17. " " 18. " " 19. " " 20. " " 21. " " 22. " " 23. " " 6. Jäger-Corps 7. " à 4 Comp.			

Armee-Eintheilung.

Armee-Commando.
Hauptquartier: Schloß Kiel.

Command. General: Gen.-Lt. v. Bonin (*PrRA2mE.u.Schw.*) (*PrEK1*) (*PrEK2S*) (*PrJR*) (*PrPM*) (*PrDK*) (*BV3*) (*RW3*) (*RA2mKr*).

Generalstab der Armee.
Kiel.

Chef: Königl. Preuß. Hptm. v. Blumenthal.

à la suite:

Oberst du Plat, f. Minist.-Departement des Krieges.

Abg.: Chef: Hptm. v. Delius an f. vor Friedericia erhaltenen Wunde gestorben.

Adjutantur.

Hptm. v. Doering,	v. d. Inf.	bei der Jäger-Inspection.
" v. Beeren,	= = =	bei der I. Inf.-Brigade.
" v. Alten,	= =	beim Armee-Commando.
" v. d. Goltz,		bei der II. Inf.-Brigade.
Rittm. Aye,		b. Armee-Commando, zugl. Commandant des Hauptquartiers.
Sec.-Lt. Behrens,	= = =	bei der III. Inf.-Brigade.

Abg.: Hptm. v. Brauchitsch als Comp.-Chef ins 10. Inf.-Bat.; char. Major v. Christiansen d. Abschied bew; Hptm. v. Lützow als Comp.-Chef ins 1. Jäg.-Corps; Hptm. à la suite v. Wrangel als Major u. Combr. des 1. Inf.-Bataillons; Hptm. v. Bassewitz als int. Combr. des 4. Inf.-Bats. f. 3. Jäg.-Corps; Hptm. Stakemann f. II. Inf.-Brigade; Pr.-Lt. Graf v. Waldersee f. Jäger-Inspection.

Armee-Eintheilung. 159

Commandirt zur Dienstleistung:

Oberst-Lt. **Friedrich** Prinz zu Schleswig-Holstein-Sonderburg-Augustenburg Durchl., à la suite d. Cav.
                                                  b. Armee-Commando.

Hptm. Schimmelfennig-v. d. Oye,   b. Art.-Brig.   =   =   =
   =   Pahsen,   =   =   b. Gouvern. v. Rendsburg.
Pr.-Lt. v. Sachau,   = 1. Jäg.-Corps b. d. II. Inf.-Brig.
   =   =   v. Binzer 1ste,   = 3.   =   =   b. d. Jäger-Insp.
   =   =, Graf v. Luckner,   = 1. Drag.-Rgts. b. d. Cav.-Brig.
   =   =   v. Hertzberg,   = 5. Inf.-Bats. b. Armee-Com.
Sec.-Lt. Hennig,   =15.   =   b. d. Res.-Inf.-Brig.
   =   =   Reed,   = 3 Jäg.-Corps b. d. I. Inf.-Brig.

Außerdem:

Königl. Preuß. Pr.-Lt. v. Tresckow (PrRA4mSchw.), b. Armee-Com.
      =   Sec.-Lt. v. Bonin,   =   =   =

Abg.: Hptm. v. Zesta vom 1. Jäg.-Corps, Pr.-Lt. v. Hennings deff. Corps, Hptm. v. Steyber des 6. Inf.-Bats., Sec.-Lt. v. Levetzow des 1 Drag.-Rgts., Sec.-Lt. Johannsen deff Rgts., Sec.-Lts Meier 1ste des 11. Inf.-Bats., v. Abercron 1ste u. Graf v. Blome des 2. Drag.-Rgts., von ihren Commando's entbunden — s. Truppentheile. — Königl. Preuß. Pr.-Lt. v. Stzycki (Vol.-Offizier) nach Preußen zurückgekehrt; wurde am 3 Mai 1849 bei Norder-Bjert verwundet.

Zum Stabe der Armee gehören:

Armee-Auditeur (mit dem Range als Major):

Cartheuser.

Generalstabs-Arzt der Armee | **General-Arzt der Armee**
(m. d. Range als Oberst-Lt.): | (m. d. Range als Major):

Prof. Dr. Stromeyer. | Dr. Riese.

Abg.: Gen.-Arzt Dr. Riese von der Function d. Gen.-Stabs-Arztes d. Armee entb.

Ober-Quartiermeister der Armee (m. d. Range als Major):
Geerz (PrRA3).
Büreau desselben:
Bevollmächtigter **Ramme** (ohne milit. Rang).
Dessinateur **Gräff** (m. d. Char. eines Sec.-Lts.).

Feld-Probst der Armee:

Feld-Post-Amt der Armee:
Feldpostmeister **Piersig** (mit d. Range als Pr.-Lt.) prov.

Intendantur der Armee:
(Steht unter d. IV. Abth. des Minist.-Dep. des Krieges.)

Intendant (m. d. Range als Ob.-Lt.) **Bohsen**.	Intend.-Assessor **Nissen**.
Intendantur-Rath (m. d. Range als Major) **Sulzer**, f. IV. Abth. d. Minist.-Dep. d. Krieges.	" " **Klee**.
	" -Secretair **Meyer** (m. d. Range als Sec.-Lt.).
Intendantur-Assessor (m. d. Range als Pr.-Lt.) **Jacobs**.	

Abg.: Sec.-Lt. v. Levetzow des 1. Drag.-Rgts. zum Rgt. zurück, f. I. Inf.-Brig. — Pr.-Lt. Schoene des 10. Inf.-Bats. z. IV. Abth. des Minist.-Dep. des Krieges im Commando-Verhältniß übergetreten; — Hptm. v. Lienau f. 4. Inf.-Bat. — Intend.-Assessor Schnitter d. Abschied bew.; Rechn.-Führ. Wiese z. 3. Jäger-Corps zurück.

Registratur des Armee-Commando's.
Registrator: Rechn.-Führer 2. Cl. **Wagner** (m. d. Range als Sec.-Lt.).

Vorsteher der Feld-Lazarethe.
(f. IV. Abth. d. Minist.-Dep. des Krieges.)
Rendsburg.

Hptm. v. **Petersen**, v. d. Armee, f. Krankenwärter-Compagnie.

I. Infanterie-Brigade.
Rendsburg.

Com.: Gen.-Major Graf v. Baudissin (PrJR), s. Gouvernement Rendsburg.

Etatsm. Stabs-Offizier: Major v. Lützow, s. Reserve-Brig.

Chef d. Stabes: . . . . .   Adjutantur:
                              Hptm. v. Beeren.

Brig.-Auditeur: Ober-Aud. Graf | Sec.-Lt. Reed, v. 3. Jäger-Corps
  v. Baudissin.   z. Dst.
 = Auditeur-Assistent: Bohstedt. | Feldprediger: s. II. Inf.-Brig. und
Brig.-Arzt: . . . . .   Jäger-Insp.

       1. 2. 3. 4. und 9. Inf.-Bataillon.

Abg.: Etatsm. Stabsoffiz. Major v. Staffeldt als Combr. d. 4. Inf.-Bats.; Adj. Pr.-Lt. Graf v. Waldersee zur Avantgard.-Brig. (Jäg.-Insp.); Combr. Oberst v. St. Paul vor Friedericia geblieben; Sec.-Lt. v. Levetzow v. 1. Drag.-Rgt. (Ord.-Offiz.) zum Rgt. zur.; Pr.-Lt. u. Adj. v. Henning z. 1. Jäger-Corps zur.; Hptm. v. Doering zur Jäger-Inspection versetzt; Major u. etatsm. Stabsoffiz. v. Hansen 2te mit Pension der Abschied bew.; int. Com.: Major v. Studradt von der Führung entbunden; Aud. Friederici zum 2. Drag.-Rgt. zurück.

II. Infanterie-Brigade.
Kiel.

Com.: Oberst v. Abercron.

Etatsm. Stabs-Offizier: Major v. Rahtlev.

Chef d. Stabes: . . . . .   Adjutantur:
                              Hptm. v. d. Goltz.

Brig.-Auditeur: Sachau. | Pr.-Lt. v. Sachau, v. 1. Jäger-
 = Auditeur-Assistent: Raabe. | Corps z. Dst.
Brig.-Arzt: . . . . . | Feldprediger: Neelsen, stat. in
                                 Kiel.

      5. 6. 7. 8. und 10. Inf.-Bataillon.

Abg.: Oberst-Lt. u. etatsm. Stabs-Offiz. v. Garrelts zur Reserve-Inf.-Brig.; Com. Oberst v. Sachau an s. bei Kolding erhaltenen Wunde gestorben; Adj. Major v. Christiansen s. Adjutantur; Adj. Hptm. Stakemann als Comp.-Chef ins 1. Inf.-Bat.; Adj. Sec.-Lt. Johannsen v. 1. Drag.-Rgt. zum Rgt. zur.

III. Infanterie-Brigade.
Errichtet den 23. August 1849.
Glückstadt.

Com.: Oberst v. Fabricius (*GEgK*).
Etatsm. Stabs-Offizier: Major v. Lüders, f. Reserve-Brig.
Chef d. Stabes: . . . .
Adjutantur:
Brig.-Auditeur: v. Fischer- | Sec.-Lt. Behrens.
Benzon. | Feldprediger: f. II. Inf.-Brig. und
Brig.-Arzt: . . . . | Jäger-Insp.
11. 12. 13. 14. u. 15. Inf.-Bat. u. d. Krankenwärter-Compagnie.
Abg.: Etatsm. Stabs-Offiz. Ob.-Lt. v. Garrelts als Combr. der Ref.-Inf.-Brigade; Major v. Lange f. I. Jäger-Corps.

Jäger-Inspection.
Kiel.

Inspecteur der Jäger: Oberst v. Zastrow (*PrRA4mSchw.*)
(*PrDK*) (*BZL3*) (*DD3*) (*RW4*) (*TNJmBr*).
Etatsm. Stabs-Offizier: Major v. Hedemann.
Adjutantur: | Insp.-Auditeur: v. Harbou.
Hptm. v. Doering. | -Auditeur-Assistent: Tetens.
Pr.-Lt. v. Binzer 1ste, vom | Feldprediger: Burchardi, stat.
3. Jäger-Corps z. Dst. | in Neustadt.
1. 2. 3. 4. und 5. Jäger-Corps.
Abg.: Adj.: Hptl. v. Wrangel und v. Zeska f. Adjut. und 1. Jäg.-Corps; etatsm. Stabs-Offiz. Major v. Seelhorst als Combr. des 11. Inf.-Bats.; Adj. Pr.-Lt. Graf v. Walderfee der Abschied bew.

Reserve-Brigade.
(Stamm der IV. und V. Brigade.)
Errichtet den 10. November 1849.
Rendsburg.

Com.: Oberst-Lt. v. Garrelts (*PrEK2*) (*PrDK*).
Etatsm. Stabs-Offizier: Oberst-Lt. (Char.) v. Bündiger.
Chef d. Stabes: . . . .
Adjutantur:
Brig.-Auditeur: Audit. Lüders | Sec.-Lt. Hennig, v. 15. Inf.-Bat.
— f. Gouvern. Rendsburg — mit der | z. Dst.
Wahrnehmung d. Geschäfte beauftragt |
Stamm des 16. 17. 18. 19. 20. 21. 22. u. 23. Inf.-Bats., 6. u. 7. Jäg.-Corps.
Abg.: Adj. Sec.-Lt. Meier 1ste z. 3. Inf.-Bat. zur.

Infanterie.

1. Infanterie-Bataillon.
Rendsburg.

Com.: Major v. Wrangel.
Hptm. Stakemann.
- v. Schmieden 1.
- Burow.

Pr.-Lt. v. Buseck (Cp.-Com.).
- - Ohlsen.
- - Schneider 1ste.

Sec.-Lt. Vogt.
- - v. Montowt, Adj.

Sec.-Lt. Schmidt 3te.
- - Hansen 1ste.
- - Hansen 2te.
- - v. Brömbsen.
- - v. Winterfeld.
- - v. Kobbe.
- - v. Gauvain.

à la suite:

Oberst-Lt. v. Zeska, f. Commandantur v. Kiel.
Hptm. Graf v. Brockdorff-Schney, f. Commandantur Rendsburg.

Ober-Arzt: Cramer (1. Cl.).
Rechn.-Führ.: Abel (2. Cl.)

Abg.: Pr.-Lt. Graf v. Westarp und Hptm. v. Lupinski ins 10. Inf.-Bat., Sec.-Lt. Unger und Wittmaack ins 1 und 2. Reserve-Inf.-Bat. versetzt; Comdr. Maj. v. Wasmer 2te mit Pension b. Abschied bewilligt; Pr.-Lts. Rodowicz und v. Drygalski als Comp.-Comdr. resp. ins 9. u. 2. Inf.-Bat. versetzt; Hptm. v. Unruh und Sec.-Lt. Braasch vor Friedericia geblieben; Hptm. à la suite Bar. v. Puttkammer als Maj. u. Comdr. des 2. Jäg.-Corps; Comdr. Major v. Woringen, Sec.-Lt. Menzel, Hptm. v. Drosedow und Pr.-Lt. Holter an b. bei Friedericia erhaltenen Wunden gestorben; Sec.-Lt. Sasse, Pr.-Lt. v. Stranz u. Sec.-Lt. Ochß ins 14. Inf.-Bat., Major v. Lützow als etatsm. Stabs-Offizier zur I. Inf.-Brig. versetzt.

2. Infanterie-Bataillon.
Rendsburg.

Com.: Major v. Gagern.
Hptm. v. Wenck 2.
   = v. Jeß 3.
   = v. Arnswaldt 4.
   = v. Frankenberg 1.
Pr.-Lt. Tichy.
  = = Langer.
Sec.-Lt. Grafv.Baudissin-
    Knoop (2te).
  = = Regenstein, Adj.

Sec.-Lt. v. Ewald.
  = = v. Krogh 2te.
  = = Rißler.
  = = Dau 1ste.
  = = Nitsche.
  = = Zinneck.
  = = Gurlitt.
  = = Goldbeck-Loewe.
  = = Groth 2te.

Ober-Arzt: Jürgensen (1. Cl.).
Rechn.-Führ.: Puck (3. Cl.).

Abg.: Sec.-Lt. v. Haeseler ins 10. Inf.-Bat. versetzt; Hptm. v. Brackel als Combr. des 2. Reserve-Inf.-Bats., Hptm. v. Clasen ins 1., Sec.-Lts. Tietsen, Mischke und Specht ins 2. Reserve-Inf.-Bat., Pr.-Lt. v. Schmieden als Comp.-Combr. ins 1. Inf.-Bat. versetzt; Oberst-Lt. à la suite v. Kindt f. Commandantur Neumünster; Pr.-Lt. Rodowicz v. 1. Inf.-Bat. von der Dienstl. entbunden; Pr.-Lt. v. Friedrichsen an den bei Friedericia erhaltenen Wunden gestorben; Rechn.-Führer Wagner gestorben; int. Combr. Hptm. v. Wrangel in gleich. Eigenschaft ins 1. Inf.-Bat. versetzt; int. Combr. Hptm. Bathke ins 6. Inf.-Bat. zurück versetzt; Sec.-Lt. Brockenhuus in der Schlacht bei Friedericia geblieben; Pr.-Lt. Tietsen als Comp.-Combr. ins 12. Inf.-Bat. zurück; Pr.-Lt. v. Drygalski als Comp.-Combr. ins 15., Sec.-Lt. Fischer ins 13. Inf.-Bat. versetzt; Combr. Major Willmann mit Pension zur Disposition gestellt.

3. Infanterie-Bataillon.
Rendsburg.

Com.: Major Frhr. v. Lauer-Münchhofen (RG5) (S&M).
Hptm. v. Steensen.
   = v. Claußen 1.
   = v. Fischer-Treuenfeld.
   = la Croix 2.
Pr.-Lt. Bar. v. Stillfried-
    Rattonitz 1ste.
  = = v. Eickstedt 1ste.
  = = v. Minckwitz.

Sec.-Lt. v. Eickstedt 2te, Adj.
  = = Marquardt.
  = = Malte.
  = = Kirchhoff 1ste.
  = = Koch.
  = = Greiner.
  = = Schiller.
  = = Born.

Infanterie. 165

à la suite:

Hptm. v. Zimmermann, f. Minist.-Depart. des Krieges.

Ober-Arzt (fung.): Assist.-Arzt 1. Cl. Dr. Clasen.
Rechn.-Führ. Lütje (2. Cl.).

Abg.: Sec.-Lts. v. Hirschfeld und Duwe ins 1. und 2. Res.-Inf.-Bat., Pr.-Lt. Joesting als Comp.-Combr. ins 7. Inf.-Bat., Pr.-Lt. Blees in dasselbe versetzt; Pr.-Lt. v. Garrelts der Abschied bewilligt; Hptm. à la suite v. Lüders ins 11. Inf.-Bat. einrangirt; Sec.-Lts. Hennig u Herzbruch ins 15. Inf.-Bat. versetzt; Oberst-Lt. à la suite v. Abercron als Oberst und Combr. der II. Inf.-Brigade; Hptm. v. Beeren zur Adjutantur versetzt; f. L Inf.-Brig. — Sec.-Lt. Meier 1ste ins 11. Inf.-Bat. versetzt; Hptm. à la suite v. Eggers als Major und Commandeur des 15. Inf.-Bats.

---

4. Infanterie-Bataillon.

Glückstadt.

Int. Com.: Hptm. v. Bassewitz, f. 3. Jäg.-Corps.

Hptm. v. Blandowski	2.	Sec.-Lt. Lehmann.
» Schneider	3.	» » v. Lenski.
» v. Ginestous	1.	» » Giese.
Pr.-Lt. Unruh	4.	» » v. Hedemann.
» » v. Szczepanski.		» » Kauffmann.
Sec.-Lt. Hagemann.		» » Trittau.
» » v. Below 2te.		» » v. Korff.
» » v. Keller-Schleittheim, Adj.		» » Boje.

à la suite:

Major v. Knobbe, f. Commandantur Rendsburg.

Aggregirt:

Sec.-Lt. Herzbruch 1ste, Wege-Inspector des 3. Schleswig-Holsteinischen Wege-Bezirks.

Ober-Arzt: Meyer (abcom.) (1 Cl.).
Rechn.-Führ. Desau (3. Cl.).

Abg.: Oberst-Lt. à la suite v. Bündiger, f. Commandantur; Hptm. v. Hansen als Major und etatsm. Stabs-Offizier zur L Inf.-Brigade, Sec.-Lt. Meyer 2te ins 1. Res.-Inf.-Bat., Pr.-Lt. Bauer ins 8. Inf.-Bat. versetzt; Combr. Major v. Staffeldt vor Friedericia gefallen; Hptm.

Infanterie.

Sörensen an b. daselbst erhaltenen Wunde gestorben; Sec.-Lt. v. Ahlefeldt-Seestedt (Ancienn. hinter d. Sec.-Lt. Emeis d. 2. Drag.-Rgts.), der Abschied bew.; Sec.-Lt. Stölting ins 8. Inf.-Bat. zurück-, und Hptm. v. Krohn, Sec.-Lt. Bornträger resp. ins 5. Jäger-Corps und 10. Inf.-Bat. versetzt; dienstl. Preuß. Sec.-Lt. Consbruch als Pr.-Lt. im 15. Inf.-Bat. angestellt; Hptm. à la suite v. Lienau der Abschied mit Pension bewilligt; dienstl. Pr.-Lts. Wuthenow und Bäthgen ins 8. und 5. Inf.-Bat., Sec.-Lt. Heymann ins 3. Jäger-Corps zurück.

---

5. Infanterie-Bataillon.

Stab und 2 Comp. Oldenburg, 2 Comp. Heiligenhafen.

Com.: Major v. Maßdorff (*PrEK2*).

Hptm. v. Wittich (*PrM*) 4.	Sec.-Lt. Westphal.
" v. Gotzkow 1.	" " Schmidt 2te, Adj.
" v. Bischoffshausen 2.	" " Anderten.
" v. Pritzbuer 3.	" " Röhe.
Pr.-Lt. v. Hertzberg, com. z.	" " Hansen 3te.
Dstl. b. Armee-Com.	" " Matthiesen.
" " Wichers.	" " Hedde.
" " Bäthgen.	" " Mathes.

à la suite:

Oberst-Lt. v. Schroeder, f. Commandantur von Altona.

Ober-Arzt: Dr. Roß (2. Cl.) (abcom.).

Rechn.-Führ.: Lt. a. D. Kröger (1. Cl.).

Abg.: Hptm. v. Gönner ins 2. Jäger-Corps, Combr. Major v. Hansen 1ste in gleicher Eigenschaft zum 4. Res.-Bat., Pr.-Lt. v. Wedderkop und Sec.-Lt. Engelbrecht ins 4. Res.-Bat., Sec.-Lt. Roobt ins 1. Res.-Bat. versetzt; Pr.-Lt. v. Emme vor Friedericia geblieben; Sec.-Lt. v. Regelein an der daselbst erhaltenen Wunde gestorben; Pr.-Lt. v. Pobbielski ins 8., Sec.-Lts. Heubtlaß u. Meyn ins 15. Inf.-Bat. versetzt; Pr.-Lt. Schartow — mit Anc. hinter dem Pr.-Lt. Dannenberg — der Abschied bewilligt.

Infanterie. 167

6: Infanterie-Bataillon.

Stab und 2 Comp. Kiel, 2 Comp. Neumünster.

Com.: Major v. Thalbitzer.
Hptm. Bathke 1. | Pr.-Lt. v. Neergaard, com. z.
- v. Cramm 4. | Dstl. b. Ingen.-Corps.
- Lettgau 2. | Sec.-Lt. Buschick, Adj.
- v. Erhardt 3. | - - Rahtlev.
Pr.-Lt. v. Below 1ste. | - - Kirchhoff 2te.
- - v. Tresenreuter. | - - Sommer.
- - Graf v. Luckner. | - - Albrecht.
- - Kröhnke, com. z. Dstl. | - - Rheder.
b. Ingen.-Corps. | - - Gottfriedsen.

Ober-Arzt: Zettler (2. Cl.).
Rechn.-Führ.: Brüning.

Abg.: Sec.-Lt. Wuthenow ins 8., Pr.-Lt. v. Lilienstein 1ste ins 3. Res.-Bat., Sec.-Lt. Holm ins 4. Res.-Bat. versetzt; Hptm. v. Gleißenberg und Sec.-Lt. Wolff an den bei Friedericia erhaltenen Wunden gest.; Hptm. à la suite v. Steyber als Major und Combr. des 8. Inf.-Bat.; Pr.-Lt. v. Normann und Sec.-Lt. Borsch ins 15., Sec.-Lt. v. Lilienstein 2te ins 13. Inf.-Bat. versetzt.

7. Infanterie-Bataillon.

Oldesloe.

Com.: Major v. Springborn.
Hptm. Grundtmann 2. | Sec.-Lt. Gülzow.
- Dallmer 3. | - - Möller 1ste.
- Joesting 1. | - - Schütt.
- Brenken 4. | - - Hasselmann.
Pr.-Lt. Blees. | - - Zimmermann 2te.
Sec.-Lt. Schellhorn. | - - Siessenbüttel.
- - Irgahn, Adj. | - - Schönfeldt.
- - Alpen.

Ober-Arzt: Jebsen (2. Cl.).
Rechn.-Führ.: Nordenberg (3. Cl.).

Abg.: Hptm. v. Matdorff als Major u. Combr. des 5. Inf.-Bats.; Pr.-Lt. v. Kall als Comp.-Führ. und Sec.-Lt. Theilkuhl, beide ins 3. Res.-Bat.

168 Infanterie.

Pr.-Lt. v. Podbielski ins 5. Inf.-Bat. versetzt; Hptm v. Arnim der Abschied bew.; Sec.-Lt. Meier 1ste ins 3., Sec.-Lt. Kuhn ins 8. Inf.-Bat., Hptm. Schneider ins 4. Inf.-Bat. versetzt; Sec.-Lt. Koch der Abschied bewilligt; Sec.-Lt. Sembach ins 11. Inf.-Bat., Rechnungsführer und Lt. a. D. Bünsow zur Art.-Brigade versetzt.

---

8. Infanterie-Bataillon.
Plön.

Com.: Major v. Steyber.
Hptm. v. Lemmers-Dan-
    forth   3.
  - v. Podbielski   4.
  - Graf v. Westarp 1.
Pr.-Lt. Bauer (Cp.-Com.) 2.
  - - Wuthenow.
Sec.-Lt. Kuhn.
  - - Semper.

Sec.-Lt. v. Lochow.
  - - v. Dudden.
  - - Mencke, Adj.
  - - Schnobel.
  - - Schuhmacher.
  - - Stölting.
  - - Witthöfft.

Ober-Arzt: Dr. Joens (3. Cl.).
Rechn.-Führ.: Rasmussen,

Abg.: Sec.-Lt. Sarauw 2te ins 3. Jäger-Corps zurückversetzt; Hptm. Schilling v. Canstadt als Rittm. und Combr der Reserve-Cavallerie; Pr.-Lt. Wormbs der Abschied bew.; Sec.-Lts. Hacke und Schneider 2te ins 3. Res.-Inf.-Bat. versetzt; Hptm. à la suite v. Woringen als Major und Combr. des 1. Inf.-Bats.; Hptm. à la suite Frhr. v. Lauer-Münchhofen als Major u. Combr. des 3. Inf.-Bats.; Combr. Major v. Roques und Sec.-Lt. Schellhorn 2te an den bei Friedericia erhaltenen Wunden gestorben; Sec.-Lt. Kauffmann ins 4. Inf.-Bat., Hptm. v. d. Goltz in die Adjutantur, Pr.-Lt. v. Buseck als Comp.-Combr. ins 1. Inf.-Bat. versetzt; dienstl. Pr.-Lt. v. Kahlden zum 5. Jäger-Corps zurück.

---

9. Infanterie-Bataillon.
Elmshorn.

Com.: Major v. Hake.
Hptm. Lütgen   4.
  - v. Zeska   2.
  - Rodowicz   3.
  - Husarczewski   1.

Sec.-Lt. v. Wobeser.
  - - Traut.
  - - de Bordé.
  - - Hinsching.

Infanterie. 169

Sec.-Lt. Wichmann.   Sec.-Lt. Schmidt 4te.
» » Klein.   » » Lammers.
» » Bender,   Adj.
Ober-Arzt: Seidenschnur (2. Cl.).
Rechn.-Führ.: Kratzenstein (2. Cl.).

Abg.: Pr.-Lt. v. Szczepanski ins 4. Inf.-Bat., Sec.-Lt. Behrens in die Adjutantur, f. III. Inf.-Brigade, Sec.-Lt. Schmidt 1ste ins 1., Sec.-Lts. Buschenhagen und Schmidt-Schwarzenhorn ins 2. Res.-Bat. versetzt; Sec.-Lts. Keller und Jordan mit Wartegeld zur Disposition gestellt; Pr.-Lt. und Comp.-Combr. Grabner im Gefecht bei Gudsoe geblieben; Sec.-Lts. Regenstein ins 2., v. Neviadomski ins 10., v. Montowt ins 1., Westphal ins 5. und Pr.-Lt. da Crompton ins 15. Inf.-Bat. versetzt.

10. Infanterie-Bataillon.

Neustadt. (1 Commando Develgönne und Wintershagen.)

Com.: Major v. Marklowski.
Hptm. v. Düsterlho   2.   Sec.-Lt. v. Matzdorff.
» v. Hagen   1.   » » Bornträger.
» v. Lupinski   4.   » » Sandes- v. Hoffmann.
» v. Braunschweig   3.
Pr.-Lt. Schoene, c. z. Dstl. b.   » » Becher,   Adj.
    Minist.-Dep. d. Krieges.   » » v. Gerber.
» » v. Doering.   » » Limprecht.
Sec.-Lt. v. Haeseler.   » » Hartz.
» » v. Neviadomski.   » » Schleth.
Ober-Arzt: Dr. Weber (3. Cl.).
Rechn.-Führ.: Hübbinett.

Abg.: Pr.-Lt. Gleißenberg ins 6., Hptm. v. Wittich ins 5. Inf.-, Hptm. v. Kempski ins 4. Res.-Inf.-Bat., Pr.-Lts. Brenken ins 7., Graf v. Westarp ins 8., Husarczewski ins 9. Inf.-Bat., sämmtlich als Comp.-Combre.; Pr.-Lts. v. Below ins 6. und Tichy ins 2. Inf.-Bat. versetzt; Hptm. v. Brauchitsch der Abschied bewilligt.

Infanterie.

11. Infanterie-Bataillon (ehem. 1. Reserve-Inf.-Bat.).
Errichtet den 23. August 1849.
Heide.

Com.: Major v. Seelhorst.
Hptm. Clasen   1. | Sec.-Lt. Ochsz.
  - de Morze (PrLA), c. b. | - - Schlobach.
     b. Res.-Inf.-Brig. | - - Noodt.
Pr.-Lt. Unger (Cp.-Com.) 2. | - - Meier 1ste.
  - - v. Normann (-) 4. | - - Meyer 2te,   Adj.
  - - Heise   (-) 3. | - - Sembach.
  - - Dannenberg. | - - v. Uckermann.
  - - v. Hirschfeld. | - - Breede.
Sec.-Lt. Schimmelpfeng. |

    Ober-Arzt: (fung.) Ass.-Arzt 1. Cl. Dr. Wiedemann.
    Rechn.-Führ.: Delling.

Abg.: Comdr. Major v. Leonhardt s. Offiziere v. d. Armee; Sec.-Lts. Schmidt 1ste ins 13., Königer ins 15. Inf.-Bat., Major v. Lüders als etatsm. Stabsoffizier zur III. Inf.-Brigade versetzt; Sec.-Lt. Kirchhoff 1ste ins 3. Inf.-Bat. zurückversetzt.

---

12. Infanterie-Bataillon (ehem. 2. Res.-Inf.-Bat.).
Errichtet den 23. August 1849.
Meldorf.

Com.: Major v. Brackel.
Hptm. Weiße (PrLA). | Sec.-Lt. Buschenhagen.
  - Frhr. v. Goldstein-Berge. | - - v. Specht.
  - v. Wobeser. | - - Wittmaack.
Pr.-Lt. Tiehsen 1ste (Cp.-Com.) | - - Lohmann,   Adj.
  - - Mischke. | - - Dau 2te.
  - - Duwe. | - - Heldtmann.
Sec.-Lt. Schmidt-Schwar- | - - Höfer.
    zenhorn. |

    Ober-Arzt: Dr. Schamvogel (prov.).
    - - (fung.) Ass.-Arzt 1. Cl. Dr. Meyer-Hane.
    Rechn.-Führ.: Blumenberg (3. Cl.)

Abg.: Hptm. v. Reuß ins 4. Res.-Inf.-Bat., Pr.-Lt. Boner ins 13. Inf.-Bat. versetzt.

Infanterie. 171

13. Infanterie-Bataillon (ehem. 8. Ref.-Inf.-Bat.).
Errichtet den 23. August 1849.
Stab u. 2 Comp. Uetersen, 2 Comp. Pinneberg, 1 Comp. Barmstedt.

Com.: Major v. Irminger.

Hptm. v. Wuthenau.
» v. Lepell.
» v. Kall.
Pr.-Lt. Boner (Cp.-Com.).
» » Trip.
» » Lillenstein 1ste, c. b.
    d. Reserve-Inf.-Brig.
» » Rose.
Sec.-Lt. Hasbach.
» » Schmidt 1ste.

Sec.-Lt. Theilkuhl, Adj.
» » Wree.
» » v. Lilienstein 2te.
» » v. Klitzing.
» » v. Bertouch.
» » Fischer.
» » Clausen.
» » Bettingen.
» » v. Reißwitz.
» » Harries.

Ober-Arzt: (fung.) Assist.-Arzt 1. Cl. Dr. Har. Schwartz.
Rechn.-Führ.: Valentin (3. Cl.).

Abg.: Pr.-Lt. Schneider 1ste ins 7., Prem.-Lt. Blauel ins 15., Pr.-Lt. Hacke ins 14. Inf.-Bat. versetzt.

---

14. Infanterie-Bataillon (ehem. 4. Ref.-Inf.-Bat.).
Errichtet den 23. August 1849.
Glückstadt.

Com. ad int.: Hptm. Schroer, f. 8. Jäger-Corps.

Hptm. v. Reuß.
» v. Kempski.
» v. Stranz.
» Hoffmann.
Pr.-Lt. v. Wedderkop.
» » Hacke.
Sec.-Lt. Keller.
» » Engelbrecht.

Sec.-Lt. Schneider 2te, Adj.
» » Holm.
» » Dörr.
» » Sasse.
» » v. Paraski.
» » Thiessen.
» » Behrends.

Ober-Arzt: (fung.) Assist.-Arzt 1. Cl. Dr. Janssen.
Rechn.-Führ.: Winter (3. Cl.).

Abg.: Hptm. Weiße ins 12., Sec.-Lt. Ochs ins 11. Inf.-Bat. versetzt; Sec.-Lt. v. Montowt ins 1. Inf.-Bat. zurückversetzt; Com. Major v. Hansjen 1ste mit Pension zur Disposition gestellt.

15. Infanterie-Bataillon.

Errichtet den 23. August 1849.

Itzehoe.

Com.: Major v. Eggers.
Hptm. v. Drygalski   Sec.-Lt. Hennig, c. als Adj.
     (PrRM) 4.   b. d. Res.-Inf.-Brig.
» Passon   1.   » » Borsch.
» de Crompton   2.   » » Hendtlaß.
Pr.-Lt. Consbruch   » » Koeniger.
     (Cp.-Com.) 3.   » » Thun,   Adj.
» » Blauel.   » » Herzbruch 2te.
» » Seelemann.   » » Meyn.

Ober-Arzt: (fung.) Assist.-Arzt 1. Cl. Dr. Goeze.
Rechn.-Führ.: Wienbarg (3. Cl.).

Abg.: Pr.-Lt. v. Normann und Sec.-Lt. v. Below 2te resp. ins 11. und 4. Inf.-Bataillon versetzt; Hptm. v. Rahtlev v. d. Dienstl. entbunden; Sec.-Lt. Vitzthum v. Eckstädt (prov.) der Abschied bewilligt; (Anciennetät hinter dem Sec.-Lt. v. Below 2te).

---

1. Jäger-Corps.

Altona.

Com.: Major v. Gersdorff (PrRA4mSchw.) (PrJR) (RW4).
Hptm. v. Aller   2.   Sec.-Lt. Heckscher.
» v. d. Heyde   » » Ahlmann,   Adj.
    (PrRA4mSchw.) 4.   » » v. Waltersdorff.
» v. Schoening   1.   » » v. Krohn.
Pr.-Lt. v. Sachau, c. als Adj.   » » Setzer.
    b. d. II. Inf.-Brig.   » » Breckling.
» » v. Hennings   » » Dammeck.
    (Cp.-Com.) 3.   » » Köhler.
» » Bärens.   » » Hagen.
Sec.-Lt. Frhr. v. Heintze.   » » v. Mechow.

à la suite:

Major v. Lange, s. Commandantur v. Neumünster.
Hptm. v. Sandrart, s. 5. Jäger-Corps.

Jäger. 173

Ober-Arzt: Schenkelen (1. Cl.).
Rechn.-Führ.: Schmidt (2. Cl.).

Abg.: Etatsm. Stabs-Offiz. Major v. Hedemann zur Jäger-Inspection, Hptm. à la suite v. Zeska ins 9. Inf.-Bat., Sec.-Lts. Lüders, Lenz, Graf v. Baudissin 1ste ins Reserve-Jäger-Corps, Hptm. à la suite v. Bassewitz in die Adjutantur versetzt; Sec.-Lt. Graf v. Reventlou an einer im Duell erhaltenen Wunde gestorben; Pr.-Lt. Ulrich im Gefecht bei Gudsoe geblieben; Pr.-Lts. Ohlsen und Schneider und Hptm. v. Lützow ins 1. Inf.-Bat., Sec.-Lt. Heldtmann ins 12., Sec.-Lts. v. Torrien und v. d. Heyde ins 5. Jäger-Corps versetzt; Königl. Baiersch. Unter-Lt. Deahna v. d. Dienstl. entbunden.

2. Jäger-Corps.
Kiel.

Com.: Major Bar. v. Puttkammer.

Hptm. v. Gödner	2.	Sec.-Lt. Nitzsch.	
„ Ganzer	1.	„ „ Boysen.	
„ v. Soden	4.	„ „ Averhoff,	Adj.
„ Fuchs-Nordhoff	3.	„ „ Sonderhoff.	
Pr.-Lt. v. Restorff.		„ „ Hansen 4te.	
„ „ Gelpke.		„ „ Björnsen.	
Sec.-Lt. v. Bülow.		„ „ v. Puttkammer.	
„ „ v. Sellin.		„ „ v. Zedlitz.	

Ober-Arzt: Dr. Francke (2. Cl.).
Rechn.-Führ.: Rethwisch (3. Cl.) [m. d. Range als Feldwebel].

Abg.: Sec.-Lts. v. Boeckmann und v. Dau, letzterem mit der bisherigen Gage als Wartegeld, der Abschied bewilligt; Sec.-Lt. Menzel ins 1. Inf.-Bat., Hptm. v. Rahtlev ins 3. Jäger-Corps, Sec.-Lt. Hennig ins 3. Inf.-Bat., Pr.-Lt. v. Kahlden und Sec.-Lt. v. Reineck ins Res.-Jäger-Corps, Hptm. v. Doering zur Adjutantur, Pr.-Lt. Dallmer als Comp.-Comdr. ins 7. Inf.-Bat. versetzt; Sec.-Lt. Hammel im Gefecht bei Kolding geblieben. Com. Major v. Seelhorst als etatsm. Stabs-Offizier zur Jäger-Inspection, s. Commandantur; Pr.-Lt. v. Strantz ins 1. Inf.-Bat., Sec.-Lt. Zimmermann 1ste ins 5., Sec.-Lt. Steinhaus ins 4. Jäger-Corps versetzt; Sec.-Lt. v. Sperling der Abschied bewilligt.

3. Jäger-Corps.
Segeberg.

Com.: Major v. Stuckradt.

Hptm. v. Reißwitz	2.	Sec.-Lt. Sarauw 2te.
" v. Wangenheim	3.	" " v. Krogh 1ste.
" v. Hagens	4.	" " Reed, com. als Adj.
Pr.-Lt. Rau (Comp.-Com.)	1.	b. d. I. Inf.-Brig.
" " v. Binzer 1ste, com. als Adj. b. d. Jäg.-Inspect.		" " Graf v. Bernstorff, Adj.
Sec.-Lt. Bar. v. Stillfried-Rattonitz-Neurode 2te.		" " Lange.
		" " Bar. v. Monschaw.
		" " Detlessen.
" " Heymann.		" " Burmester.
" " Lübeck.		" " (Char.) Bergin.

à la suite:

Hptm. Schroer, f. 14. Inf.-Bat.
" v. Bassewitz, f. 4. Inf.-Bat.

Ober-Arzt: Dr. Martens (2. Cl.).

Rechn.-Führ.: Wiese (2. Cl.) [m. d. Range als Sec.-Lt.].

Abg.: Sec.-Lt. v. Lochow ins 8., Sec.-Lt. v. Haeseler ins 2. Inf.-Bat., Sec.-Lts. v. Köppen und Gramm ins Res.-Jäger-Corps versetzt; Hptm. v. Bülow der Abschied bew.; Pr.-Lt. Soubiran aus dem Dienst entlassen; Sec.-Lt. Gregers an d. in der Schlacht bei Friedericia erhaltenen Wunde gestorben; Sec.-Lts. Wree, Dau 2te und Clausen ins 13. Inf.-Bat., Möller ins 5. Jäger-Corps, Sec.-Lt. Koch ins I. Inf.-Bat. versetzt, Pr.-Lt. v. Restorff ins 2. Jäger-Corps zurück, Hptm. v. Steensen ins 3. Inf.-Bat., Hptm. à la suite v. Rahtlev als Major und etatsm. Stabs-Offizier zur II. Inf.-Brigade versetzt; Pr.-Lt. v. Köppen des 5. Jäger-Corps von der Dienstleistung entbunden; außerdem Abg.: Pr.-Lt. v. Zeska.

---

4. Jäger-Corps.
Lütjenburg.

Com.: Major v. Schmid (PrDK).

Hptm. Hennig (PrRA4) (RA3)	1.	Hptm. v. Zschüschen 2.
		Pr.-Lt. v. Kornatzki.
" v. Eickstedt	3.	" " Sarauw 1ste.
" v. Malachowski	4.	" " Hilliger.

Jäger.

Sec.-Lt. v. Frankenberg-Ludwigsdorff.	Sec.-Lt. Steinhaus.
" " Reimann.	" " Lenz 2te.
" " Groth 1ste.	" " Marren, Adj.
" " Siefert.	" " Ziegler.
" " v. Binzer 2te.	" " Greisen.

Ober-Arzt: Dr. Schow (3. Cl.).
Rechn.-Führ.: Böttcher (2. Cl.).

Abg.: Hptm. Hellmundt ins Res.-Jäg.-Corps versetzt; Sec.-Lt. Ottens an d. bei Friedericia erhaltenen Wunde gestorben; Sec.-Lt. v. Bertouch ins 13., Pr.-Lt. Hoffmann als Comp.-Comdr. ins 14. Inf.-Bat. versetzt; int. Com. Hptm. v. Steensen ins 3. Jäger-Corps zurück; Sec.-Lts. Dörr und Thiessen ins 14 Inf.-Bat. versetzt.

---

5. Jäger-Corps (ehem. Reserve-Jäger-Corps.).
Errichtet den 23. August 1849.

Preetz. (1 Detachem. in Friedrichsort.)

Com. ad int.: Hptm. v. Sandrart, s. 1. Jäg.-Corps.

Hptm. Hellmundt (PrRA4mSchw.) 4.	Sec.-Lt. Gramm.
" v. Krohn 1.	" " Graf v. Baudissin 1ste.
" v. Köppen 3.	" " v. Reineck, Adj.
" v. Kahlden 2.	" " v. Dorrien.
Pr.-Lt. Lüders.	" " Zimmermann 1ste.
" " Premmel.	" " Möller 2te.
" " Lenz 1ste.	" " v. d. Heyde.

Ober-Arzt: Dr. Back (3. Cl.) prov.
Rechn.-Führ.: Bellair (3. Cl.).

Abg.: Comdr. Major v. Hedemann als etatsm. Stabs-Offiz. zur Jäger-Inspection zurück.

Reserve.

Stamm der

IV. Infant.-Brigade.   V. Infant.-Brigade.

Rendsburg.

Stamm des

16. Infanterie-Bataillons.   20. Infanterie-Bataillons.
inter. Com.: Major v. Lüders, s. III. Infant.-Brigade.

17. Infanterie-Bataillons.   21. Infanterie-Bataillons.
inter. Führer: Hptm. de Morze des 11. Inf.-Bats.

18. Infanterie-Bataillons.   22. Infanterie-Bataillons.
inter. Führer: Pr.-Lt. v. Lilienstein 1ste des 13. Inf.-Bats.

19. Infanterie-Bataillons.   23. Infanterie-Bataillons.
inter. Com.: Oberst-Lt. v. Bündiger, etatsm. Stabs-Offizier der Reserve-Brigade.

6. Jäger-Corps.   7. Jäger-Corps.
inter. Com.: Major v. Lützow, s. I. Inf.-Brigade.

Krankenwärter-Compagnie. (Errichtet im Mai 1849.)
(abcommandirt zu den Lazarethen.)

Chef: Hptm. v. Petersen,   v. d. Armee.

Abg.: Combr. Hptm. a. D. v. Lavaetz von dies. Commando entb.

Anm. Steht im Verband der III. Inf.-Brig.

Cavallerie.

Cavallerie-Brigade.
Klei.

Com.: Oberst v. Fürsen-Bachmann.
Chef des Stabes: . . .

Adjutantur:
Pr.-Lt. Graf v. Luckner, vom 1. Drag.-Rgt. z. Dstl.

1. u. 2. Drag.-Rgt. à 6 Escadr.

1. Dragoner-Regiment.

Stab und 5. Esc. Altona, 1. Esc. Ottensen, 2. Esc. Nienstädten, 3. und 6. Esc. Itzehoe, 4. Esc. Wandsbeck.

Com.: Oberst-Lt. Hann- v. Weyhern. (HG4).
Major v. Holstein   Stab
Rittm. v. Matheson 3. Pr.-Lt. Graf v. Luckner, com.
- Baron v. Brockdorff 4. als Adj. b. d. Cav.-Brig.
- v. Rumohr 1. - - Peters, Adj.
- v. Schroeder 2. - - Hellner 1ste.
- v. Welse 5. - - Hellner 2te.
- v. Puttkammer 6. Sec.-Lt. Müller.
Pr.-Lt. Julius Prinz zu Schleswig-Holstein-Sonderburg-GlücksburgDurchl. (BrHL1). - - v. Levetzow.
- - Brandenburg.
- - Koch.
- - v. Rumohr.
- - Frhr. v. Heintze 1ste (PrRA4mSchw.). - - v. Dorrien.
- - Schmidt 1ste.
- - Reckling. - - v. Wurmb.

12

Cavallerie.

Sec.-Lt. Johannsen.
- - Ottens.
- - Frhr. v. Heintze 2te.
- - v. Favrat-Jacquier-
de Bernay.
- - Graf v. Hacke.

Sec.-Lt. v. Ahlefeldt-
Sartorff.
- - v. Wasmer-Fried-
richshoff.
- - Serre.
- - Korff.

Ober-Arzt: Henningsen (abcom.) (1. Cl.).
- - Dr. Suadicani (3. Cl.).
Auditeur: Bar. v. Loewenstern.
Rechn.-Führ.: Lt. a. D. Schulz (1. Cl.) [m. d. Range als Pr.-Lt.].

Abg.: Pr.-Lt. Niemojewsky als Hptm. der Abschied bewilligt; Pr.-Lt. v. Wasmer als Esc.-Führer zur Reserve-Cav.-Divis., demnächst ins 2. Drag.-Rgt. versetzt; Major à la suite v. Nissen mit Pension d. Abschied bew.; Rittm. v. Bismarck als Major und etatsm. Stabs=Offizier ins 2. Drag.-Rgt versetzt; Sec.-Lt. v. Rohr an d. bei Apenrade erhaltenen Wunde gestorben; Sec.-Lt. v. Abercron 2te ins 2. Drag=Rgt. versetzt.

2. Dragoner-Regiment.

Stab und 3. Esc. Kiel, 1. Esc. Kellinghusen, 2. Esc. Westensee, 4. Esc. Ploen, 5. Esc. Lammershagen, 6. Esc. Rendsburg.

Com.: Major v. Buchwaldt.
Major v. Bismarck   Stab
Rittm. v. Bernstorff 3.
- Frhr. v. Diepen-
broick-Grüter
(PrRA4mSchw.) 5.
- v. Schack 1.
- v. Gröning 4.
- v. Wasmer 2.
- Graf v. Baudissin 6.
Pr.-Lt. v. Irminger.
- - Johann, Prinz zu
Schleswig-Holstein-
Sonderburg-Glücks-
burg Durchl.

Pr.-Lt. v. Zipf.
- - v. Graeve, Adj.
- - Graf v. Holstein.
Sec.-Lt. v. Abercron 1ste.
- - Hanssen.
- - Graf v. Blome-
Salzau.
- - v. Buchwaldt 1ste.
- - v. Buchwaldt 2te.
- - v. Abercron 2te.
- - Lenz.
- - v. Krogh.
- - Schmidt 2te.

Cavallerie.

Sec.-Lt. Friedrichsen.
 " " Emeis.
 " " v. Buchwaldt 3te (Helmsdorff).

Sec.-Lt. Graf zu Rantzau (Plön).
 " " Röhrsen.

à la suite:

Rittm. v. Linstow, f. Minist.-Departem. des Krieges.
 " v. Jenssen-Tusch, f. Holstein. Grenz-Gendarmerie.
Pr.-Lt. Friedrich Christian Carl August Prinz zu Schleswig-Holstein-Sonderburg-Augustenburg Durchl. (beurlaubt).
 Ober-Arzt: Mencke (1. Cl.).
 Auditeur: Friederici.
 " -Assist.: Hennings.
 Rechn.-Führ.: Tietjens (3. Cl.).

Abg.: Pr.-Lt. Prinz Nicolaus zu Schleswig-Holstein-Sonderburg-Glücksburg und Rittm. v. Holstein d. Abschied bewilligt; Pr.-Lt. Röhrig zur Reserve-Cavallerie, demnächst als int. Combr. zur Train-Compagnie, Sec.-Lt. v. Levetzow ins 1. Drag.-Rgt. versetzt; Oberst-Lt. à la suite Prinz Friedrich zu Schleswig-Holstein-Sonderburg-Glücksburg d. Abschied bew.

à la suite der Cavallerie.

Oberst-Lt. Friedrich Christian August Prinz zu Schleswig-Holstein-Sonderburg-Augustenburg Durchl., com. z. Dienstl. als Adjutant b. Armee-Commando.
 " " Friedrich Christian Carl August Prinz zu Schleswig-Holstein-Sonderburg-Augustenburg Durchl. (beurlaubt).
Major v. Wasmer-Friedrichshoff (CHL3).

Abg.: Oberst-Lt. Graf v. Blome-Salzau b. Abschied bew.

Artillerie.

Artillerie-Brigade.

Stab: Rendsburg.

I. Feld-Abtheil.: Stab Rendsburg   1. 6℔. Batt. Niendorf, Lockstedt
                                            und Stelling,
                                  2. =   = Heide,
                                  4. =   = Segeberg.
II. =   =.   = Neumünster   1. 12℔. Batt. Bramstedt,
                                 2. =   = Neumünster,
                                 3. =   = =
III. =   =   = Kiel   reit. Batt. Neuenbrock,
                                 3. 6℔. Batt. Kiel,
                                 24℔. Gr.= = Rendsburg.

Festungs-Abtheil.: Rendsburg, Friedrichsort und Laboe.
     Zeug=, Laborat.=, Handw.= u. Stall=Etat u. Unteroffz.=Eleven=Schule
     Rendsburg.

Brigade-Com.: Oberst **Richter** (*PrRA4*) (*PrDK*).

-Com   ⎧ Major **Prizelius**   II.
   d.   ⎨ = **Liebert** (*PrRA4*) (*PrDK*)   F.
Abtheil.: ⎪ = **Siegfried**, com. z. Dstl. b. Minist.=Depart. d. Krieges.
         ⎩ = **Jungmann** (*HSEH3*)   I.

Int.Abth.=Com.: Hptm.**Dalitz**   Hptm.**Scheffler**   3. 6℔.
               (r.) III.   = **Arnold**   3.12℔.
Hptm. **Seweloh**   1. 6℔.   = v. **Schickfus**   F.
  = **Gleim**   24℔. Gran.   = **Jourdan**, Zeugmeister
  = **Feldmann**   2. 6℔.   in Rendsburg, Zeug=Etat.
  = v. **Held**, 1.Brig.=Adj.   = **Paysen**, com. als Adj.
  = **Schimmelsennig-**   beim Gouvernement von
     v. d. **Ohe**, com. z. Dstl.   Rendsburg.
     als Adj. b. Armee=Com.   = v. **Krenski**   4. 6℔.
  = **Beelitz**   2.12℔.   = **Peters**,
  = **Hoyns**   1.12℔.   Zeug=Etat (Laborator.).

Artillerie.

Pr.-Lt. (Hptms-Char) **Grönning**, Zeug-Etat(Handw.).
 " " v. **Brockenhuus**, (Batt.-Com) F.
 " " **Canabaeus**, (Batt.-Com.) F.
 " " **Gallus** I.
 " " **Zorn**, (Stall-Etat) F.
 " " **Müller**, 2. Brig.-Adj.
 " " **Weinrebe**, (Batt.-Com.) F.
 " " **Christiansen**, (Batt.-Com.) F.
 " " **Dedters** III.
 " " **Lorenzen** II.
 " " **Hagedorn** Zeug-Etat.
 " " **Möhring**, (Batt.-Com.) F.
 " " v. **Gilsa** II.
Sec.-Lt. **Kartscher** III.
 " " **Contag** I.
 " " **Wedekind** Zeug-Etat.

Sec.-Lt. **Pape**, int. Combr. d. Eleven-Schule F.
 " " **Waßmann** Zeug-Etat.
 " " **Preußer**, † am 5. April 1849. F.
 " " **Berghofer** III.
 " " **Hensen** II.
 " " **Schetzing** I.
 " " **Lehmann 1ste** II.
 " " **Witthöfft** I.
 " " **Wagemann** F.
 " " **Krüger** II.
 " " **Jessen**, Adj. F.
 " " **Rist** III.
 " " **Prizelius** III.
 " " **Piersig** I.
 " " **Frh. v. Falkenstein** II.
 " " **Kühl** F.
 " " **Billig** F.
 " " **Dirksen** I.
 " " **Lehmann 2te** F.

à la suite:

Major v. **Lesser**, f. Commandantur v. Itzehoe.
 " v. **Seweloh**, Abth.-Chef im Minist.-Departem. d. Krieges.
Hptm. **Toscheski**, f. Commandantur v. Friedrichsort.
 " **Liebe**, f. Marine.

Ober-Arzt: Dr. **Thygesen** (3. Cl.).
Auditeur: **Gülich**.
Brig.-Rechn.-Führ.: Sec.-Lt. a. D. **Bünsow** (1. Cl.).
Material-Verwalter: **Jensen**.

Abg.: Pr.-Lt. **Schuch** d. Abschied bewilligt; Anc. direct vor dem Pr.-Lt. **Paysen**; Sec.-Lt. v. **Römeling** aus dem Dienst entlassen.

Anmerk. Sec.-Lt. **Preußer**, welcher im Gefecht bei Eckernförde geblieben, wird in der Anciennetäts-Liste weiter geführt.

Train-Compagnie.
Nortorf.

Com. ad int.: Pr.-Lt. **Röhrig**.

Abg.: inter. Com.: char. Major v. **Christiansen**, f. Adjutantur.

Ingenieur-Corps.

Pionier-Abtheilung.
(2 Comp.)
Rendsburg.

Com.: Oberst-Lt. v. Dau.
Hptm. Kobbe   2. | Sec.-Lt. Clementz.
- v. Krabbe   1. | - v. Bertouch.
- Reichert. | Char. - Stemsen.

à la suite:
Major v. Jess, f. Marine.

Aggregirt:
Hptm. v. Lesser, Oberwege-Beamter in den Herzogthümern.
(Während des Feldzuges 1849 bei der Armee vor Friedericia Dienste geleistet.)

Commandirt zur Dienstleistung:
Pr.-Lt. Kröhnke, vom 6. Inf.-Bat.
- - v. Neergaard, vom 6. Inf.-Bat.

Ober-Arzt (fung.): Assist.-Arzt 1. Cl. Mohr.
Rechn.-Führ.: Krüger (1. Cl.).

Abg.: Dienstl. Sec.-Lt. Holm z. 6. Inf.-Bat. zurück.

Gouvernements und Commandanturen.

Altona.

Commandant: Oberst-Lt. v. Schroeder (*SWVM*), à la suite des 5. Inf.-Bats.
Platz-Major: . . . .

See-Fort Friedrichsort, Strand-Batt. Laboe und Fort Delius.

Commandant: Hptm. Toscheski à la suite d. Artill.-Brig.
   Platz-Major: (Wachtmstr.-Lt.) Sec.-Lt. (Char.) Dendtler, f.-Offiz. v. d. Armee.
   Garnisons-Arzt: Assist.-Arzt 2. Cl. Dr. Schulz.
Abg.: Lt. z. See 2. Cl. Heesch von d. Com. der Strandbatt. Laboe enth.

Glückstadt.

Commandant: Major v. Normann   -   v. d. Armee.
   Platz-Major: . . . .

Itzehoe.

Commandant: Major v. Lesser à la suite der Art.-Brigade.
Platz-Major: . . . .
Abg.: Commandant Oberst-Lt. v. Schroeder in gl. Eigenschaft nach Altona versetzt; Rittm. u. Comdr. der Res.-Cav. Schilling-v. Canstadt, Oberst v. Fabricius, Comdr. der III. Inf.-Brigade, von der Wahrnehmung der Commandantur-Geschäfte entbunden; Platz-Major Sec.-Lt. Theilkuhl ins 13. Inf.-Bat. zurück; Commandant Oberst-Lt. v. Bündiger in gl. Eigenschaft nach Neumünster zurückversetzt.

Kiel.

Commandant: Oberst-Lt. v. Zeska à la suite des 1. Inf.-Bats.
   Platz-Major: . . . .

Neumünster.

Commandant: Major v. Lange à la suite d. 1. Jäger=Corps.
Plaz=Major: . . . .
Abg.: Commandant Oberst=Lt. v. Kindt mit Pension der Abschied bew.; Commandant: Oberst=Lt. v. Bündiger als etatsm. Stabs=Offizier zur Reserve=Brigade versetzt.

Neustadt.

Commandant: Major v. Marklowski, f. 10. Inf.=Bat.
Abg.: Com. Major Jungmann, zugl. Commandant der Küsten=Batterien Heiligenhafen und Hohewacht, in d. Artill.=Brigade zurück.

Rendsburg.

Gouverneur: Gen.=Major Graf v. Baudissin, mit der Wahrnehmung der Geschäfte des Gouvernements beauftragt; f. I. Inf=Brig.
Adjut.: Hptm. Pahsen v. d. Art.=Brigade.
1ster Commandant: (Festungs=) Major Schmitt d. Königl. Preuß. 3. Art.=Brig. (PrRA4) (PrDK) (BrHL3) (GHVP3).
2ter Commandant: (Plaz=) Major v. Knobbe à la suite des 4. Inf.=Bats.
Plaz=Major: Hptm. Graf v. Brockdorff=Schneh à la suite des 1. Inf.=Bats.
Garnisons=Auditeur: Auditeur Lüders.
    =Arzt: . . . .
    =Prediger: Probst Callisen.
Abg.: Plaz=Major Hptm. v. Lüders, f. 3. Inf.=Bat. — Gouverneur: Gen.=Major v. Krohn v. dieser Stellung entbunden.

Segeberg.

Commandant: Major v. Stuckradt, f. 3. Jäger=Corps.
Anmerk.: Die Commandanturen Eckernförde, Flensburg, Hadersleben, Heide, Schleswig und Tondern sind eingegangen.

Gendarmerie.

Grenz-Gendarmerie im Herzogthum Holstein.

Com.: Rittm. v. Jenssen-Tusch à la suite des 2. Dragon.-Rgts.
(Station Wandsbeck.)

Offiziere:

Sec.-Lt. Andersen, v. d. Cav. (⸱   ⸱   )

Anmerk. Die im Jahre 1849 im Herzogthum Schleswig errichtete Grenz-Gendarmerie unter Commando des Hptms. a. D. Niemojewski ist wieder aufgelöst.

Christians-Pflegehaus in Eckernförde.

Ober-Director: Der commandirende General in den Herzogthümern.
Director: Major v. Lachmann   v. d. Armee.
Zweiter Offizier: Pr.-Lt. (mit Hptms.-Char.) v. Cold v. d. Armee.

Ober-Arzt 1. Cl.: Dr. Manicus.
Proviant-Verwalter v. d. Lith.

Pferde-Depot.
(attachirt dem Hauptquartier der Armee.)

Vorsteher: Rittm. Aye v. d. Adjutantur, Commandant des Hauptquartiers.

Anciennetäts-Liste

der

Generale,
Stabs- und Subaltern-Offiziere
der Armee

am 31. December 1849.

Generale.

General-Lieutenants.
1848.

Christian Carl Friedrich August Herzog von Schleswig-Holstein-Sonderburg-Augustenburg Durchl.,
à la suite der Armee (nicht activ).   v. d. Inf.   (ohne Anc.)

Friedrich Emil August Prinz zu Schleswig-Holstein-Sonderburg-Augustenburg Durchl., à la suite der Armee (nicht activ),   v. d. Cav.   21. März.

v. Bonin, commandirender General der Armee,   v. d. Inf.   27. Septbr.

General-Majors.

v. Krohn, inter. Chef des Ministerial-Departements des Krieges,   v. d. Inf.   25. März.

Carl Herzog von Schleswig-Holstein-Sonderburg-Glücksburg Durchl., à la suite der Armee (nicht activ),   v. d. Inf.   2. April.

1849.

Graf v. Baudissin,   Combr. der I. Inf.-Brigade.   1. Juni.

Obersten.

1848.

v. Fabricius,   Combr. der III. Inf.-Brigade.   30. März.

1849.

Richter,   =   =   Artill.   =   23. März.
v. Zastrow,   Inspecteur der Jäger,   23. =
du Plat, à la suite des Generalstabes, Abth.-Chef im Ministerial-Departement des Krieges,   v. d. Cav.   14. Septbr.
v. Fürsen-Bachmann,   Combr. der Cav.-Brigade.   14.   =   a.
v. Abercron,   =   =   II. Inf.   =   14.   =   b.

Oberst-Lieutenants.

		1848.
v. Dau,	Combr. des Ingen.-Corps.	20. Juli.
v. Schroeder,	Commandant von Altona.	1. Aug. a.
v. Zeska,	= = Kiel.	1. = b.
v. Garrelts,	Combr. der Reserve-Brigade.	1. = c.

		1849.
Hann. v. Weyhern,	= des 1. Drag.-Rgts.	29. März.
Friedrich Christian August Prinz zu Schleswig-Holstein-Sonderburg-Augustenburg Durchl.,		
	à la suite der Cav.	(ohne Anc.)
Friedrich Christian Carl August Prinz zu Schleswig-Holstein-Sonderburg-Augustenburg Durchl.,		
	à la suite der Cav.	(= =)

		1848.
v. Bündiger, etatsm. Stabs-Offizier der Reserve-Brig. (Char.)		13. Novbr.

Majors.

		1848.
Schmitt, Königl. Preuß. Major der Artill., Festungs-Commandant von Rendsburg.		(ohne Anc.)
v. Waßmer,	à la suite der Cav.	(= =)
v. Normann, v. d. Armee,	Commandant von Glückstadt.	(= =)
v. Lachmann, = = =	Director d. Christ.-Pflegehauses.	(= =)
v. Hedemann, etatsm. Stabs-Offiz. der Jäger-Inspection.		
v. Lange, à la suite d. 1. Jäg.-Corps, Command. v. Neumünster.		27. März.
v. Knobbe, = = = = 4. Inf.-Bats., (Platz-) = = Rendsburg.		
v. Leßler, = = = d. Art.-Brig., Command. v. Itzehoe.		
Prizelius,	Abth.-Combr. der Art.-Brigade.	
v. Thalbitzer,	Combr. d. 6. Inf.-Bats.	
v. Jeß,	à la suite des Ingen.-Corps.	
v. Seelhorst,	Combr. d. 11. Inf.-Bats.	
v. Marklowski,	= = 10. = =	
v. Schmid,	= = 4. Jäg.-Corps.	
v. Stuckradt,	= = 3. = =	10. Juni.
v. Gersdorff,	= = 1. = =	11. =
v. Buchwaldt,	= = 2. Drag.-Rgts.	
v. Hake,	= = 9. Inf.-Bats.	26. =
v. Springborn,	= = 7. = =	29. Decbr.

Ancienmetäts-Liste. 191

v. Holstein,	etatsm. Stabs-Offiz. des 2. Drag.-Rgts.	
		1849.
Liebert,	Abth.-Combr. d. Art.-Brigade.	
Seweloh,	à la suite der Art., Abth.-Chef im Minist.-Depart. d. Krieges.	
v. Gagern,	Combr. des 2. Inf.-Bats.	noch nicht festgestellt.
Siegfried,	Abth.-Combr. der Art.-Brigade.	
v. Brackel,	Combr. d. 12. Inf.-Bats.	13. März.
v. Matzdorff,	= = 5. = =	13. = a.
v. Bismarck,	etatsm. Stabs-Offiz. d. 2. Drag.-Rgts.	28. =
Jungmann,	Abth.-Combr. der Art.-Brigade.	11. April.
v. Irminger,	Combr. d. 13. Inf.-Bats.	7. Mai.
Frhr. v. Lauer-Münchhofen,	= = 3. = =	15. Juli.
Bar. v. Puttkammer,	= = 2. Jäg.-Corps.	15. = a.
v. Wrangel,	= = 1 Inf.-Bats.	15. = b.
v. Lüders,	etatsm. Stabs-Offiz. d. III. Inf.-Brigade.	23. Decbr.
v. Lützow,	= = = L = =	23. = a.
v. Rahtlev,	= = = II. = =	23. = b.
v. Steyber,	Combr. d. 8. Inf.-Bats.	23. = c.
v. Eggers,	= = 15. = =	23. = d.

Hauptleute und Rittmeister.
1848.

Hptm. v. Blumenthal (Königl. Preuß. Hptm.), Chef des Gen.-Stabes d. Armee.		(ohne Anc.)
= v. Friedrichsen,	Abth.-Chef im Minist.-Dep. d. Krieges. v. b. Armee.	
= v. Petersen,	= = =	
= Robbe,	Ingen.-Corps.	
= v. Krabbe,	=	
= v. Leßer,	aggreg. b = =	
= Stakemann,	1. Inf.-Bat.	
Rittm. v. Matheson,	1. Drag.-Rgt.	
Hptm. Schroer,	int. Combr. d. 14. Inf.-Bats.	
= v. Steensen,	3. Inf.-Bat.	
= Bathke,	6. = =	9. April.
= v. Bassewitz,	int. Combr. d. 4. Inf.-Bats.	9. = a.
= Dalitz,	int. Abth.-Combr. d. Art.-Brig.	9. = b.
= v. Düsterlho,	10. Inf.-Bat.	9. = c.

Anciennetäts-Liste.

1848.

Hptm. v. Wittich,	5. Inf.=Bat.		
▪ v. Reißwitz,	3. Jäg.=Corps.	11. April.	
▪ v. Cramm,	6. Inf.=Bat.	12. = =	
▪ Graf v. Brockdorff=Schney,	à la suite des 1. Inf.=Bats.	13. =	
▪ Hennig,	4. Jäg.=Corps.	14. =	
▪ v. Eickstedt,	4. = =	14. =	
▪ v. Hagen,	10. Inf.=Bat.	15. =	
Rittm. v. Linstow,	à la suite des 2. Drag.=Rgts.	16. =	
▪ Bar. v. Brockdorff,	1. Drag.=Rgt.	16. =	a.
▪ v. Bernstorff,	2. = =	16. =	b.
Hptm. v. Sandrart,	int. Comdr. d. 5. Jäg.=Corps.	18. =	
▪ Seweloh,	Art.=Brig.	18. =	a.
▪ v. Reuß,	14. Inf.=Bat.	18. =	b.
▪ Grundtmann,	7. = =	20. =	
Rittm. Frhr. v. Diepenbroick=Grüter,	2. Drag.=Rgt.	20. =	a.
Hptm. v. Clasen,	11. Inf.=Bat.		
▪ v. Aller,	1. Jäg.=Corps.		
▪ v. Kempski,	14. Inf.=Bat.	22. =	
▪ v. Doering,	Adjutantur.	23. =	
▪ Lütgen,	9. Inf.=Bat.		
▪ v. Wend,	2. = =		
▪ v. Zimmermann,	à la suite des 3. Inf.=Bats.	28. =	
▪ v. Gotzkow,	5. Inf.=Bat.	29. =	
▪ v. Blandowski,	4. = =	30. =	
▪ v. Malachowski,	4. Jäg.=Corps.	1. Mai.	
▪ v. d. Heyde,	1. = =		
▪ Gleim,	Artill.=Brig.	29. =	
▪ v. Feldmann,	= =	1. Juni.	
▪ Toscheski,	à la suite d. = =	3. =	
▪ v. Wuthenau,	13. Inf.=Bat.	12. August
▪ Hellmundt,	5. Jäg.=Corps.	13. =	
▪ v. Beeren,	Adjutantur	14. =	
▪ v. Lepell (prov.),	13. Inf.=Bat.	15. =	
▪ v. Zessa,	9. = =	16. =	
▪ v. Jeß,	2. = =	17. =	
▪ v. Schoening,	1. Jäg.=Corps.	19. =	

Anciennetäts-Liste.

1848.
Hptm. v. Lemmers-Danforth,	8. Inf.-Bat.	19. Aug.	b.
Rittm. v. Schack,	2. Drag.-Rgt.	16. October.	
، v. Gröning,	2. ، ،	27. ،	
، v. Rumohr,	1. ، ،	27. ،	a.
، v. Schroeder,	1. ، ،	27. ،	b.
، v. Jenssen-Tusch,	à la suite d. 2. Drag.-Rgts.	27. ،	c.

1849.
Hptm. v. Held,	Art.-Brig.	1. Januar.	
، Schimmelfennig-v. d. Oye,	، ،	2. ،	
، Beelitz,	، ،	4. ،	
، Hohns,	، ،	5. ،	
، v. Krohn,	5. Jäg.-Corps.	7. ،	
، v. Arnswaldt,	2. Inf.-Bat.	7. ،	b.
، v. Lupinski,	10. ، ،	9. ،	
، v. Gönner,	2. Jäg.-Corps.	10. ،	
، v. Claussen,	3. Inf.-Bat.	11. ،	
، Ganzer,	2. Jäg.-Corps.	12. ،	
، Dallmer,	7. Inf.-Bat.	20. März.	
، v. Soden,	2. Jäg.-Corps.	22. ،	
، de Morze,	11. Inf.-Bat.	26. ،	
Rittm. v. Weise,	1. Drag.-Rgt.	30. ،	a.
، v. Puttkammer (prov.),	1. ، ،	30. ،	b.
، v. Wasmer,	2. ، ،	31. ،	
Hptm. v. Bischoffshausen,	5. Inf.-Bat.	1. Mai.	
، v. Pritzbuer,	5. ، ،	2. ،	
، Weiße (prov.),	12. ، ،	2. ،	b.
، v. Kall,	13. ، ،	3. ،	a.
، Fuchs-Nordhoff,	2. Jäg.-Corps.	3. ،	b.
، v. Alten,	Adjutantur.	5. ،	
، Schneider,	4. Inf.-Bat.	6. ،	
، Reichert,	Ingen.-Corps.	16. ،	
، Scheffler,	Art.-Brig.	7. Juli.	
، v. Braunschweig,	10. Inf.-Bat.	12. ،	
، v. Frankenberg,	2. ، ،	15. ،	a.
، Joesting,	7. ، ،	15. ،	b.
، Brenken,	7. ، ،	15. ،	c.
، v. Wangenheim,	8. Jäg.-Corps.	1. August.	

Anciennetäts-Liste.

			1849.
Hptm.	Arnold,	Art.-Brig.	1. August.
=	Lettgau,	6. Inf.-Bat.	4. =
=	v. Hagens (prov.),	3. Jäg.-Corps.	6. =
=	v. Podbielski,	8. Inf.-Bat.	10. =
=	v. Schmieden,	1. = =	13. =
=	v. Drygalski,	15. = =	16. =
=	Rodowicz,	9. = =	19. =
=	Frhr. v. Goldstein-Berge,	12. = =	1. Septbr.
=	Burow,	1. = =	5. =
=	v. Wobeser,	12. = =	(nicht festgestellt.)
=	v. Stranz,	14. = =	15. Septbr.
=	v. Erhardt,	6. = =	18. =
Rittm.	Graf v. Baudissin,	2. Drag.-Rgt.	20. =
Hptm.	Husarezewski,	9. Inf.-Bat.	20. = a.
=	v. Schickfus,	Art.-Brig.	22. =
=	v. Zschüschen,	4. Jäg.-Corps.	22. = a.
=	Graf v. Westarp,	8. Inf.-Bat.	24. =
=	v. Fischer-Treuenfeld (prov.),	3. = =	10. October.
=	Jourdan,	Art.-Brig.	8. Decbr.
=	Paysen,	= =	11. =
=	v. Krenski,	= =	17. =
=	la Croir,	2. Inf.-Bat.	23. =
=	v. Ginestous,	4. = =	23. = a.
=	Hoffmann,	14. = =	23. = b.
=	Basson,	15. = =	23. = c.
=	v. Köppen,	5. Jäg.-Corps.	23. = d.
=	de Crompton,	15 Inf.-Bat.	23. = e.
=	v. Kahlden,	5. Jäg.-Corps.	23. = f.
=	v. d. Golz,	Adjutantur.	23. = g.
=	Peters,	Art.-Brig.	ohne Patent.
Rittm.	Aye,	Adjutantur.	ohne Patent.
			(bef. d. 21. Nov.)
			1848.
Hptm.	Grönning,	Art.-Brig. (Char.)	18. Novbr.
=	v. Cold,	v. d. Armee. (Char.)	
			1849.
=	Liebe,	à la suite d. Art.-Brig. (Char.)	20. Juni.

Anciennetäts-Liste.

Premier-Lieutenants.

v. Tresckow, Königl. Preuß. Pr.-Lt.,	Adjutantur.	(ohne Anc.) 1848.
v. Brockenhuus,	Art.-Brig.	26. März.
Canabaeus,	= =	26. = a.
Gallus,	= =	26. = b.
v. Irminger,	2. Drag.-Rgt.	26. = c.
Julius Prinz v. Schleswig-Holstein-Sonderburg-Glücksburg,	1. = =	26. = d.
Johann Prinz v. Schleswig-Holstein-Sonderburg-Glücksburg,	2. = =	26. = e.
v. Zipf,	2. = =	28. =
v. Graeve,	2. = =	
Bar. v. Stillfried-Rattonitz 1ste,	3. Inf.-Bat.	10. April.
Tiehsen,	12. = =	11. =
v. Sachau,	1. Jäg.-Corps.	12. =
v. Hennings,	1. = =	
Frhr. v. Heintze 1ste,	1. Drag.-Rgt.	
v. Buseck,	1. Inf.-Bat.	15. =
Rau,	3. Jäg.-Corps.	
Consbruch,	15. Inf.-Bat.	16. = a.
Boner,	13. = =	16. = a. 3.
Blauel,	15. = =	
Unger,	11. = =	
v. Restorff,	2. Jäg.-Corps.	18. =
v. Binzer 1ste,	3. = =	
v. Normann,	11. Inf.-Bat.	
Trip (prov.),	13. = =	20. =
v. Eickstedt 1ste (prov.),	8. = =	21. =
Bauer,	8. =	
Unruh,	4. =	
Blees,	7. = =	28. =
Heise,	11. = =	
v. Wedderkop,	14. = =	29. =
Reckling,	1. Drag.-Rgt.	6. Mai.
Seelemann,	15. Inf.-Bat.	1. Juni.
Zorn,	Art.-Brig.	7. =

Anciennetäts-Liste.

1848.

Müller,	Art.=Brig.	13. Juni.
Weinrebe,	= =	13. =
Christiansen,	= =	13. =
Devters,	= =	13. =
Lorenzen,	= =	13. =
Lichy,	2. Inf.=Bat.	1. Juli.
Schoene,	10. Inf.=Bat.	
v. Kornatzki,	4. Jäg.=Corps.	
v. Doering,	10. Inf.=Bat.	8 =
v. Lilienstein 1ste,	13. = =	
Bärens,	1. Jäg.=Corps.	
Lüders,	5. = =	
Ohlsen,	1. Inf.=Bat.	
Schneider 1ste,	1. = =	
Graf v. Luckner,	1. Drag.=Rgt	14. =
v. Szczepanski,	4. Inf.=Bat.	
Hagedorn,	Art.=Brig.	
Möhring,	= =	12. October.

1849.

Dannenberg (prov.),	11. Inf.=Bat.	1. Januar.
v. Hirschfeld,	11. = =	
Friedrich Prinz v. Schleswig-Holstein-Sonderb.=Augustenb., à la suite des	2 Drag.=Rgts	21. Februar.
v. Hertzberg,	5. Inf.=Bat.	25. Juni.
Langer,	2. Inf.=Bat.	25. = a.
Gelpke,	2. Jäg.=Corps.	25. = b.
Mischke,	12. Inf.=Bat.	25. = c.
Duwe,	12. = =	25. = d.
Hacke,	14. = =	25. = e.
v. Below 1ste,	6. = =	25. = f.
Premmel,	5. Jäg.=Corps.	
Röhrig,	Train=Comp.	21. Septbr.
Graf v. Holstein,	2. Drag.=Rgt.	24. =
Lenz 1ste,	5. Jäg.=Corps.	15. October.
Wichers,	5. Inf.=Bat.	15. = a.
v. Tresenreuter,	6. = =	15. = b.
Sarauw 1ste,	4. Jäg.=Corps.	15. = c.

Anciennetäts-Liste.

1849.

Wuthenow,	8. Inf.-Bat.	15. Octbr. d.
Graf v. Luckner,	6. = =	15. = e.
Bäthgen,	5. = =	15. = f.
Hilliger,	4. Jäg.-Corps.	15. = g.
v. Minckwitz,	3. Inf.-Bat.	15. = h.
Peters,	1. Drag.-Rgt.	9. Novbr.
Hellner 1ste,	1. = =	9. = a.
Hellner 2te,	1. = =	9. = b.
Kröhnke,	6. Inf.-Bat.	9. = c.
v. Neergaard,	6. = =	9. = d.
Rose (prov.),	13. = =	1. Decbr.
v. Gilsa,	Art.-Brig.	17. =

Seconde-Lieutenants.

v. Bonin, Königl. Preuß. Sec.-Lt. (Volontair-Offizier),	Adjutantur.	(ohne Anc.)

1848.

Andersen,	Holst. Grenz-Gendarmerie.	3. April.
Müller,	1. Drag.-Rgt.	28. = e.
v. Levetzow,	1. = =	30. =
Brandenburg,	1. = =	30. = a.
v. Abercron 1ste,	2. = =	1. Mai.
Hanßen,	2. = =	2. =
Graf v. Blome-Salzau,	2. = =	4. =
Koch,	1. = =	5. =
Gramm,	5. Jäg.-Corps.	18. Juni.
Graf v. Baudissin 1ste,	5. = =	20. =
v. Bülow,	2. = =	21. =
Graf v. Baudissin-Knoop (2te),	2. Inf.-Bat.	21. =
Kuhn;	8. Inf.-Bat.	23. =
Frhr. v. Heintze,	1. Jäg.-Corps.	23. = a.
v. Haeseler,	10. Inf.-Bat.	1. Juli.
v. Frankenberg-Ludwigsdorff,	4. Jäg.-Corps.	1. =
Schimmelpfeng,	11. Inf.-Bat.	10. =
Ochsz,	11. = =	10. = a.
Reimann,	4. Jäg.-Corps.	10. = b.
Holm,	14. Inf.-Bat.	10. = c.

Ancienuetäts-Liste.

1848.

Hennig,	15. Inf.Bat.	18. Juli.
v. Buchwaldt 1ste,	2. Drag.=Rgt.	18. = b.
Vogt (prov.),	1. Inf.=Bat.	18. = c.
Kartscher,	Art=Brig.	21. = a.
Semper,	8. Inf.=Bat.	21. = b.
Hasbach (prov.),	13. = =	21. = c.1.
v. Wobeser,	9. = =	21. = c.2.
Behrens,	Adjutantur.	21. = d.
Schmidt 1ste,	13. Inf.=Bat.	21. = e.
v. Neviadomski,	10. = =	21. = f.
Traut,	9. = =	21. = g.
Keller,	14. = =	21. = h.
v. Montowt,	1. = =	21. = i.
Schmidt=Schwarzenhorn,	12. = =	21. = k.
Buschenhagen,	12. = =	21. = l.
Westphal,	5. = =	21. = m.
de Borde,	9. = =	21. = o.
Regenstein,	2. = =	21. = p.
v. Matzdorff,	10. = =	21. = p.1.
Schlobach,	11. = =	21. = p.2.
Herzbruch 1ste,	aggreg. b 4. = =	27. = a.
Hasemann,	4. = =	27. = b.
Engelbrecht,	14. = =	27. = c.
Heckscher,	1. Jäg=Corps.	27. = d.
Clemenz,	Ingen.=Corps.	27. = e.
Theilkuhl,	13. Inf.=Bat.	27. = g.
Schneider 2te,	14. = =	27. = h.
Ahlmann,	1. Jäg.=Corps.	27. = i.
Bornträger,	10. Inf=Bat.	27. = k.
v. Waltersdorff,	1. Jäg.=Corps.	27. = l.
Bar. v. Stillfried=Rattonitz=Neurode 2te,	3. = =	28.
v. Below 2te,	4. Inf.=Bat.	28. = a.
v. Sellin,	2. Jäg.=Corps.	9. August.
Meier 1ste,	11. Inf.=Bat.	14. =
Schellhorn,	7. = =	14. = a.
v. Buchwaldt 2te,	2. Drag.=Rgt.	18. = a.

Anciennetäts-Liste.

		1848.
v. Abercron 2te,	2. Drag.-Rgt.	19. August.
v. Rumohr,	1. = =	20. =
Lenz,	2. = =	21. =
v. Krogh,	2. = =	22. =
v. Dorrien,	1. = =	23. =
Schmidt 1ste,	1. = =	24. =
Noodt,	11. Inf.-Bat.	25. =
Heymann,	3. Jäg.-Corps.	26. =
v. Specht,	12. Inf.-Bat.	9. Septbr.
v. Wurmb,	1. Drag.-Rgt.	15. October.
Schmidt 2te,	2. = =	1. Novbr.
v. Eickstedt 2te,	3. Inf.-Bat.	
v. Reineck,	5. Jäg.-Corps.	13. =
Friedrichsen,	2. Drag.-Rgt.	20. Decbr.
v. Ewald,	2. Inf.-Bat.	29. =
v. Keller-Schleitheim,	4. = =	29. = a.
Meyer 2te,	11. = =	29. = b.
Sandes- v. Hoffmann,	10. = =	29. = c.
v. Krohn,	1. Jäg.-Corps.	29. = d.
Lübeck,	3. = =	29. = e.
v. Lochow,	8. Inf.-Bat.	29. = f.
Irgahn,	7. = =	29. = g.
Sarauw 2te,	3. Jäg.-Corps	29. = h.
		1849.
Borsch,	15. Inf.-Bat.	24. Januar.
Johannsen,	1. Drag.-Rgt.	29. =
v. Krogh 1ste,	3. Jäg.-Corps.	29. = b.
Reed,	3. = =	29. = c.
Wree,	13. Inf.-Bat.	29. = d.
Wittmaack,	12. = =	29. = e.
v. Dorrien,	5. Jäg.-Corps.	29. = f.
v. Krogh 2te,	2. Inf.-Bat.	2. Februar.
Heudtlaß,	15. = =	3. =
v. Dudden,	8. = =	1. März.
Mencke,	8. = =	2. =
Buschick,	6. = =	2. = b.
Rahtlev,	6. = =	3. =

200 Anciennetäts-Liste.

1849.

v. Lilienstein 2te,	13. Inf.-Bat.	4. März
Marquardt,	3. = =	5. = a.
Contag,	Art.-Brig.	3. =
Wedekind,	, = =	4. =
Pape,	= =	4. = a.
Waßmann,	= =	4. = b.
Setzer,	1. Jäg.-Corps.	5. = b.
Rißler,	2. Inf.-Bat.	6. =
Malte,	3. = =	7. =
Schmidt 2te,	5. = =	8. =
Hinsching,	9. = =	9. = a.
Lehmann,	4. = =	9. = b.
Nitzsch,	2. Jäg.-Corps.	10. =
Boysen,	2. = =	11. =
Dau 1ste,	2. Inf.-Bat.	12. = a.
Emeis,	2. Drag.-Rgt.	12. = a.
Kirchhoff 1ste,	3. Inf.-Bat.	13. = b.
Alpen,	7. = =	13. = c.
Schnobel,	8. = =	13. = d.
Becher,	10. = =	14. =
v. Buchwaldt 3te,	2. Drag.-Rgt.	14. = a.
Groth 1ste,	4. Jäg.-Corps.	15. März a.
Siefert,	4. = =	15. = b.
Dörr,	4. = =	15. = c.
v. Binzer 2te,	4. = =	15. = d.
Nitsche,	2. Inf.-Bat.	16. =
Schmidt 3te,	1. = =	17. = a.
Kirchhoff 2te,	6. = =	17. = b.
Sommer,	6. = =	17. = c.
Saße,	14. = =	17. = d.
Koch,	3. = =	18. =
Graf v. Bernstorff,	3. Jäg.-Corps.	19. =
v. Klitzing (prob.),	13. Inf.-Bat.	25. =
Lohmann,	12. = =	30. =
Sembach,	11. = =	1. April
Preußer, † bei Eckernförde am 5. April 1849,	Art.-Brig.	11. =

1849.

Zimmermann 1ste,	5. Jäg.-Corps.	9. Mai a.
Hansen 1ste,	1. Inf.-Bat.	9. = a.1
Gülzow,	7. = =	9. = a.2
Hansen 2te,	1. = =	9. = d.
Schuhmacher,	8. = =	9. = e.
Wichmann,	9. = =	9. = f.
v. Gerber,	10. = =	9. = g.
Dau 2te,	13. = =	9. = i.
Anderten,	5. = =	9. = k.
Möller 1ste,	7. = =	9. = l.
Limprecht,	10. = =	9. = m.
v. Lenski,	4. = =	9. = n.
Giese,	4. = =	9. = o.
Breckling,	1. Jäg.-Corps.	9. = p.
Hartz,	10. Inf.-Bat.	9. = q.
v. Hedemann,	4. = =	9. = r.
v. Brömbsen,	1. = =	9. = s.
Schütt,	7. = =	9. = t.
Greiner,	3. = =	9. = u.
Averhoff,	2. Jäg.-Corps.	9. = v.
Ottens,	1. Drag.-Rgt.	14. = a.
Frhr. v. Heintze 2te,	1. = =	14. = b.
Berghofer,	Art.-Brig.	16. = a.
Hensen,	= =	16. = b.
Koeniger,	15. Inf.-Bat.	1. Juni.
Klein,	9. = =	2. = a.
Steinhaus,	4. Jäg.-Corps.	2. = b.
Heldtmann,	12. Inf.-Bat.	2. = c.
v. Bertouch,	Ingen.-Corps.	2. = d.
v. Paraski,	14. Inf.-Bat.	10. =
Lenz 2te (prov.),	4. Jäg.-Corps.	15. =
v. Uckermann,	11. Inf.-Bat.	20. =
Schetzing,	Art.-Brig.	7. Juli.
Lehmann,	= =	7. =
Witthöfft,	= =	7. =
v. Favrat-Jacquier- de Bernay,	1. Drag.-Rgt.	7. = a.
Graf v. Hacke,	1. = =	7. = b.

Anciennetäts-Liste.

1849.

Graf zu Rantzau (Plön),	2. Drag.-Rgt.	7. Juli	a.
v. Ahlefeldt-Sartorff,	1. Drag.-Rgt.	7. -	d.
Wagemann (prov.),	Art.-Brig.	10. -	.
Krüger,	- -	13.	a.
Jessen,	- -	13.	b.
Rist,	- -	13.	c.
Prizelius,	- -	13.	d.
Lange,	3. Jäg.-Corps.	26.	a.1.
Albrecht,	6. Inf.-Bat.	26.	a.2.
Kauffmann,	4. - -	26.	b.1.
Röhe,	5. - -	26.	b.2.
Zinneck,	2. - -	26.	c.1.
Schleth,	10. - -	26.	c.2.
Möller 2te,	5. Jäg.-Corps.	26.	d.1.
Marren,	4. -	26.	d.2.
Thun (prov.),	15. Inf.-Bat.	26.	e.1.
Bender,	9. - -	26.	e.2.
Schiller,	3. - -	26.	f.2.
Trittau,	4. - -	26.	g.1.
Herzbruch 2te,	15. - -	26.	g.2.
v. Bertouch,	13. - -	26.	h.1.
Gurlitt,	2. - -	26.	h.2.
Goldbeck-Löwe,	2. - -	26.	i.1.
Rheder,	6. - -	26.	i.2.
Gottfriedsen,	6. - -	26.	k.1.
Sonderhoff,	2. Jäg.-Corps.	26.	k.2.
Born,	3. Inf.-Bat.	26.	l.1.
Schmidt 4te,	9. - -	26.	l.2.
Fischer,	13. - -	26.	m.1.
v. Korff,	4. - -	26.	m.2.
Hansen 3te,	5. - -	26.	n.1.
Matthiesen,	5. - -	26.	n.2.
Hasselmann,	7. - -	26.	o.1.
Zimmermann 2te,	7. - -	26.	o.2.
v. Winterfeld,	1. - -	26.	p.1.
Hansen 4te,	2. Jäg.-Corps.	26.	p.2.
Meyn,	15. Inf.-Bat.	26.	q.2.

Anciennetäts-Liste.

1849.

Hebbe,	5. Inf.-Bat.	26. Juli q.2.
Groth 2te,	2. = =	26. = r.1.
v. Kobbe,	1. = =	26. = r.2.
Stölting,	8. = =	26. = s.1.
Dammeck,	1. Jäg.-Corps.	26. = s.2.
Sießenbüttel,	7. Inf.-Bat.	26. = t.1.
Thießen,	14. = =	26. = t.2.
Voje,	4. = =	26. = u.1.
Björnsen,	2. Jäg.-Corps.	26. = u.2.
v. d. Heyde,	5. = =	26. = v.1.
v. Gauvain,	1. Inf.-Bat.	26. = v.2.
Köhler,	1. Jäg.-Corps.	26. = w.1.
Ziegler,	4. = =	26. = w.2.
Schoenfeldt,	7. Inf.-Bat.	26. = x.1.
Lammers,	9. = =	26. = x.2.
Hagen,	1. Jäg.-Corps.	26. = y.1.
Clausen,	13. Inf.-Bat.	26. = y.2.
Röhrsen,	2. Drag.-Rgt.	31. = a.
v. Wasmer,	1. = =	31. = b.
Behrends (prov.),	14. Inf.-Bat.	10. August.
Bar. v. Monschaw (prov.),	3. Jäg.-Corps.	12. =
Bettingen (prov.),	13. Inf.-Bat.	13. =
Mathes (prov.),	5. = =	13. =
Piersig,	Art.-Brig.	13. Sept. a.
Frhr. v. Falkenstein,	= =	13. = b.
Kühl,	= =	15. October.
Witthöfft,	8. Inf.-Bat.	15. = a.
Burmester,	3. Jäg.-Corps.	15. = b.
Detlessen,	3. = =	15. = c.
Billig (prov.),	Art.-Brig.	18. =
Dirksen,	= =	9. Novbr.
Breede,	11. Inf.-Bat.	9. =
Höfer,	12. = =	9. = a.
v. Mechow,	1. Jäg.-Corps.	9. = b.
Serre,	1. Drag.-Rgt.	17. Decbr.
Lehmann 2te,	Art.-Brig.	17. =
v. Reißwitz,	13. Inf.-Bat.	17. =

204 Anciennetäts-Liste.

		1849.	
v. Puttkammer,	2. Jäg.=Corps.	17. Decbr.	a.
v. Zedlitz,	2. = =	17. =	b.
Harries,	13. Inf.=Bat.	17. =	c.
Greifen,	4. Jäg.=Corps.	17. =	d.
Korff (prov.),	1. Drag.=Rgt.	(noch nicht festgestellt.)	

		1848.
Siemsen,	Ingen.=Corps. Char.	3. Juli.

		1849.
Denbtler, v. d. Armee, Platzmajor v. Friedrichsort.	Char.	11. Mai.
Bergin,	3. Jäg.=Corps. Char.	27. October.
Gräff, Dessinateur im Bureau des Ober=Quart.=Mstrs.	Char.	1. Decbr.

Marine.

Marine-Commission.
(s. Ministerial-Departement des Krieges, 8. Abtheilung.)
Kiel.

Vorsitzendes u. 1stes Mitglied: Major v. Jeß à la suite des Ing.-Corps.
2tes " Karberg (mit d. Range eines Lieuts. zur See 1ster Classe).
3tes " Lieut. zur See 1ster Classe Kier, s. See-Offiziere.

Abg.: Capt. z. See Donner, s. See-Offiziere.

See-Enrollirungs- und Lootsen-Wesen.
Schleswigscher District.

(Die Geschäfte sind den See- und Land-Kriegscommissairen übertragen.)

Holsteinscher District.

Chef: Brodersen, zugleich Oberlootse in Neustadt, Heiligenhafen und auf der Insel Fehmarn const.

Inspectoren der Kriegsschiffsbauten.
Schiffs-Baumeister Dreier.
" -Bauconstructeur Schow.
" " v. Schirach.

Proviant-Verwaltung.
Holtenau.
Proviant-Verwalter Thaysen.

Marine.

Marine-Depot.
Kiel.

Seecadetten-Institut.
Kiel.

Direction: Professor Scherk.
 " Christiansen.
Chef u. Milit.-Lehrer: Hptm. Liebe, à la suite d. Artill.-Brig.
Lehrer der Geschichte ꝛc.: Dr. Prien.

Abg.: inter. Chef Hptm. v. Brauchitsch der Adjutant. v. dies. Commando entb.

Marine-Station der Ostsee.
Kieler Hafen.

See-Offiziere.

Lieutenants zur See 1ster Classe
(mit dem Range eines Hptms. in der Armee):

Kier, interim. Befehlshaber der Marine, s. Marine-Commission.
(Anciennet. v. 12. Septbr. 1849.)

Lieutenants zur See 2ter Classe
(mit dem Range eines Pr.-Lts. in der Armee):

Auxiliar-Lieutenants
(mit dem Range eines Sec.-Lts. in der Armee):

Heesch. (Anc. v. 20. Febr. 1849.)	Soendergaard.
Schau. (" " " ")	(Anc. v. 20. Febr. 1849g.)
Hensen. (" " " " t)	Rieper. (" " " " o)
	Dittmann. (" " " " p.)

Marine.

Fähnrichs zur See:

Wraa.	v. Warnstedt.
Bärens.	Meyer.
Lamp.	Meislahn.
Spieler.	Kier.
Detlefs.	Fischer.
Müller.	

Deck-Offiziere:

. . . . .

Beurlaubte See-Offiziere (mit Wartegeld):

Prr.-Lt. Andresen.	Prr.-Lt. Lange.
(Anc.v.20 Febr 1849 a.)	(Anc.v.20.Febr.1849 l.)
= Beck. (= = = = b.)	= Jacobsen.(= = = = l.)
= Thomas.(= = = = c.)	= Bendixen.(= = = = m.)

Abg.: Capt. zur See und Befehlshaber der Marine Donner, Prr.-Lts. Wahrlich, Lützen, Diewitz, Bay, Köhler und Ohlsen der Abschied bewilligt.

Marine-Beamte.

Marine-Ober-Arzt: Dr. Valentiner (prov.).
  = =Auditeur: Christiansen (prov.).
  = =Cassirer: Wulff.

Abg.: Assistenz-Arzt Dr. Habrowsky gestorben.

Namen-Register.
(December 1849.)

	Seite		Seite
A.		Beeliz, Hptm.	180.
Abel, Rechn.-Führ.	163.	v. Beeren, Hptm.	161.
v. Abercron, Oberst.	161.	Behrends, Sec.-Lt.	
— Sec.-Lt.		Behrens, Sec.-Lt.	
— Sec.-Lt.	178.	Bellair, Rechn.-Führ.	
v. Ahlefeldt-Sartorff, Sec.-Lt.		v. Below, Pr.-Lt.	
Ahlmann, Sec.-Lt.		— Sec.-Lt.	
Albrecht, Sec.-Lt.		Bender, Sec.-Lt.	169.
van Aller, Hptm.		Bendixen, Aux.-Lt. z. See	
Alpen, Sec.-Lt.		Berghofer, Sec.-Lt.	
v. Alten, Hptm.		Bergin, char. Sec.-Lt.	
Andersen, Sec.-Lt.		v. Bernstorff, Rittm.	
Anderten, Sec.-Lt.	166.	— Graf, Sec.-Lt.	
Andresen, Aux.-Lt. z. See		v. Bertouch, Sec.-Lt.	
Arnold, Hptm.	180.	— Sec.-Lt.	
v. Arnswaldt, Hptm.	161.	Bettingen, Sec.-Lt.	
Averhoff, Sec.-Lt.		Billig, Sec.-Lt.	
Aye, Rittm.	158. 185.	v. Binzer, Pr.-Lt.	159. 162.
B.		— Sec.-Lt.	
Back, Dr., Ob.-Arzt	5.	v. Bischoffshausen, Hptm.	
Bärens, Pr.-Lt.		v. Bismarck, Major	
— Fähnr. z. See		Björnsen, Sec.-Lt.	173.
Bäthgen, Pr.-Lt.	166.	v. Blandowski, Hptm.	165.
v. Bassewiz, Hptm.	165.	Blauel, Pr.-Lt.	
Basson, Hptm.		Blees, Pr.-Lt.	
Bathke, Hptm.		v.Blome-Salzau,Graf,Sec.-Lt.	178.
v. Baudissin, Graf, Gen.-Maj.	161.	Blumenberg, Rechn.-Führ.	
— — Rittm.		v. Blumenthal, Königl. Preuß. Hptm.	
— — Sec.-Lt.	164.	Böttcher, Rechn.-Führ.	
— — Sec.-Lt.	175.	Bohstedt, Audit.-Assist.	
— — Ob.-Audit.	161.	Bose, Sec.-Lt.	
Bauer, Pr.-Lt.		Boner, Pr.-Lt.	
Becher, Sec.-Lt.	169.	v. Bonin, Gen.-Lt.	
Beck, Aux.-Lt. z. See		— Kön. Preuß. Sec.-Lt.	159.
		de Borde, Sec.-Lt.	168.

14

		Seite			Seite
Born, Sec.-Lt.		164.	Contag, Sec.-Lt.		
Bornträger, Sec.-Lt.		169.	Cramer, Ob.-Arzt		
Borsch, Sec.-Lt.		172.	v. Cramm, Hptm.		167.
Boysen, Intendant		160.	la Croix, Hptm.		164.
— Sec.-Lt.		173.	de Crompton, Hptm.		172.
v. Brackel, Major		170.			
Brandenburg, Sec.-Lt.			**D.**		
v. Braunschweig, Hptm.		169.	Daliz, Hptm.		180.
Breckling, Sec.-Lt.			Dallmer, Hptm.		
Breede, Sec.-Lt.		170.	Dammeck, Sec.-Lt.		
Brenken, Hptm.			Dannenberg, Pr.-Lt.		170.
v. Brockdorff, Baron, Rittm.			v. Dau, Ob.-Lt.		
v. Brockdorff-Schney, Graf, Hptm.			Dau, Sec.-Lt.		164.
			— Sec.-Lt.		170.
v. Brockenhuus, Pr.-Lt.			Debters, Pr.-Lt.		
Brodersen, See-Kriegs-Commiff.		206.	Delling, Rechn.-Führ.		170.
v. Brömbsen, Sec.-Lt.		163.	Dendtler, char. Sec.-Lt.		183.
Brüning, Rechn.-Führ.			Detlefs, Fähnr. z. See		208.
v. Buchwaldt, Major			Detleffen, Sec.-Lt.		
— Sec.-Lt.		178.	v. Diepenbroick-Grüter, Frhr., Rittm.		
— Sec.-Lt.					
—(Helmsdorff), Sec.-Lt.		179.	Dirksen, Sec.-Lt.		181.
v. Bülow, Sec.-Lt.			Dittmann, Aux.-Lt. z. See		
v. Bündiger, Ob.-Lt.			v. Doering, Hptm.		158.
Bünsow, Rechn.-Führ.			— Pr.-Lt.		
Burchardi, Feldprediger			Dörr, Sec.-Lt.		
Burmester, Sec.-Lt.			v. Dorrien, Sec.-Lt.		175.
Burow, Hptm.			— Sec.-Lt.		
Buschenhagen, Sec.-Lt.			Dreier, Schiffs-Baumstr.		206.
Buschick, Sec.-Lt.		167.	v. Dzygalski, Hptm.		
v. Buseck, Pr.-Lt.			v. Dudden, Sec.-Lt.		168.
			v. Düsterlho, Hptm.		
C.			Duwe, Pr.-Lt.		170.
Callisen, Probst					
Canabaeus, Pr.-Lt.			**E.**		
Cartheuser, Armee-Audit.		159.	v. Eggers, Major		
Christiansen, Pr.-Lt.		181.	v. Eichstedt, Hptm.		
— Prof. u. Dir. d. Seecad.-Schule			— Pr.-Lt.		
			— Sec.-Lt.		
— Marine-Audit.		208.	Emeis, Sec.-Lt.		179.
v. Clasen, Hptm.			Engelbrecht, Sec.-Lt.		
Clasen, Dr., Assist.-Arzt		165.	v. Erhardt, Hptm.		
Clausen, Sec.-Lt.			v. Ewald, Sec.-Lt.		164.
v. Claussen, Hptm.					
Clemenz, Sec.-Lt.			**F.**		
v. Cold, Pr.-Lt.		154. 185.	v. Fabricius, Oberst		
Consbruch, Pr.-Lt.		172.	v. Falkenstein, Frhr., Sec.-Lt.		181.

Namen-Register.

	Seite
v. Fayrat-Jacquier-de Bernay, Sec.-Lt.	
v. Feldmann, Hptm.	180.
Fischer, Sec.-Lt.	
— Fähnr. z. See	
v. Fischer-Benzon, Brig.-Audit.	
v. Fischer-Treuenfeld, Hptm.	
v. Foltmar, Ob.-Lt. a. D.	153.
Francke, Dr., Ober-Arzt	173.
v. Frankenberg, Hptm.	
v. Frankenberg-Ludwigsdorff, Sec.-Lt.	175.
Friederici, Auditeur	179.
v. Friedrichsen, Hptm.	153. 154.
Friedrichsen, Sec.-Lt.	179.
Fuchs-Nordhoff, Hptm.	
v. Fürsen-Bachmann, Oberst	

G.

	Seite
v. Gagern, Major	
Gallus, Pr.-Lt.	
Gantzer, Hptm.	173.
v. Garrelts, Ob.-Lt.	
v. Gauvain, Sec.-Lt.	163.
Geerz, Ober-Quartiermeister der Armee	
Gelpke, Pr.-Lt.	
v. Gerber, Sec.-Lt.	169.
v. Gersdorff, Major	
Giese, Sec.-Lt.	
v. Gilsa, Pr.-Lt.	
v. Ginestous, Hptm.	
Gleim, Hptm.	
v. Gönner, Hptm.	173.
Goeze, Dr., Ass.-Arzt	
Goldbeck-Loewe, Sec.-Lt.	
v. Goldstein-Berge, Frhr., Hptm.	
v. d. Goltz, Hptm.	158.
Gottfriedsen, Sec.-Lt.	
v. Gotzkow, Hptm.	
Gräff, char. Sec.-Lt.	160.
v. Graeve, Pr.-Lt.	178.
Gramm, Sec.-Lt.	175.
Greiner, Sec.-Lt.	
Greisen, Sec.-Lt.	175.
v. Gröning, Rittm.	
Crönning, Hptm.	

	Seite
Groth, Sec.-Lt.	175.
— Sec.-Lt.	
Grundtmann, Hptm.	
Gülich, Auditeur	
Gültzow, Sec.-Lt.	
Gurlitt, Sec.-Lt.	
v. Haeseler, Sec.-Lt.	169.
Hagedorn, Pr.-Lt.	181.
Hagemann, Sec.-Lt.	
v. Hagen, Hptm.	169.
Hagen, Sec.-Lt.	
v. Hagens, Hptm.	
v. Hacke, Graf, Sec.-Lt.	
Hacke, Pr.-Lt.	
v. Hake, Major	
v. Halle, Major a. D.	
Hann-v. Weyhern, Ob.-Lt.	
Hansen, Sec.-Lt.	
— Sec.-Lt.	163.
— Sec.-Lt.	166.
— Sec.-Lt.	
Hanssen, Sec.-Lt.	
v. Harbou, Insp.-Audit.	
Harries, Sec.-Lt.	
Hartz, Sec.-Lt.	169.
Hasbach, Sec.-Lt.	
Hasselmann, Sec.-Lt.	
Heckscher, Sec.-Lt.	
Hedde, Sec.-Lt.	
v. Hedemann, Major	
— Sec.-Lt.	
Heesch, Kur-Lt. z. See	
Heinson, Rechn.-Führ.	152.
v. Heintze, Frhr., Pr.-Lt.	
— Sec.-Lt.	
— Sec.-Lt.	
Heise, Pr.-Lt.	
v. Held, Hptm.	180.
Heldtmann, Sec.-Lt.	170.
Hellmundt, Hptm.	175.
Hellner, Pr.-Lt.	
— Pr.-Lt.	
Hennig, Hptm.	
— Sec.-Lt.	159.
v. Hennings, Pr.-Lt.	

	Seite
Hennings, Audit.-Assist. . .	179.
Henningsen, Ob.-Arzt . . .	178.
Hensen, Sec.-Lt.	181.
— Aux.-Lt. z. See . .	207.
v. Hertzberg, Pr.-Lt. . .	155. 166.
Herzbruch, Sec.-Lt.	165.
— Sec.-Lt. . . .	172.
Heudtlaß, Sec.-Lt.	172.
v. d. Heyde, Hptm.	172.
— Sec.-Lt. . . .	175.
Heymann, Sec.-Lt.	174.
Hilliger, Pr.-Lt.	174.
Hinsching, Sec.-Lt.	168.
v. Hirschfeld, Pr.-Lt. . . .	170.
Höfer, Sec.-Lt.	170.
v. Hoffmann, s. Sandes-.	
Hoffmann, Hptm.	171.
Holm, Sec.-Lt.	171.
v. Holstein, Major	177.
— Graf, Pr.-Lt. . .	178.
Hoyns, Hptm.	180.
Hübbinett, Rechn.-Führ. . .	169.
Husarczewski, Hptm. . . .	168.
J.	
Jacobs, Int.-Assess.	160.
Jacobsen, Aux.-Lt. z. See . .	208.
Janssen, Dr., Assist.-Arzt . .	171.
Jebsen, Ober-Arzt	167.
Jensen, Material-Verw. . .	181.
v. Jenssen-Tusch, Rittm.	179. 185.
v. Jeß, Major . . .	182. 206.
— Hptm.	164.
Jessen, Sec.-Lt.	181.
Joens, Dr., Ob.-Arzt . . .	168.
Joesting, Hptm.	167.
Johannsen, Sec.-Lt.	178.
Jourdan, Hptm.	180.
Irgahn, Sec.-Lt.	167.
v. Irminger, Major	171.
— Pr.-Lt. . . .	178.
Jungmann, Major	180.
Jürgensen, Ob.-Arzt . . .	164.
K.	
v. Kahlden, Hptm.	175.
v. Kall, Hptm.	171.

	Seite
Karberg, char. Lt. z. See 1. Cl.	206.
Kartscher, Sec.-Lt.	181.
Kauffmann, Sec.-Lt. . . .	165.
v. Keller-Schleitheim, Sec.-Lt.	165.
Keller, Sec.-Lt.	171.
v. Kempski, Hptm.	171.
Kier, Lt. z. See 1. Cl.	206. 207.
— Fähnr. z. See . .	208.
Kirchhoff, Sec.-Lt.	164.
— Sec.-Lt.	167.
Kirchner, Dr., Ober-Arzt . .	152.
Klee, Intend.-Assess. . . .	160.
Klein, Sec.-Lt.	169.
v. Klitzing, Sec.-Lt. . . .	171.
v. Knobbe, Major . .	165. 184.
Kobbe, Hptm.	182.
v. Kobbe, Sec.-Lt.	163.
Koch, Sec.-Lt.	164.
— Sec.-Lt.	177.
Koeniger, Sec.-Lt.	172.
Köhler, Sec.-Lt.	172.
v. Köppen, Hptm.	175.
v. Korff, Sec.-Lt.	165.
Korff, Sec.-Lt.	178.
v. Kornatzki, Pr.-Lt. . . .	174.
v. Krabbe, Hptm.	182.
Kratzenstein, Rechn.-Führ. .	169.
v. Krenski, Hptm.	180.
Krüger, Rechn.-Führ. . . .	166.
Kröhnke, Pr.-Lt. . . .	167. 182.
v. Krogh, Sec.-Lt.	164.
— Sec.-Lt.	174.
— Sec.-Lt.	178.
v. Krohn, Gen.-Major . . .	151.
— Hptm.	175.
— Sec.-Lt.	172.
Krüger, Sec.-Lt.	181.
— Rechn.-Führ. . . .	182.
Kühl, Sec.-Lt.	181.
Kuhn, Sec.-Lt.	168.
L.	
v. Lachmann, Major . .	154. 185.
Lammers, Sec.-Lt.	169.
Lamp, Fähnr. z. See . .	208.
v. Lange, Major . . .	172. 184.
Lange, Sec.-Lt.	174.

	Seite		Seite
Lange, Aux.-Lt. z. See	208.	Mathes, Sec.-Lt.	166.
Langer, Pr.-Lt.	164.	v. Matheson, Rittm.	177.
v. Lauer-Münchhofen, Frhr., Major	164.	Matthiesen, Sec.-Lt.	166.
Lehmann, Sec.-Lt.	165.	v. Matzdorff, Major	166.
— Sec.-Lt.	181.	— Sec.-Lt.	169.
— Sec.-Lt.	181.	v. Mechow, Sec.-Lt.	172.
v. Lemmers-Danforth, Hptm.	168.	Meier, Sec.-Lt.	170.
v. Lenski, Sec.-Lt.	165.	Meislahn, Fähnr. z. See	208.
Lenz, Pr.-Lt.	175.	Mencke, Sec.-Lt.	168.
— Sec.-Lt.	175.	— Ob.-Arzt	179.
— Sec.-Lt.	178.	Meyer, Sec.-Lt.	170.
v. Lepell, Hptm.	171.	— Fähnr. z. See	208.
v. Leaser, Major	181. 183.	— Int.-Secret.	160.
— Hptm.	182.	— Ob.-Arzt	165.
Lettgau, Hptm.	167.	Meyer-Hane, Dr., Ass.-Arzt	170.
v. Levetzow, Sec.-Lt.	177.	Meyn, Sec.-Lt.	172.
Liebe, Hptm.	181. 207.	v. Minckwitz, Pr.-Lt.	164.
Liebert, Major	180.	Mischke, Pr.-Lt.	170.
v. Lilienstein, Pr.-Lt.	171. 176.	Möhring, Pr.-Lt.	181.
— Sec.-Lt.	171.	Möller, Pr.-Lt.	167.
Limprecht, Sec.-Lt.	169.	— Sec.-Lt.	175.
v. Linstow, Rittm.	152. 179.	Mohr, Ass.-Arzt	182.
v. d. Lith, Prov.-Verwalter	185.	v. Monschaw, Baron, Sec.-Lt.	174.
v. Lochow, Sec.-Lt.	168.	v. Montowt, Sec.-Lt.	163.
v. Loewenstern, Bar., Audit.	178.	de Morze, Hptm.	170. 176.
Lohmann, Sec.-Lt.	170.	Müller, Pr.-Lt.	181.
Lorenzen, Pr.-Lt.	181.	— Sec.-Lt.	177.
v. Luckner, Graf, Pr.-Lt.	159. 177.	— Fähnr. z. See	208.
— Pr.-Lt.	167.	**N.**	
Lübeck, Sec.-Lt.	174.	Neelsen, Feldprediger	161.
v. Lüders, Major	162. 176.	v. Neergaard, Pr.-Lt.	167. 182.
Lüders, Pr.-Lt.	175.	v. Neviadomski, Sec.-Lt.	169.
— Garn.-Auditeur	162. 184.	Niese, Dr., Gen.-Arzt	159.
Lütgen, Hptm.	168.	Nissen, Int.-Assess.	160.
Lütje, Rechn.-Führ.	165.	Nitsche, Sec.-Lt.	164.
v. Lützow, Major	161. 176.	Nitzsch, Sec.-Lt.	173.
v. Lupinski, Hptm.	169.	Noodt, Sec.-Lt.	170.
M.		Nordenberg, Rechn.-Führ.	167.
v. Malachowski, Hptm.	174.	v. Normann, Major	154. 183.
Malte, Sec.-Lt.	164.	— Pr.-Lt.	170.
Manicus, Dr., Ob.-Arzt	185.	**O.**	
v. Marklowski, Major	169. 184.	Ochsz, Sec.-Lt.	170.
Marquardt, Sec.-Lt.	164.	Oesau, Rechn.-Führ.	165.
Martens, Dr., Ob.-Arzt	174.	Ohlsen, Pr.-Lt.	163.
Marxen, Sec.-Lt.	175.	Ottens, Sec.-Lt.	178.

Namen-Register.

P.

	Seite
Pape, Sec.-Lt.	181.
v. Paraski, Sec.-Lt.	171.
Paysen, Hptm.	159. 180. 184.
Peters, Hptm.	180.
— Pr.-Lt.	177.
v. Petersen, Hptm.	153. 154. 160. 176.
Pfersig, Sec.-Lt.	181.
— Feldpostmstr.	160.
du Plat, Oberst	152. 158.
v. Podbielski, Hptm.	168.
Premmel, Pr.-Lt.	175.
Preußer, Sec.-Lt. †	181.
Prien, Dr., Lehrer d. Seecad.-Schule	207.
v. Pritzbuer, Hptm.	166.
Prizelius, Major	180.
— Sec.-Lt.	181.
Puck, Rechn.-Führ.	164.
Pustau, Audit.	152.
v. Puttkammer, Baron, Major	173.
— Rittm.	177.
— Sec.-Lt.	173.

R.

	Seite
Raabe, Audit.-Assist.	161.
v. Rahtlev, Major	161.
— Sec.-Lt.	167.
Ramme, Gevollmächtigter.	160.
zu Ranzau, Graf, Sec.-Lt.	179.
Rasmussen, Rechn.-Führ.	168.
Rau, Pr.-Lt.	174.
Reckling, Pr.-Lt.	177.
Reed, Sec.-Lt.	159. 161. 174.
Regenstein, Sec.-Lt.	164.
Reichert, Hptm.	182.
Reimann, Sec.-Lt.	175.
v. Reineck, Sec.-Lt.	175.
v. Reißwitz, Hptm.	174.
— Sec.-Lt.	171.
v. Restorff, Pr.-Lt.	173.
Rethwisch, Rechn.-Führ.	173.
v. Reuß, Hptm.	171.
Rheder, Sec.-Lt.	167.
Richter, Oberst	180.
Rieper, Aur.-Lt. z. See	207.
Rißler, Sec.-Lt.	164.
Rist, Sec.-Lt.	181.
Robowicz, Hptm.	168.
Röhe, Sec.-Lt.	166.
Röhrig, Pr.-Lt.	181.
Röhrsen, Sec.-Lt.	179.
Rose, Pr.-Lt.	171.
Roß, Dr., Ob.-Arzt	166.
v. Rumohr, Rittm.	177.
— Sec.-Lt.	177.

S.

	Seite
v. Sachau, Pr.-Lt.	159. 161. 172.
Sachau, Brig.-Audit.	161.
v. Salchow, Oberst a. D.	153.
Sandes- v. Hoffmann, Sec.-Lt.	169.
v. Sandrart, Hptm.	172. 175.
Sarauw, Pr.-Lt.	174.
— Sec.-Lt.	174.
Sasse, Sec.-Lt.	171.
v. Schack, Rittm.	178.
Schamvogel, Dr., Ob.-Arzt	170.
Schau, Aur.-Lt. z. See	207.
Scheffler, Hptm.	180.
Schellhorn, Sec.-Lt.	167.
Scherf, Professor u. Dir. der Seecad.-Schule	207.
Schetzing, Sec.-Lt.	181.
Scheuerlen, Ob.-Arzt	173.
v. Schickus, Hptm.	180.
Schiller, Sec.-Lt.	164.
Schimmelfennig v. d. Oye, Hptm.	159. 180.
Schimmelpfeng, Sec.-Lt.	170.
v. Schirach, Schiffsbau-Constr.	206.
zu Schlesw.-Holst.-Sonderb.-Augustenb., Herzog, Gen.-Lt.	154.
— Prinz Friedrich, Gen.-Lt.	154.
— Friedrich, Ob.-Lt.	159. 179.
— Christian, Ob.-Lt.	179.
— Friedrich, Pr.-Lt.	179.
zu Schlesw.-Holst.-Sonderb.-Glücksb., Herzog Carl, Gen.-Major	154.
— Prinz Julius, Pr.-Lt.	177.
— Johann, Pr.-Lt.	178.
Schleth, Sec.-Lt.	160.
Schlobach, Sec.-Lt.	170.

Namen-Register. 215

	Seite		Seite
v. Schmid, Major	174.	v. Specht, Sec.-Lt.	170.
Schmidt, Sec.-Lt.	165.	Spieler, Fähnr. z. See	208.
— Sec.-Lt.	166.	v. Springborn, Major	167.
— Sec.-Lt.	169.	Springer, Abth.-Chef	152.
— Sec.-Lt.	171.	Stakemann, Hptm.	163.
— Sec.-Lt.	177.	v. Steensen, Hptm.	164.
— Sec.-Lt.	178.	Steinhaus, Sec.-Lt.	175.
— Rechn.-Führ.	173.	v. Stemann, Major a. D.	153.
Schmidt-Schwarzenhorn, Sec.-Lt.	170.	v. Steyber, Major	168.
		v. Stillfried-Rattonitz, Bar., Pr.-Lt.	164.
v. Schmieden, Hptm.	163.		
Schmitt, Major	184.	v. Stillfried-Rattonitz-Neurode, Sec.-Lt.	174.
Schneider, Hptm.	165.		
— Pr.-Lt.	163.	Stölting, Sec.-Lt.	168.
— Sec.-Lt.	171.	v. Strantz, Hptm.	171.
Schnobel, Sec.-Lt.	168.	Stromeyer, Dr., Gen.-Stabsarzt	159.
Schoene, Pr.-Lt.	153. 169.	v. Studtradt, Major	174. 184.
Schönfeldt, Sec.-Lt.	167.	Suaricani, Dr., Ob.-Arzt	178.
v. Schoening, Hptm.	172.	Sulzer, Int.-Rath	153. 160.
Schow, Dr., Ob.-Arzt	175.	v. Szczepanski, Pr.-Lt.	165.
— Schiffsbau-Constr.	206.	**T.**	
v. Schroeder, Ob.-Lt.	166. 183.	Tetens, Audit.-Assist.	162.
— Rittm.	177.	v. Thalbitzer, Major	167.
Schrör, Hptm.	171. 174.	Thaysen, Prov.-Verw.	206.
Schütt, Sec.-Lt.	167.	Theilkuhl, Sec.-Lt.	171.
Schuhmacher, Sec.-Lt.	168.	Thiessen, Sec.-Lt.	171.
Schulz, Dr., Garn.-Arzt	183.	Thomas, Aux.-Lt. z. See	208.
— Rechn.-Führ.	178.	Thun, Sec.-Lt.	172.
Schwartz, Dr., Ass.-Arzt	171.	Thygesen, Dr., Ob.-Arzt	181.
Seelemann, Pr.-Lt.	172.	Tichy, Pr.-Lt.	164.
v. Seelhorst, Major	170.	Tiehsen, Pr.-Lt.	170.
Seidenschnur, Ob.-Arzt	169.	Tietjens, Rechn.-Führ.	179.
v. Sellin, Sec.-Lt.	173.	Toscheski, Hptm.	181. 183.
Sembach, Sec.-Lt.	170.	Traut, Sec.-Lt.	168.
Semper, Sec.-Lt.	168.	v. Trescow, Kön. Preuß. Pr.-Lt.	159.
Serre, Sec.-Lt.	178.	v. Tresenreuter, Pr.-Lt.	167.
Setzer, Sec.-Lt.	172.	Trip, Pr.-Lt.	171.
Seweloh, Major	152. 181.	Trittau, Sec.-Lt.	165.
— Hptm.	180.	**U.**	
Siefert, Sec.-Lt.	175.	v. Uckermann, Sec.-Lt.	170.
Siegfried, Major	152. 180.	Unger, Pr.-Lt.	170.
Siemsen, Sec.-Lt.	182.	Unruh, Pr.-Lt.	165.
Siessenbüttel, Sec.-Lt.	167.	**V.**	
v. Soden, Hptm.	173.	Valentin, Rechn.-Führ.	171.
Soenbergaard, Aux.-Lt. z. See	207.	Valentiner, Dr., Marine-Ob.-Arzt	208.
Sommer, Sec.-Lt.	167.		
Sonderhoff, Sec.-Lt.	173.	Vogt, Sec.-Lt.	163.

W.

	Seite
Wagemann, Sec.-Lt.	181.
Wagner, Rechn.-Führ.	160.
v. Waltersdorff, Sec.-Lt.	172.
v. Wangenheim, Hptm.	174.
v. Warnstedt, Fähnr. z. See	208.
v. Wasmer-Friedrichshoff, Major	179.
v. Wasmer-Friedrichshoff, Rittm.	178.
v. Wasmer-Friedrichshoff, Sec.-Lt.	178.
Waßmann, Sec.-Lt.	181.
Weber, Dr., Ob.-Arzt	169.
v. Wedderkop, Pr.-Lt.	171.
Wedekind, Sec.-Lt.	181.
Weinrebe, Pr.-Lt.	181.
v. Weise, Rittm.	177.
Weiße, Hptm.	170.
v. Wenck, Hptm.	164.
v. Westarp, Graf, Hptm.	168.
Westphal, Sec.-Lt.	166.
Wichers, Pr.-Lt.	166.
Wichmann, Sec.-Lt.	169.
Wiedemann, Dr., Ass.-Arzt	170.
Wienbarg, Rechn.-Führ.	172.
Wiese, Rechn.-Führ.	174.
v. Willemoes-Suhm, Ob.-Lt. a. D.	153.

	Seite
Winter, Rechn.-Führ.	171.
v. Winterfeldt, Sec.-Lt.	163.
Witthöfft, Sec.-Lt.	181.
— Sec.-Lt.	168.
v. Wittich, Hptm.	166.
Wittmaack, Sec.-Lt.	170.
v. Wobeser, Hptm.	170.
— Sec.-Lt.	168.
Wraa, Fähnr. z. See	208.
v. Wrangel, Major	163.
Wree, Sec.-Lt.	171.
Wulff, Marine-Cassirer	208.
v. Wurmb, Sec.-Lt.	177.
v. Wuthenau, Hptm.	171.
Wuthenow, Pr.-Lt.	168.

Z.

	Seite
v. Zastrow, Oberst	162.
v. Zedlitz, Sec.-Lt.	173.
v. Zeska, Ob.-Lt.	163. 183.
— Hptm.	168.
Zettler, Ob.-Arzt	167.
Ziegler, Sec.-Lt.	175.
v. Zimmermann, Hptm.	152. 165.
Zimmermann, Sec.-Lt.	175.
— Sec.-Lt.	167.
Zinneck, Sec.-Lt.	164.
v. Zipf, Pr.-Lt.	178.
Zorn, Pr.-Lt.	181.
v. Zschüschen, Hptm.	174.

Anhang.

Personal-Veränderungen in der Schleswig-Holsteinischen Armee und Marine vom Jahre 1849.

———

Mit 3 Anlagen.

Personal-Veränderungen
in der
Schleswig-Holsteinischen Armee und Marine
vom 1. Januar bis 31. December 1849 incl.

Verfügt durch die gemeinsame Regierung und die Statthalterschaft der Herzogthümer, sowie durch das Armee-Commando derselben im speciellen Auftrage der Ersteren.

I. In der Armee.
Offiziere, Portepee-Fähnriche und Offizier-Aspiranten.
A. Anstellungen, Ernennungen, Beförderungen, Versetzungen und Commandos.

Den 1. Januar.

Freiherr v. Falkenstein, Freiwilliger (Oldenburger), Krüger (Hannover.), Berghofer, Witthöfft, Lehmann (Inländer), Unteroffiziere II. Classe des Artillerie-Regiments, letzterer ohne Gage, da er nicht auf seine einjährige Dienstzeit verzichtet, Stößer, Kanonier desselben Regiments, zu Portepee-Fähnrichs befördert.

Herzbruch, Seconde-Lieutenant vom 4. Infanterie-Bataillon, zum Wege-Inspector für den 3. Schleswig-Holsteinischen Wegebezirk bis auf Weiteres ernannt und ist bei genanntem Bataillon aggregirt zu führen.

Den 2. Januar.

Jourdan, Premier-Lieutenant vom Artillerie-Regiment, unter Beilegung des Charakters als Hauptmann, zum wirklichen Zeugmeister des Arsenals zu Rendsburg ernannt.

Petersen, Hauptmann von der Armee, bisher Präses der Lazareth-Commission zu Schleswig, zur Dienstleistung bei der Armee-Intendantur commandirt und die Geschäfte eines Inspectors des Feldlazareth-Depots übertragen.

Den 4. Januar.

Beelitz, Königl. Preuß. Seconde-Lieutenant a. D., früher in der 3. Artillerie-Brigade (der 2te), unter Beförderung zum Premier-Lieutenant, als Commandeur der 2: 12pfündigen fahrenden Batterie im Artillerie-Regiment angestellt.

Den 6. Januar.

Schetzing, Unteroffizier vom Artillerie-Regiment, ehemaliger Bombardier der Königl. Preuß. Garde-Artillerie-Brigade (Inländer), zum Portepee-Fähnrich befördert, und zwar mit Anciennetät vom 1. Januar a. c., zwischen dem Portepee-Fähnrich v. Falkenstein und Krüger.

Den 8. Januar.

v. Krabbe, Major a. D., zuletzt Commandeur des 3. Infanterie-Bataillons, der Charakter als Oberst-Lieutenant verliehen.

Den 9. Januar.

Groth, Sergeant und Offizier-Aspirant vom 4. Jäger-Corps (Inländer), zum Portepee-Fähnrich befördert.

Sarauw 2te, Seconde-Lieutenant vom 8. Infanterie-Bataillon, in's 3. Jäger-Corps zurück.

v. Lochow, Seconde-Lieutenant vom 3. Jäger-Corps, in's 8. Infanterie-Bataillon.

v. Hedemann, Major und etatsmäßiger Stabsoffizier, in gleicher Eigenschaft zur Jäger-Inspection versetzt.

Den 10. Januar.

v. Jenssen-Tusch, Premier-Lieutenant und Commandeur der Holsteinischen Grenz-Gendarmerie, unter Belassung in seinem Commando-Verhältniß und à la suite des 2. Dragoner-Regiments, zum Rittmeister mit Anciennetät vom 27. October 1848.

Nicolaus, Prinz zu Schleswig-Holstein-Sonderburg-Glücksburg Durchlaucht, Seconde-Lieutenant von demselben Regiment, zum Premier-Lieutenant befördert.

Personal-Veränderungen.

Den 11. Januar.

Schöne, Seconde-Lieutenant vom 10. Infanterie-Bataillon, zur Dienstleistung zur Armee-Intendantur commandirt.

Den 13. Januar.

v. Steyber, Hauptmann und Compagnie-Chef vom 6. Infanterie-Bataillon, als Adjutant beim Armee-Commando commandirt.

Graf v. Westarp, Premier-Lieutenant vom 1. Infanterie-Bataillon, in's 10.,

Menzel, Seconde-Lieutenant vom 2. Jäger-Corps, in's 1. Infanterie-Bataillon versetzt.

v. Schack (Mecklenburg-Schwerin.), Königl. Preuß. Premier-Lieutenant a. D., früher im 5. Ulanen-Regiment, unter Beförderung zum Rittmeister mit Ancienneität vom 16. October 1848, als Escadrons-Chef im 2. Dragoner-Regiment angestellt.

(NB. Diente im Jahre 1848 als beurlaubter Preuß. Offizier in der Armee.)

Den 15. Januar.

v. Holstein, Major und etatsmäßiger Stabsoffizier vom 1. Dragoner-Regiment,

v. Zeska, Premier-Lieutenant vom 1. Jäger-Corps und Adjutant der Jäger-Inspection,

als militairische Mitglieder in die Schul-Commission der Garnisonsschule in Schleswig bis Mitte März a. c. commandirt.

Schmidt, Großherzogl. Oldenburg. Seconde-Lieutenant a. D., als Portepee-Fähnrich mit dem Charakter des Seconde-Lieutenants im 5. Infanterie-Bataillon angestellt.

Den 18. Januar.

Piersig (Preuße), Portepee-Fähnrich a. D., zuletzt in der 8. Artillerie-Brigade, ehemaliger Offizier des v. d. Tann'schen Frei-Corps, als Portepee-Fähnrich mit dem Charakter des Seconde-Lieutenants und der Erlaubniß, die Offizier-Uniform tragen zu dürfen, in der Artillerie-Brigade angestellt.

Den 19. Januar.

Berghofer, Offizier-Aspirant vom 2. Dragoner-Regiment, nachdem derselbe aus seinem bisherigen Verhältniß als einjähriger Freiwilliger ausgetreten, zum Portepee-Fähnrich befördert.

Den 20. Januar.

Koch, Offizier-Aspirant vom 3.,

v. Binzer, Dörr, Stefert, Offizier-Aspiranten vom 4. Jäger-Corps, zu Portepee-Fähnrichs befördert.

Den 22. Januar.

Graf v. Reventlow-Sandberg, stud. jur. (Inländer), einjähriger Freiwilliger, nachdem er aus seinem bisherigen Verhältniß als einjähriger Freiwilliger getreten, zum Offizier-Aspiranten befördert.

Beförderungen zu Hauptleuten:

Lütgen, Premier-Lieutenant vom 9. Infanterie-Bataillon, mit Anciennetät vom 24. April 1848,

v. Gotzkow, Premier-Lieutenant vom 5. Infanterie-Bataillon, mit Anciennetät vom 29. April 1848,

v. Blandowski, Premier-Lieutenant vom 4. Infanterie-Bataillon, mit Anciennetät vom 30. April 1848,

v. Malachowski, Premier-Lieutenant vom 4. Jäger-Corps, mit Anciennetät vom 1. Mai 1848,

Hellmundt, Premier-Lieutenant vom 4. Jäger-Corps, mit Anciennetät vom 13. August 1848,

v. Beeren, Premier-Lieutenant vom 3. Infanterie-Bataillon, mit Anciennetät vom 14. August 1848,

v. Unruh, Premier-Lieutenant vom 1. Infanterie-Bataillon, mit Anciennetät vom 15. August 1848,

v. Zeska, Premier-Lieutenant vom 1. Jäger-Corps und Adjutant der Jäger-Inspection, mit Anciennetät vom 16. August 1848; dieser unter Stellung à la suite des genannten Corps,

v. Schoening, Premier-Lieutenant vom 1. Jäger-Corps, mit Anciennetät vom 19. August 1848,

v. Brauchitsch, Premier-Lieutenant der Adjutantur, mit Anciennetät vom 20. August 1848,

v. Krohn, Premier-Lieutenant vom 4. Infanterie-Bataillon, mit Anciennetät vom 7. Januar 1849,

v. Drosedow, Premier-Lieutenant vom 1. Infanterie-Bataillon, mit Anciennetät vom 8. Januar 1849,

v. Lupinski, Premier-Lieutenant vom 1. Infanterie-Bataillon, mit Anciennetät vom 9. Januar 1849,

v. Gönner, Premier-Lieutenant vom 5. Infanterie-Bataillon, mit Anciennetät vom 10. Januar 1849,

v. Claussen, Premier-Lieutenant vom 3. Infanterie-Bataillon, mit Anciennetät vom 11. Januar 1849,

Gantzer, Premier-Lieutenant vom 2. Jäger-Corps, mit Anciennetät vom 12. Januar 1849.

Sämmtliche Compagnie-Commandeure dieser Charge zu Compagnie-Chefs in den genannten Truppentheilen ernannt.

v. Hedemann, Portepee-Fähnrich vom 6., in's 10. Infanterie-Bataillon versetzt.

Den 25. Januar.

v. Gleißenberg, Premier-Lieutenant vom 10. Infanterie-Bataillon, als Compagnie-Commandeur in's 6. Infanterie-Bataillon versetzt, und rangirt daselbst vor dem Premier-Lieutenant v. Erhardt.

Ritsche (Preuße), Offizier-Aspirant vom 2.,

Schuhmacher (Inländer), Offizier-Aspirant vom 8.,

Wichmann (Preuße), Offizier-Aspirant vom 9. Infanterie-Bataillon, zu Portepee-Fähnrichs, die beiden letzteren über den Etat,

Trittau (Hannov.), Musketier vom 4.,

Heegewald, Unteroffizier vom 9. Infanterie-Bataillon, zu Offizier-Aspiranten befördert.

Den 27. Januar.

Brenken, Königl. Preuß. Seconde-Lieutenant a. D., früher im 13. Infanterie-Regiment, unter Beförderung zum Premier-Lieutenant, im 10. Infanterie-Bataillon angestellt.

Daltz, Königl. Preuß. Hauptmann a. D., früher Premier-Lieutenant in der 2. Artillerie-Brigade, als Hauptmann in der Artillerie-Brigade angestellt und zum Chef der neu errichteten reitenden Batterie ernannt.

Den 28. Januar.

Borsch, Königl. Preuß. Seconde-Lieutenant der Landwehr a. D., in dieser Charge im 6. Infanterie-Bataillon angestellt.

Wuthenow, Seconde-Lieutenant vom 6., in's 8. Infanterie-Bataillon versetzt.

Den 29. Januar.

Johannsen, v. Rohr, Portepee-Fähnrichs, letzterer Königl. Preuß. Portepee-Fähnrich a. D., beide vom 1. Dragoner-Regiment,

v. Krogh, Reeb, Wree, Portepee-Fähnrichs vom 3. Jäger-Corps,

Wittmack, Portepee-Fähnrich vom 1. Jäger-Corps, unter Versetzung zum 1. Infanterie-Bataillon,

v. Dorrien, Portepee-Fähnrich vom 1. Infanterie-Bataillon, unter Versetzung zum 1. Jäger-Corps, zu Seconde-Lieutenants befördert.

v. Jeß, Major vom Ingenieur-Corps, unter Führung à la suite desselben, zum ersten und vorsitzenden Mitgliede in der Schleswig-Holsteinischen Marine-Commission ernannt.

Den 2. Februar.

v. Buchwaldt, Major und int. Commandeur des 2. Dragoner-Regiments, zum wirklichen Commandeur dieses Regiments ernannt.

v. Christiansen, Rittmeister der Adjutantur, Adjutant der II. Infanterie-Brigade, der Charakter als Major verliehen.

v. Krogh, Portepee-Fähnrich vom 2. Infanterie-Bataillon, zum Seconde-Lieutenant befördert (der 2te).

Den 3. Februar.

Jacobsen (Inländer), Musketier vom 4. Infanterie-Bataillon, zum Offizier-Aspiranten befördert.

Kobbe, Königl. Hannover. Ingenieur-Hauptmann a. D., als Hauptmann im Ingenieur-Corps angestellt und zum Chef der Pontonnier-Compagnie ernannt.

Den 4. Februar.

v. Zipf, Kurfürstl. Hessischer Seconde-Lieutenant der Gardes du Corps a. D., als Seconde-Lieutenant im 2. Dragoner-Regiment angestellt.

Personal-Veränderungen.

Den 7. Februar.

Niemojewsky, Hauptmann a. D., zum Chef des neu errichteten interimistischen Gendarmerie-Corps im nördlichen Theile des Herzogthums Schleswig ernannt.

Den 11. Februar.

Toscheski, Premier-Lieutenant à la suite der Artillerie-Brigade und Commandant von Friedrichsort,

Beelitz, Premier-Lieutenant von derselben Brigade, zu Hauptleuten — ersterer mit Anciennetät vom 3. Juli 1848, letzterer vom 4. Januar 1849 — befördert, und letzterer zum Batterie-Chef ernannt.

Peters, Premier-Lieutenant von der Artillerie-Brigade, wird die Anciennetät vom 13. Juni 1848 gesichert und rangirt unmittelbar hinter dem Premier-Lieutenant Müller desselben Truppentheils.

v. Haeseler, Seconde-Lieutenant vom 3. Jäger-Corps, in's 2. Infanterie-Bataillon versetzt.

Den 15. Februar.

v. Haeseler, Seconde-Lieutenant vom 2., in's 10. Infanterie-Bataillon versetzt.

Den 16. Februar.

v. Drygalski, Königl. Preuß. Seconde-Lieutenant a. D., früher im 7. Infanterie-Regiment, unter Beförderung zum Premier-Lieutenant, im 1. Infanterie-Bataillon provisorisch angestellt.

Prizelius, Königl. Hannöverscher Hauptmann a. D., unter Beförderung zum Major, in der Artillerie-Brigade angestellt und zum Commandeur der II. Feldabtheilung ernannt. (Anciennetät vom 27. März 1849.)

Anmerkung.
Die Pontonnier-Compagnie tritt mit dem heutigen Tage aus dem Verbande der Artillerie-Brigade in den des Ingenieur-Corps über und heißt von jetzt an:
„2. Pionier-Compagnie",
wogegen die bisherige Ingenieur-Compagnie die Benennung:
„1. Pionier-Compagnie"
führt.

Personal-Veränderungen.

Den 17. Februar.

Kröhnke, Seconde-Lieutenant vom 6. Infanterie-Bataillon, zur Dienstleistung beim Ingenieur-Corps commandirt.

Holm, Seconde-Lieutenant vom 6. Infanterie-Bataillon, von der Dienstleistung beim Ingenieur-Corps entbunden.

Den 18. Februar.

Seweloh, Königl. Hannöver. Hauptmann der Artillerie a. D., unter Beförderung zum Major, in der Artillerie-Brigade angestellt und zum Commandeur der 1. Feldabtheilung ernannt.

Seweloh, Königl. Hannöver. Premier-Lieutenant der Artillerie a. D., unter Beförderung zum Hauptmann, als Batterie-Chef in derselben Brigade angestellt und zum Chef der 1. 6pfündigen fahrenden Batterie ernannt.

Den 19. Februar.

Schmidt, Kirchhoff, Offizier-Aspiranten vom 6. Infanterie-Bataillon, zu Portepee-Fähnrichs befördert.

Den 20. Februar.

v. Bündiger, Oberst-Lieutenant (Charakter) und Commandeur des 4. Infanterie-Bataillons, unter Führung à la suite desselben, zum Commandanten von Neumünster ernannt.

v. Hansen, Hauptmann vom 4. Infanterie-Bataillon, zum Major befördert und als etatsmäßiger Stabsoffizier zur I. Infanterie-Brigade versetzt (der 2te).

v. Staffeldt, Major und etatsmäßiger Stabsoffizier der I. Infanterie-Brigade, zum Commandeur des 4. Infanterie-Bataillons ernannt.

Siegfried, Hauptmann der Artillerie-Brigade, unter Belassung in seinem Commando beim Ministerial-Departement des Krieges, zum Major befördert.

Den 21. Februar.

v. Weise, Königl. Preuß. Premier-Lieutenant a. D., früher im 12. Husaren-Regiment, als Premier-Lieutenant angestellt und dem 1. Dragoner-Regiment aggregirt.

Personal-Veränderungen.

Friedrich Christian Carl August Prinz zu Schleswig-Holstein-Sonderburg-Augustenburg (Sohn) Durchlaucht, Seconde-Lieutenant vom 2.,

Graf v. Luckner, Seconde-Lieutenant vom 1. Dragoner-
Regiment,

Aye, Seconde-Lieutenant, dienstleistender Adjutant beim
Armee-Commando,

zu Premier-Lieutenants befördert, die beiden letzteren mit
Anciennetät vom 22. Februar a. c.

Den 24. Februar.

Baethgen, Großh. Oldenburg. Seconde-Lieutenant a. D.,
als Seconde-Lieutenant im 5. Infanterie-Bataillon angestellt.

v. Levetzow, Seconde-Lieutenant vom 2. Dragoner-Regiment, commandirt zur Dienstleistung bei der Armee-Intendantur, dessen Commando bis zum 1. Mai d. J. ver-
längert.

Den 25. Februar.

v. Bündiger, Oberst-Lieutenant und Commandant von
Neumünster, zum präsidirenden Mitgliede der dortigen
Lazareth-Commission ernannt.

Den 26. Februar.

v. Rahtlev, Hauptmann und Compagnie-Chef vom 2.,
in's 3. Jäger-Corps,

v. Gönner, Hauptmann und Compagnie-Chef vom 5. Infanterie-Bataillon, in's 2. Jäger-Corps,

v. Szczepanski, Premier-Lieutenant und Compagnie-Commandeur vom 9., in's 4. Infanterie-Bataillon als Compagnie-Commandeur,

v. Zeska, Hauptmann à la suite des 1. Jäger-Corps,
unter Entbindung von dem Commando zur Dienstleistung
als Adjutant bei der Jäger-Inspection, als Compagnie-
Chef in's 9. Infanterie-Bataillon,

v. Wittich, Hauptmann und Compagnie-Chef vom 10., in's
5. Infanterie-Bataillon,

v. Lupinski, Hauptmann und Compagnie-Chef vom 1.,
in's 10. Infanterie-Bataillon versetzt.

Sommer (Inländer), Saffe (Preuße), Unteroffiziere und Offizier-Aspiranten vom 6.,

Schleth, Unteroffizier und Offizier-Aspirant vom 8. Infanterie-Bataillon,

v. Wasmer, Offizier-Aspirant, Ottens, Frhr. v. Heintze, v. Ahlefeldt-Saxtorff (Inländer), Offizier-Aspiranten vom 1. Dragoner-Regiment, nachdem die drei letzteren aus dem Verhältniß als einjährige Freiwillige getreten, zu Portepee-Fähnrichs, letztere drei über den Etat, befördert.

Röse, Unteroffizier, Rheder, Dohrn, Gefreite, sämmtlich vom 6. Infanterie-Bataillon und Inländer, zu Offizier-Aspiranten ernannt.

Den 27. Februar.

v. Matzdorff, Königl. Preuß. Seconde-Lieutenant a. D., früher im 3. Bataillon (Sorau) 12. Landwehr-Regiments, als Seconde-Lieutenant im 10. Infanterie-Bataillon angestellt.

Gleim, Königl. Preuß. Premier-Lieutenant a. D., früher in der 7. Artillerie-Brigade, unter Beförderung zum Hauptmann in der Artillerie-Brigade angestellt und zum Chef der 3. 6pfündigen fahrenden Batterie ernannt. (Anciennetät vom 29. Mai 1848.)

Hennig, Seconde-Lieutenant vom 2. Jäger-Corps, in's 3. Infanterie-Bataillon versetzt.

Holter, Königl. Preuß. Seconde-Lieutenant a. D., früher im Landwehr-Bataillon (Neuß) des 39. Infanterie-Regiments (7. Reserve-Regiments) — der 1ste —, unter Beförderung zum Premier-Lieutenant, provisorisch im 1. Infanterie-Bataillon,

Hohns, Königl. Hannöver. Premier-Lieutenant a. D., unter Beförderung zum Hauptmann, als Chef der 1. 12pfündigen fahrenden Batterie in der Artillerie-Brigade angestellt. (Anciennetät vom 5. Januar 1849.)

v. Feldmann, Hauptmann und Batterie-Chef der Artillerie-Brigade, übernimmt das Commando der 2. 6pfündigen fahrenden Batterie.

Scheffler, Lorenzen, Christiansen, Premier-Lieutenants derselben Brigade, werden zur Festungs-Abtheilung derselben versetzt.

Den 1. März.

v. Dubben, Wencke, Portepee-Fähnrichs vom 8., Rahtlev, v. Lilienstein, Portepee-Fähnrichs vom 6., Marquardt, Portepee-Fähnrich vom 3. Infanterie-Bataillon, zu Seconde-Lieutenants befördert,

Schneider, Königl. Preuß. Premier-Lieutenant a. D., früher im 2. Bataillon (Schrimm) 19. Landwehr-Regiments, in dieser Charge im 3. Reserve-Bataillon angestellt.

v. Fabricius, Oberst von der Armee, zum Commandeur der neu errichteten Reserve-Brigade (4. Infanterie-Bataillone, 1 Jäger-Corps, 3 Escadronen Cavallerie, 1 Krankenwärter-Compagnie) ernannt.

v. Garrelts, Oberst-Lieutenant und etatsmäßiger Stabsoffizier der 11. Infanterie-Brigade, in gleicher Eigenschaft zur Reserve-Infanterie-Brigade versetzt.

Den 2. März.

v. Hedemann, Major und etatsmäßiger Stabsoffizier der Jäger-Inspection, zum Commandeur des Reserve-Jäger-Corps,

v. Leonhardt, Major von der Armee und Commandant von Heide, zum Commandeur des 1. Reserve-Infanterie-Bataillons,

v. Hansen 1ste, Major und Commandeur des 5. Infanterie-Bataillons, in gleicher Eigenschaft zum 4. Reserve-Infanterie-Bataillon,

v. Irminger, Hauptmann von der Armee, unter Entbindung von dem Commando als Vorsteher des Infanterie-Depots, zum Commandeur des 3. Reserve-Infanterie-Bataillons,

v. Brackel, Hauptmann vom 2. Infanterie-Bataillon, zum Commandeur des 2. Reserve-Infanterie-Bataillons,

Schilling-v. Canstadt (von der Cavallerie), Hauptmann und Compagnie-Chef vom 8. Infanterie-Bataillon, zum Commandeur der Reserve-Cavallerie (3 Escadrons), und neben dieser Stellung zum Escadrons-Führer in derselben ernannt.

Behrens, Seconde-Lieutenant vom 9. Infanterie-Bataillon, unter Versetzung zur Adjutantur, als Adjutant zur Reserve-Brigade commandirt.

v. Matzdorff, Hauptmann vom 7. Infanterie-Bataillon, zum interim. Commandeur des 5. Infanterie-Bataillons ernannt.

Den 3. März.

la Croix, Königl. Hannöver. Seconde-Lieutenant a. D., als Premier-Lieutenant im 3. Infanterie-Bataillon angestellt.

Graf v. Bernstorff, Möller, Lange, Oberjäger und Offizier-Aspiranten,

Dau, Jäger und Offizier-Aspirant vom 3. Jäger-Corps,

Hansen, Oberjäger und Offizier-Aspirant vom 1. Jäger-Corps, dieser unter Versetzung in's 1. Infanterie-Bataillon,

Jessen, Kanonier, Jebsen, Unteroffizier II. Classe, Rist, Hensen (Inländer), Kanoniere (letztere beide Freiwillige) von der Artillerie-Brigade, sämmtlich zu Portepee-Fähnrichs, letztere zwei über den Etat,

Marxen, Oberjäger, Burchardi, Jäger vom 4.,

Gregers, v. Rosen, Oberjäger vom 3. Jäger-Corps (Inländer),

Böhme, Kanonier von der Artillerie-Brigade (Inländer), zu Offizier-Aspiranten befördert.

Den 4. März.

v. Below, Königl. Preuß. Seconde-Lieutenant a. D., als Seconde-Lieutenant im 10. Infanterie-Bataillon angestellt.

Den 5. März.

Joesting, Premier-Lieutenant vom 3.,

Brenken, Premier-Lieutenant vom 10. Infanterie-Bataillon, als Compagnie-Commandeure in's 7. Infanterie-Bataillon versetzt.

Coch, Königl. Preuß. Seconde-Lieutenant a. D., als Seconde-Lieutenant mit Anciennetät vom 19. August 1848 im 7. Infanterie-Bataillon angestellt.

Den 6. März.

v. Zschüschen, Premier-Lieutenant vom 4. Jäger-Corps, von dem Commando in Kiel, zur Beaufsichtigung der dort studirenden Mannschaften, entbunden.

Den 7. März.

Möller (Inländer), Sergeant vom 7. Infanterie-Bataillon, zum Portepee-Fähnrich befördert.

Anderten, Königl. Preuß. Unteroffizier a. D., als Portepee-Fähnrich im 5. Infanterie-Bataillon angestellt.

Den 8. März.

Weiße, Königl. Preuß. Premier-Lieutenant a. D., früher im 2. Bataillon (Borken) 13. Landwehr-Regiments, unter Beförderung zum Hauptmann, als Compagnie-Chef in dem errichteten 2. Reserve-Infanterie-Bataillon provisorisch (2. Mai 1849[b]),

Heise, Königl. Hannöver. Seconde-Lieutenant a. D., als solcher in dem errichteten 1. Reserve-Infanterie-Bataillon provisorisch angestellt.

v. Jacobsen, Rittmeister von der Armee, bisher zur Disposition, zum Escadrons-Führer in der Reserve-Cavallerie ernannt.

v. Wobeser, Hauptmann a. D., zuletzt Compagnie-Chef im 9. Infanterie-Bataillon, als Compagnie-Führer in dieser Charge im 2. Reserve-Infanterie-Bataillon wieder angestellt.

v. Wasmer, Premier-Lieutenant vom 1.,

Röhrig, Seconde-Lieutenant vom 2.,

Müller, Seconde-Lieutenant vom 1.,

Lentz, Seconde-Lieutenant vom 2. Dragoner-Regiment, zur Reserve-Cavallerie,

Unger, Wittmaack, Seconde-Lieutenants vom 1. Infanterie-Bataillon, resp. in's 1. und 2. Reserve-Infanterie-Bataillon,

v. Clasen, Hauptmann,

Tiehsen, Mischke, v. Specht, Seconde-Lieutenants vom 2. Infanterie-Bataillon, ersterer in's 1., letztere drei in's 2. Reserve-Infanterie-Bataillon,

v. Hirschfeld, Seconde-Lieutenant,

Duwe, Seconde-Lieutenant, beide vom 3. Infanterie-Bataillon,

Meyer 2te, Seconde-Lieutenant vom 4. Infanterie-Bataillon, resp. in's 1. und 2. Reserve-Infanterie-Bataillon,

v. Webberkop, Premier-Lieutenant,
Roobt, Engelbrecht, Seconde-Lieutenants vom 5. Infanterie-Bataillon, ersterer und letzterer in's 4., der zweite in's 1. Reserve-Infanterie-Bataillon,
v. Lilienstein, Holm, Seconde-Lieutenants vom 6., resp. in's 3. und 4. Reserve-Infanterie-Bataillon,
v. Kall, Premier-Lieutenant,
Theilkuhl, Seconde-Lieutenant vom 7.,
Hacke, Schneider 3te, Seconde-Lieutenants vom 8. Infanterie-Bataillon, erstere drei in's 3., letzterer in's 4. Reserve-Infanterie-Bataillon,
Schmidt, Buschenhagen, Schmidt-Schwarzenhorn, Seconde-Lieutenants vom 9. Infanterie-Bataillon, ersterer in's 1., die beiden letzteren in's 2. Reserve-Infanterie-Bataillon,
v. Kempski, Hauptmann vom 10. Infanterie-Bataillon, in's 4. Reserve-Infanterie-Bataillon,
Lüders, Lenz, Graf v. Baudissin 1ste, Seconde-Lieutenants vom 1.,
v. Kahlben, Premier-Lieutenant, v. Reineck, Seconde-Lieutenant vom 2.,
v. Köppen, Gramm, Seconde-Lieutenants vom 3.,
Hellmundt, Hauptmann vom 4. Jäger-Corps;
sämmtlich in's Reserve-Jäger-Corps versetzt.

Den 11. März.

Jungmann, Königl. Preuß. Lieutenant der Artillerie a. D., früher in der V. Artillerie-Brigade, zuletzt in Osmanischen Diensten, als Hauptmann 2. Classe in der Artillerie-Brigade angestellt und zum Chef der 5. Festungs-Batterie ernannt.

Den 13. März.

v. Schroeder, Oberst-Lieutenant à la suite des 5. Infanterie-Bataillons und Commandant von Itzehoe, in gleicher Eigenschaft nach Altona versetzt.
Schilling v. Canstadt, Rittmeister und Commandeur der Reserve-Cavallerie (3 Escadronen), neben dieser Stellung mit Wahrnehmung der Geschäfte der Commandantur zu Itzehoe, ad int., beauftragt.

Personal-Veränderungen.

v. Brackel, Hauptmann und Commandeur des 2. Reserve-Bataillons,
v. Matzdorff, Hauptmann und int. Commandeur des 5. Infanterie-Bataillons,
zu Majors, letzterer zum wirklichen Bataillons-Commandeur,
Contag (Preuße), Portepee-Fähnrich der Artillerie-Brigade, zum Seconde-Lieutenant, jedoch unter Vorbehalt des später von ihm zu bestehenden Artillerie-Offizier-Examens, befördert.
Köbbe, Hauptmann vom Ingenieur-Corps, Chef der 2. Pionier-Compagnie, die Ancienneität als Hauptmann vom 24. August 1842 beigelegt.

Den 15. März.

Stakemann, Königl. Hannöv. Premier-Lieutenant der Infanterie a. D., unter Beförderung zum Hauptmann der Adjutantur, in der Armee angestellt und einstweilen zur Disposition des Armee-Commandos gestellt.

Den 16. März.

Von der Intendantur der Armee wird eine Abtheilung unter dem Intendantur-Rath Sulzer der Armee in's Feld folgen und sich mit der Feld-Kriegskasse stets im Hauptquartier aufhalten.

Die Intendantur der Armee verbleibt dagegen unter dem Intendanten Bohsen in Schleswig oder Rendsburg und übernimmt die Verwaltungsgeschäfte der Reserve-Brigade und der zurückbleibenden Militair-Behörden.

v. Brauchitsch, Hauptmann der Adjutantur des Armee-Commandos, unter Entbindung von dem Commando bei der Marine, als Compagnie-Chef in's 10. Infanterie-Bataillon versetzt.

Den 17. März.

v. Lesser, Major, von dem interimistischen Commando der Artillerie-Brigade entbunden.
v. Lemmers-Danforth, Königl. Preuß. Premier-Lieutenant a. D., früher im 35. Infanterie-Regiment (3. Reserve-Regiment), unter Beförderung zum Hauptmann, als Compagnie-Chef im 8. Infanterie-Bataillon angestellt. (Ancienneität vom 19. August 1848[b])

v. Wuthenau, Herzogl. Anhalt-Köthen. Premier-Lieutenant a. D., unter Beförderung zum Hauptmann, als Compagnie-Chef im 3. Reserve-Infanterie-Bataillon provisorisch angestellt. (Anciennetät vom 12. August 1848.)

Richter, Königl. Preuß. Major der 8. Artillerie-Brigade, unter Beförderung zum Obersten, zum Commandeur der Artillerie-Brigade ernannt. (Anciennetät vom 23. März 1849.)

Liebert, Königl. Preuß. Hauptmann der 7. Artillerie-Brigade, unter Beförderung zum Major, in der Artillerie-Brigade angestellt und zum Commandeur der Festungs-Abtheilung ernannt. Derselbe rangirt zwischen den Majors der Artillerie Prizelius und Seweloh.

Den 19. März.

Gräff (Sachse), Feldwebel und Offizier-Aspirant, v. Lenski, Doose, Unteroffiziere und Offizier-Aspiranten vom 1.,

Brochenheim, Offizier-Aspirant, Breede, Fischer, Unteroffiziere und Offizier-Aspiranten vom 2.,

Schiller, Offizier-Aspirant vom 3.,

Trittau, Offizier-Aspirant vom 4.,

Klein, Bender, Offizier-Aspiranten vom 9.,

Rheder, Dohrn, Offizier-Aspiranten,

Gottfriedsen, Wolff, Fabricius, Unteroffiziere und Offizier-Aspiranten vom 6.,

Harz, Offizier-Aspirant vom 0.,

Goldbeck-Loewe, einjähriger Freiwilliger vom 8. Infanterie-Bataillon,

Heldtmann, Graf v. Reventlow-Sandberg, Offizier-Aspiranten vom 1.,

Gurlitt, Herzbruch, Born, Gefreite und Offizier-Aspiranten vom 2.,

Giese, Gregers, Offizier-Aspiranten vom 3.,

Marxen, Breckling, v. Bertouch, Würger, Offizier-Aspiranten vom 4. Jäger-Corps,

sämmtlich zu Portepee-Fähnrichs befördert.

Wedekind, Königl. Hannöverscher Feuerwerker a. D.,

Personal-Veränderungen.

Pape, Königl. Hannöverscher Oberfeuerwerker a. D., als Seconde-Lieutenants,
Waßmann, Königl. Hannöverscher Feuerwerker a. D., als Seconde-Lieutenant in der Artillerie-Brigade angestellt.
v. Robbe, Freiwilliger vom 1.,
Hansen 1ste, Klenske, Becker, Hansen 2te, Brinckmann, Musketiere vom 6.,
Apel, Hebbe, Musketiere vom 5. Infanterie-Bataillon,
v. Gauvain, Gefreiter vom 1. (Preuße),
Groth, Gefreiter vom 2.,
v. Zülow, Hellner (Inländer), Gefreite vom 3. Jäger-Corps,
zu Offizier-Aspiranten ernannt.
v. Arnswaldt (Sachsen-Weimar.), Fürstl. Schwarzburg-Rudolstädt. Premier-Lieutenant, unter Beförderung zum Hauptmann, als Compagnie-Chef im 2. Infanterie-Bataillon,
v. Eickstedt, Königl. Preuß. Seconde-Lieutenant a. D., früher im 1. Bataillon (Stettin) 2. Landwehr-Regiments (der 2te), als Seconde-Lieutenant im 3. Infanterie-Bataillon angestellt.

Den 21. März.

Graf v. Baudissin, Oberst und Commandeur der I. Infanterie-Brigade, während des zu beginnenden Feldzuges zum Commandeur der Infanterie ernannt, führt aber bis zur Ernennung eines Commandeurs der genannten Brigade den speciellen Befehl über dieselbe fort.
Aye, Premier-Lieutenant und dienstleistender Adjutant beim Armee-Commando, zum Commandanten des Hauptquartiers ernannt und ihm die Strafbefugniß eines Escadrons-Chefs ertheilt.
Graf zu Rantzau-Ploen, einjähriger Freiwilliger vom 2. Dragoner-Regiment, nachdem er aus diesem Dienst-Verhältniß getreten, zum Portepee-Fähnrich ernannt.
Freiherr v. Heintze, Premier-Lieutenant vom 1. Dragoner-Regiment, als Ordonnanz-Offizier zur Avantgarde-Brigade commandirt.

Den 22. März.

Wittich, Unteroffizier II. Classe der Pionier-Abtheilung, zum Offizier-Aspiranten ernannt.

v. Reuß, Königl. Preuß. Premier-Lieutenant a. D., früher im 31. Infanterie-Regiment (der 1ste), unter Beförderung zum Hauptmann, als ältester Compagnie-Chef im 3. Reserve-Infanterie-Bataillon provisorisch angestellt. (Anciennetät vom 18. April 1848.)

v. Doering, Hauptmann vom 2. Jäger-Corps, zur Adjutantur versetzt, und zur Dienstleistung bei der I. Brigade commandirt.

v. Soden, Königl. Preuß. Seconde-Lieutenant a. D., früher im Garde-Schützen-Bataillon, unter Beförderung zum Hauptmann, als Compagnie-Chef im 2. Jäger-Corps angestellt. (Ancienetät vom 22. März 1849.)

v. Lesser, Major der Artillerie-Brigade, unter Stellung à la suite derselben, zum Oberzeugmeister und Commandanten von Flensburg ernannt.

Reichert, Königl. Hannöverscher Premier-Lieutenant a. D., als Premier-Lieutenant im Ingenieur-Corps (2. Pionier-Compagnie) angestellt.

Se. Majestät der König von Preußen haben unterm 5. März a. c. zu genehmigen geruht, daß alle gegenwärtig zur Dienstleistung bei der Schleswig-Holsteinischen Armee commandirten Offiziere, welche am 1. April zurückkehren sollten, bis auf Weiteres in diesem Verhältnisse verbleiben.

Den 23. März.

v. Blumenthal, Königl. Preuß. Hauptmann des großen Generalstabes, als zweiter Generalstabsoffizier in der Schleswig-Holsteinischen Armee angestellt.

Den 24. März.

Schmidt, char. Seconde-Lieutenant vom 5. Infanterie-Bataillon, erhält ein Patent dieser Charge.

Emeis, v. Buchwaldt, Portepee-Fähnrichs vom 2. Dragoner-Regiment, letzterer nunmehr der 3te,

Schellhorn, Portepee-Fähnrich vom 8. Infanterie-Bataillon,

Setzer, Portepee-Fähnrich vom 1. Jäger-Corps,
Rissler, Portepee-Fähnrich vom 2.,
Malte, Portepee-Fähnrich vom 3.,
Hinsching, Portepee-Fähnrich vom 9.,
Lehmann, Portepee-Fähnrich vom 4. Infanterie-Bataillon,
Nitzsch, Boysen, Portepee-Fähnrichs vom 2. Jäger-Corps,
Braasch, Portepee-Fähnrich vom 1.,
Dau, Portepee-Fähnrich vom 2.,
v. Ahlefeldt-Seestedt, Portepee-Fähnrich vom 8., unter Versetzung in's 4. Infanterie-Bataillon,
Kirchhoff 1ste, Portepee-Fähnrich vom 8., unter Versetzung in's 3. Infanterie-Bataillon,
Alpen, Portepee-Fähnrich von demselben Bataillon, unter Versetzung in's 7. Infanterie-Bataillon,
Schnobel, Portepee-Fähnrich von demselben Bataillon,
Becher, Portepee-Fähnrich vom 10. Infanterie-Bataillon,
Groth, Siefert, Dörr, v. Binzer 2te, Portepee-Fähnrichs vom 4. Jäger-Corps,
Nitsche, Portepee-Fähnrich vom 2. Infanterie-Bataillon,
Schmidt, Portepee-Fähnrich vom 6., unter Versetzung in's 1. Infanterie-Bataillon,
Kirchhoff 2te, Sommer, Sasse, Portepee-Fähnrichs von demselben Bataillon, letzterer unter Versetzung in's 1. Infanterie-Bataillon,
Koch, Portepee-Fähnrich vom 3. Jäger-Corps, unter Versetzung in's 3. Infanterie-Bataillon,
Graf v. Bernstorff, Portepee-Fähnrich von demselben Corps, sämmtlich zu Seconde-Lieutenants befördert.
Stakemann, Hauptmann der Adjutantur, bisher zur Disposition des Armee-Commandos, zur Dienstleistung als Adjutant zur II. Infanterie-Brigade commandirt.

Anmerkung: Die im Jahre 1848 provisorisch angestellten Hauptleute und Rittmeister sind nunmehr definitiv nach der in ihren Patenten angegebenen Anciennetät angestellt.

Beförderungen zu Premier-Lieutenants.

Die Seconde-Lieutenants:
Robowicz vom 1. Infanterie-Bataillon,
v. Strantz vom 2. Jäger-Corps,

Husarczewski vom 10. Infanterie-Bataillon,
Hoffmann vom 4. Jäger-Corps,
v. Köppen vom Reserve-Jäger-Corps,
v. d. Goltz vom 8. Infanterie-Bataillon,
v. Zipf vom 2. Dragoner-Regiment,
Baron v. Stillfried-Rattonitz 1ste vom 3. Infanterie-Bataillon,
Tiehsen vom 2. Reserve-Infanterie-Bataillon,
v. Sachau vom 1. Jäger-Corps (Adjutant der II. Infanterie-Brigade),
v. Friedrichsen vom 2. Infanterie-Bataillon,
v. Hennings vom 1. Jäger-Corps (Adjutant der I. Infanterie-Brigade),
Rau vom 3. Jäger-Corps,
v. Binzer 1ste von demselben Corps,
v. Normann vom 6. Infanterie-Bataillon,
Blees vom 3. Infanterie-Bataillon,
Tichy, Schöne vom 10. Infanterie-Bataillon,
v. Emme vom 5. Infanterie-Bataillon,
v. Kornatzki vom 4. Jäger-Corps,
v. Lilienstein vom 3. Reserve-Infanterie-Bataillon,
Bärens vom 1. Jäger-Corps,
Lüders vom Reserve-Jäger-Corps,
Ulrich vom 1. Jäger-Corps,
Ohlsen von demselben Corps,
Schneider 2te von demselben Corps,
v. Hirschfeld vom 1. Reserve-Infanterie-Bataillon,
nach der in den Patenten näher angegebenen Ancienneität.
Unger, Seconde-Lieutenant vom 1. Reserve-Infant.-Bataillon,
v. Restorff, Seconde-Lieutenant vom 2. Jäger-Corps,
unter fernerer Belassung in ihrem provisorischen Dienst-Verhältniß zu Premier-Lieutenants befördert, deren Ancienneität in ihren Patenten näher angegeben worden ist.

Definitive Anstellungen.

a) Die Premier-Lieutenants:

v. Bischoffshausen, v. Pritzbuer vom 5. Infant.-Bataillon,
v. Kall vom 3. Reserve-Infanterie-Bataillon,
Fuchs vom 2. Jäger-Corps,

Personal-Veränderungen. 239

v. Gleißenberg vom 6. Infanterie-Bataillon,
v. Alten von der Adjutantur,
Schneider 1ste vom 3. Reserve-Infanterie-Bataillon,
Liebe, Scheffler von der Artillerie-Brigade,
Joesting vom 7. Infanterie-Bataillon,
v. Pobbielski vom 5. Infanterie-Bataillon,
v. Schmieden vom 2. Infanterie-Bataillon,
v. Erhardt vom 6. Infanterie-Bataillon,
v. Zschüschen vom 4. Jäger-Corps,
Graf v. Westarp vom 10. Infanterie-Bataillon,
Pahsen von der Artillerie-Brigade,
la Croix vom 3. Infanterie-Bataillon,
de Crompton vom 9. Infanterie-Bataillon,
v. Kahlben vom Reserve-Jäger-Corps,
Canabaeus von der Artillerie-Brigade,
Prinz Julius,
Prinz Johann,
   von Schleswig-Holstein-Sonderburg-Glücksburg, vom 1. und 2. Dragoner-Regiment,
Freiherr v. Heintze vom 1. Dragoner-Regiment,
Holter vom 1. Infanterie-Bataillon,
Bauer vom 4. Infanterie-Bataillon,
Unruh von demselben Bataillon,
v. Webberkop vom 4. Reserve-Infanterie-Bataillon,
Rechling vom 1. Dragoner-Regiment,
v. Szczepanski vom 4. Infanterie-Bataillon,
Grabner vom 9. Infanterie-Bataillon.
      b) Die Seconde-Lieutenants:
Langer vom 2. Infanterie-Bataillon,
Gelpke vom 2. Jäger-Corps,
Mischke, Duwe vom 2.,
Hacke vom 3. Reserve-Infanterie-Bataillon,
v. Below vom 10. Infanterie-Bataillon,
   ebenfalls nach der in den Patenten angegebenen Anciennetät.
      Den 25. März.
v. Saint-Paul, Königl. Preuß. Major des Kaiser Alexander Grenadier-Regiments, unter Beförderung zum Obersten, zum Commandeur der I. Brigade ernannt.

Theilkuhl, Seconde-Lieutenant vom 3. Reserve-Infanterie-Bataillon, zum Platzmajor von Flensburg ernannt.

v. Bülow (Inländer), einjähriger Freiwilliger vom 1. Dragoner-Regiment,

Schmidt, Unteroffizier und Offizier-Aspirant vom 9. Infanterie-Bataillon,

zu Portepee-Fähnrichs,

Detlessen, Oberjäger, Koch, Jäger vom 3. Jäger-Corps (Inländer),

Emeis, Kanonier der Artillerie-Brigade (Inländer),

Möller, Sergeant, Schlee, Rienburg (Hannover.), Unteroffiziere vom 9. Infanterie-Bataillon,

Stölting (Inländer), Gefreiter vom 8. Infanterie-Bataillon, zu Offizier-Aspiranten befördert.

Den 26. März.

v. Wasmer, Premier-Lieutenant und Escadrons-Führer der Reserve-Cavallerie, als solcher in's 2. Dragoner-Regiment versetzt.

Schmidt 2te, Seconde-Lieutenant vom 2. Dragoner-Regiment, zur Reserve-Cavallerie versetzt.

Consbruch, Königl. Preuß. Seconde-Lieutenant zur Disposition, früher im 32. Infanterie-Regiment, gestattet, als Premier-Lieutenant den diesjährigen Feldzug in der Armee mitzumachen und wird dem 4. Infant.-Bataillon überwiesen.

v. Bismarck, Rittmeister und Escadrons-Chef vom 1., in's 2. Dragoner-Regiment versetzt und mit den Functionen des etatsmäßigen Stabsoffiziers beauftragt.

v. Weise, Premier-Lieutenant vom 1. Dragoner-Regiment, zum Escadrons-Commandeur ernannt.

Den 27. März.

v. Bassewitz, Hauptmann à la suite des 1. Jäger-Corps, unter Entbindung von dem Commando zur Dienstleistung bei dem Ministerium des Krieges, in die Adjutantur versetzt und zur Avantgarden-Brigade commandirt.

v. Binzer 1ste, Premier-Lieutenant vom 3. Jäger-Corps, zur Dienstleistung als Adjutant zur Jäger-Inspection (Avantgarden-Brigade) commandirt.

Seweloh, Major und Abtheilungs-Commandeur der Artillerie-Brigade, bis auf Weiteres während des Feldzuges zum Inspecteur der 6 Feldbatterien ernannt und hat seinen Aufenthalt bei der Reserve-Artillerie zu nehmen.

Prizelius, Major und Abtheilungs-Commandeur derselben Brigade, zur Disposition des Armee-Commandos, in's Hauptquartier desselben commandirt.

Den 28. März.

v. Frankenberg, Königl. Preuß. Premier-Lieutenant a. D., früher im 11. Infanterie-Regiment, als Premier-Lieutenant und Compagnie-Commandeur im 2. Infanterie-Bataillon, mit Ancienneität unmittelbar hinter dem Premier-Lieutenant v. Alten, angestellt.

v. Bonin, Seconde-Lieutenant des Königl. Preuß. I. Garde-Regiments zu Fuß, laut Allerh. Cabinets-Ordre vom 22. März c. zur Schleswig-Holsteinischen Armee commandirt und dem Armee-Commando als Adjutant attachirt. (Volontair-Offizier.)

Den 29. März.

v. Fürsen-Bachmann, Oberst-Lieutenant und Commandeur des 1. Dragoner-Regiments, Commandeur ad int. der Cavallerie-Brigade, unter Entbindung von dem ersteren Commando, zum wirklichen Brigade-Commandeur ernannt.

Hann v. Weyhern, Königl. Preuß. Major a. D., früher Rittmeister im 3. Husaren-Regiment, unter Beförderung zum Oberst-Lieutenant, zum Commandeur des 1. Dragoner-Regiments ernannt.

Den 30. März.

v. Bismarck, Rittmeister vom 2. Dragoner-Regiment, unter Beförderung zum Major, zum etatsmäßigen Stabsoffizier in demselben ernannt. (Ancienneität vom 28. März c.)

v. Weise, Premier-Lieutenant vom 1.,

v. Wasmer, Premier-Lieutenant vom 2. Dragoner-Regiment, zu Rittmeistern und Escadrons-Chefs befördert.

Götting (Hannover.), Hirschfeldt, Lehmann, Ratjen (Inländer), Kanoniere der Artillerie-Brigade, ersterer bei der 2. 6pfündigen Batterie, letztere bei der Festungs-Abtheilung, zu Offizier-Aspiranten befördert.

Irgahn, Königl. Preuß. Seconde-Lieutenant a. D., früher im 3. Bataillon (Schweidnitz) 10. Landwehr-Regiments (der 2te), als Seconde-Lieutenant im 7. Infanterie-Bataillon mit Anciennetät hinter dem Seconde-Lieutenant v. Lochow angestellt.

Den 31. März.

Freiherr v. Heintze 1ste, Premier-Lieutenant vom 1. Dragoner-Regiment, unter Entbindung von dem Commando als Ordonnanz-Offizier beim Stabe der Avantgarden-Brigade, zur Dienstleistung als Adjutant beim Ober-Commando der Deutschen Reichs-Armee commandirt.

Den 1. April.

Schimmelfennig- v. d. Oye, Königl. Preuß. Seconde-Lieutenant der 8. Artillerie-Brigade, unter Beförderung zum Hauptmann (Anciennetät vom 2. Januar 1849),

v. Schickfus, Königl. Preuß. Seconde-Lieutenant der 6. Artillerie-Brigade,

Schuch, Königl. Preuß. Seconde-Lieutenant der 8. Artillerie-Brigade (der 2te),

v. Krenski, Königl. Preuß. Seconde-Lieutenant der Garde-Artillerie-Brigade,

Gallus, Königl. Preuß. Seconde-Lieutenant der 4. Artillerie-Brigade,

letztere vier unter Beförderung zu Premier-Lieutenants, in der Artillerie-Brigade angestellt.

Den 4. April.

v. Minckwitz, Königl. Württemberg. Seconde-Lieutenant a. D., als Seconde-Lieutenant im 3. Infanterie-Bataillon,

Arnold, Königl. Preuß. Seconde-Lieutenant a. D., früher in der 2. Artillerie-Brigade,

Zorn, Königl. Preuß. Seconde-Lieutenant a. D., früher in der Artillerie des 2. Bataillons (Paderborn) 15. Landwehr-Regiments,

unter Beförderung zu Premier-Lieutenants, in der Artillerie-Brigade angestellt.

Den 6. April.

Röhrsen, Herzogl. Braunschweig. Avantageur der Cavallerie, als Portepee-Fähnrich im 2. Dragoner-Regiment angestellt.

Den 8. April.

Greiner, Königl. Preuß. Unteroffizier der Landwehr a. D. (ehemaliger 1jähriger Freiwilliger im Garde-Schützen-Bataillon), als Portepee-Fähnrich im 3. Infanterie-Bataillon angestellt.

Den 9. April.

v. Brömbsen, Herzogl. Braunschweig. Unteroffizier und Avantageur a. D., als Portepee-Fähnrich im 5. Infanterie-Bataillon,

Schartow, Königl. Preuß. Seconde-Lieutenant des 1. Bataillons (Stettin) 2. Landwehr-Regiments, unter Beförderung zum Premier-Lieutenant, in demselben Bataillon,

v. Lepell, Königl. Preuß. Seconde-Lieutenant a. D., unter Beförderung zum Premier-Lieutenant, provisorisch im 3. Reserve-Infanterie-Bataillon als Compagnie-Commandeur angestellt.

v. Levetzow, Seconde-Lieutenant vom 2. Dragoner-Regiment, unter Entbindung von dem Commando bei der Armee-Intendantur, zur Dienstleistung als Ordonnanz-Offizier zur 1. Brigade commandirt.

Den 10. April.

v. Gilsa, Königl. Preuß. Seconde-Lieutenant a. D., früher in der 4. Artillerie-Brigade, in dieser Charge provisorisch in der Artillerie-Brigade angestellt.

v. Wiegand, Hauptmann von der Armee und Commandant von Eckernförde, von diesem Verhältniß entbunden.

Jungmann, Hauptmann und Chef der 5. Festungs-Batterie, zum Commandanten von Eckernförde und der Vertheidigungsanstalten des Hafens ernannt.

Den 11. April.

Jungmann, Hauptmann und Batterie-Chef der Artillerie-Brigade, unter Belassung in seinem Verhältniß als Commandeur der Strand-Batterieen des Eckernförder Hafens, für sein ausgezeichnetes Benehmen in dem ruhmvollen Gefecht bei Eckernförde am 5. April a. c., zum Major befördert.

Preusser (Inländer), Unteroffizier der 5. Festungsbatterie, soll — um sein Andenken wegen seines gleichfalls ausgezeichneten Benehmens in dem genannten Gefecht, in welchem er geblieben, auf ewige Zeiten zu ehren — in die Offizier-Rang-Liste als Offizier aufgenommen und fortgeführt werden.

Den 12. April.

de Morzé, Königl. Preuß. Premier-Lieutenant a. D., früher interimistischer Compagnie-Führer im 1. Bataillon (Aachen) 25. Landwehr-Regiments, als Premier-Lieutenant und Compagnie-Führer im 1. Reserve-Infanterie-Bataillon angestellt.

v. Schmieden, Premier-Lieutenant vom 2., als Compagnie-Commandeur in's 1. Infanterie-Bataillon versetzt.

v. Favrat-Jacquier-de Bernay, Ernst und Felix (Gebrüder), Königl. Preuß. Portepee-Fähnriche a. D., als Portepee-Fähnriche, ersterer im 4. Infanterie-Bataillon, letzterer im 1. Dragoner-Regiment angestellt.

Den 13. April.

v. Korff, Königl. Preuß. Unteroffizier a. D. (ehemaliger 1jähriger Freiwilliger), als Portepee-Fähnrich im 4. Infanterie-Bataillon angestellt.

Dallmer, Königl. Preuß. Seconde-Lieutenant a. D., früher im 17. Infanterie-Regiment, unter Beförderung zum Premier-Lieutenant, im 2. Jäger-Corps angestellt.

v. Podbielski, Premier-Lieutenant vom 7., in's 5. Infanterie-Bataillon,

Dallmer, Premier-Lieutenant vom 2. Jäger-Corps, als Compagnie-Commandeur in's 7. Infanterie-Bataillon versetzt. - Letzterer tritt mit dem 1. April a. c. in die diesseitige Verpflegung.

Hansen, Sergeant und Offizier-Aspirant vom 5.,

Schütt, Zimmermann, Matthiesen, Hasselmann, Unteroffiziere und Offizier-Aspiranten vom 7. Infanterie-Bataillon, zu Portepee-Fähnrichs,

Siessenbüttel (Inländer), Unteroffizier vom 7. Infanterie-Bataillon, zum Offizier-Aspiranten befördert.

Schoene, Premier-Lieutenant vom 10. Infanterie-Bataillon, von seinem Commando zur Dienstleistung bei der Armee-Intendantur entbunden.

Personal-Veränderungen.

Den 18. April.

v. Hertzberg, Königl. Preuß. Seconde-Lieutenant a. D. (mit Premier-Lieutenants-Charakter), früher im 1. Bataillon (Osterode) 4. Landwehr-Regiments, als Seconde-Lieutenant im 5. Infanterie-Bataillon,

v. Garrelts, Königl. Preuß. Seconde-Lieutenant des 17. Infanterie-Regiments, unter Beförderung zum Premier-Lieutenant, als Volontair-Offizier im 3. Infanterie-Bataillon angestellt.

Den 19. April.

v. Sachau, Oberst-Lieutenant und Commandeur der II. Infanterie-Brigade,

v. Zastrow, Oberst-Lieutenant und Inspecteur der Jäger, Commandeur der Avantgarden-Brigade,

zu Obersten mit Anciennetät, ersterer vom 20., letzterer vom 28. April a. c. befördert.

Röbiger (Preuße), Unteroffizier und Offizier-Aspirant vom 6. Infanterie-Bataillon, zum Portepee-Fähnrich,

Göring (Sachsen-Weimar.), Unteroffizier von demselben Bataillon, zum Offizier-Aspiranten befördert.

Den 20. April.

Graf v. Waldersee, Königl. Preuß. Seconde-Lieutenant des I. Garde-Regiments zu Fuß (der 2tes), unter Beförderung zum Premier-Lieutenant der Adjutantur, in der Armee angestellt und zur Dienstleistung bei der I. Brigade commandirt.

Den 24. April.

Schneider Iste, Premier-Lieutenant und Compagnie-Führer vom 3. Reserve-, in gleicher Eigenschaft in's 7. Infanterie-Bataillon versetzt.

Den 27. April.

v. Wurmb, Königl. Sächs. Seconde-Lieutenant a. D., in dieser Charge im 1. Dragoner-Regiment,

v. Ziegler- und Klipphausen, Königl. Preuß. Vicewachtmeister der Landwehr, als Portepee-Fähnrich in demselben Regiment angestellt.

Den 28. April.

v. Tresenreuter, Seconde-Lieutenant vom 6. Infanterie-Bataillon, zum Etappen-Commandanten von Hadersleben ernannt.

Den 29. April.

Heudtlaß, Königl. Preuß. Seconde-Lieutenant a. D., früher im 1. Bataillon (Osterode) 4. Landwehr-Regiments, in dieser Charge im 5. Infanterie-Bataillon angestellt.

Den 30. April.

v. Seelhorst, Major und Commandeur des 2. Jäger-Corps, unter Versetzung als etatsmäßiger Stabsoffizier zur Jäger-Inspection, zum Commandanten von Hadersleben,
Baron v. Puttkammer, Hauptmann vom 1. Infanterie-Bataillon, unter Führung à la suite desselben, zum interim. Commandeur des 2. Jäger-Corps,
v. Woringen, Hauptmann vom 8. Infanterie-Bataillon, unter Stellung à la suite desselben, zum interim. Commandeur des 1. Infanterie-Bataillons ernannt.

Den 1. Mai.

v. Abercron, Oberst-Lieutenant und Commandeur des 3. Infanterie-Bataillons, unter Stellung à la suite desselben, zum interim. Commandeur der II. Brigade, in Stelle des bei Kolding am 23. April a. c. verwundeten Obersten und Brigade-Commandeurs v. Sachau ernannt.
Lucht (Inländer), Portepee-Fähnrich vom 7. Infanterie-Bataillon, bei Colding am 23. April a. c. verwundet, nunmehr an seinen Wunden verstorben, welcher der Hohen Statthalterschaft zum Avancement zum Offizier in Vorschlag gebracht war, soll mit den militairischen Ehren eines Offiziers beerdigt werden.

Den 2. Mai.

Blees, Premier-Lieutenant vom 3., in's 7. Infanterie-Bataillon,
Meier 1ste, Seconde-Lieutenant vom 7., in's 3. Infanterie-Bataillon versetzt.

v. Gizycki, Königl. Preuß. Premier-Lieutenant des 6. Ulanen-Regiments, als Volontair-Offizier und Adjutant dem Armee-Commanto attachirt.

Den 3. Mai.

Sembach, Königl. Preuß. Seconde-Lieutenant a. D., früher im 1. Bataillon (Stettin) 2. Landwehr-Regiments, in dieser Charge im 7. Infanterie-Bataillon angestellt.

Den 4. Mai.

Beförderungen zu Portepee-Fähnrichs.

Die Offizier-Aspiranten:

v. Kobbe,	Unteroffizier vom	1.,
Feldmann,	"	" 3.,
Hebbe,	"	" 5.,
Siessenbüttel,	"	" 7.,
Stölting,	"	" 8.,
Witthöfft,	Gefreiter	" 8.,
Boje,	Unteroffizier	" 8.,
Mehn,	"	" 10. Infanterie-Bataillon,

v. Saudain, v.d. Heybe, Dameck, Oberjäger, Köhler, Freiwilliger vom 1.,

Groth, Hansen, Björnsen, Gefreite vom 2.,

Thiessen, Burchardi, Ziegler, Oberjäger vom 4. Jäger-Corps.

Beförderungen zu Offizier-Aspiranten.

Die Jäger:

Gottburg, Lüders, Jasper, Kiene vom 3.,

Greisen, Oberjäger vom 4. Jäger-Corps. (Inländer.)

Den 5. Mai.

Freiherr v. Lauer-Münchhofen, Hauptmann vom 8. Infanterie-Bataillon, unter Stellung à la suite desselben, zum interim. Commandeur des 3. Infanterie-Bataillons,

v. Wrangel, Hauptmann der Adjutantur, unter Entbindung von der Dienstleistung bei der Jäger-Inspection und Führung à la suite der ersteren, zum interim. Commandeur des 2. Infanterie-Bataillons ernannt.

Robowicz, v. Drygalski, Premier-Lieutenants vom
1. Infanterie-Bataillon, als Compagnie-Führer zum
2. Infanterie-Bataillon commandirt.

Husarczewski, Premier-Lieutenant vom 10. Infanterie-
Bataillon, zum Compagnie-Commandeur in demselben
ernannt.

v. Kahlden, Premier-Lieutenant vom Reserve-Jäger-Corps,
als Compagnie-Commandeur zum 8. Infanterie-Bataillon
commandirt.

Graf v. Westarp, Premier-Lieutenant vom 10. Infanterie-
Bataillon, als Compagnie-Commandeur in's 8. Infanterie-
Bataillon,

Graf v. Walderfee, Premier-Lieutenant der Adjutantur,
vom Commando der 1. Infanterie-Brigade zum Commando
der Avantgarden-Brigade versetzt.

Brix (Inländer), vom 1. Dragoner-Regiment, zum Offizier-
Aspiranten befördert.

Den 6. Mai.

Robowicz, Premier-Lieutenant vom 1. Infanterie-Bataillon, für den morgenden Tag zur Dienstleistung als
Ordonnanz-Offizier zur 1. Infanterie-Brigade commandirt.

Die Portepee-Fähnriche:

Zimmermann vom 2. Jäger-Corps,
Hansen vom 7., unter Versetzung zum 1.,
Hansen   vom 1.,
Gültzow   = 7.,
Möller   = 7.,
Schütt   = 7.,
Schuhmacher = 8.,
Wichmann   = 9. Infanterie-Bataillon,
Ottens   = 4.,
Dau   = 3. Jäger-Corps,
Anberten   = 5.,
Limprecht, v. Gerber vom 10.,
v. Lenski vom 1. Infanterie-Bataillon,
Giese vom 3. Jäger-Corps,
  letztere beide unter Versetzung in's 4. Infanterie-Bataillon,

v. Hedemann vom 10., unter Versetzung in's 4.,
Hartz vom 10.,
v. Brömbsen vom 5., unter Versetzung in's 1. Infanterie-
Bataillon,
Greiner vom 3. Infanterie-Bataillon,
Breckling vom 4., unter Versetzung in's 1. Jäger-Corps,
Averhoff (Inländer), Feldwebel und Offizier-Aspirant
vom 2. Jäger-Corps,
leisten von morgen ab bei ihren Truppentheilen den Offi-
zierdienst, da dieselben der Statthalterschaft zur Beförderung zu Offizieren in Vorschlag gebracht worden sind.
v. Abercron 2te, Seconde-Lieutenant vom 1., in's 2. Dragoner-Regiment,
v. Levetzow, Seconde-Lieutenant vom 2., in's 1. Dragoner-Regiment versetzt.
Deahna, Königl. Baiersch. Unter-Lieutenant (v. d. Inf.),
dem 1. Jäger-Corps zur Dienstleistung attachirt.

Den 7. Mai.

v. Irminger, Hauptmann und Commandeur des 3. Reserve-Infanterie-Bataillons, zum Major,
v. Bischoffshausen, v. Pritzbuer, Premier-Lieutenants
und Compagnie-Commandeure vom 5. Infanterie-Bataillon,
v. Kall, Premier-Lieutenant und Compagnie-Commandeur
vom 3. Reserve-Infanterie-Bataillon,
Fuchs, Premier-Lieutenant und Compagnie-Commandeur
vom 2. Jäger-Corps,
v. Gleißenberg, Premier-Lieutenant und Compagnie-Commandeur vom 6. Infanterie-Bataillon,
v. Alten, Premier-Lieutenant der Adjutantur, — verbleibt
jedoch in seinem provisorischen Dienstverhältniß —
Schneider 1ste, Premier-Lieutenant und Compagnie-Commandeur vom 7. Infanterie-Bataillon,
sämmtlich zu Hauptleuten, resp. Compagnie-Chefs befördert.

Den 9. Mai.

Robowicz, Premier-Lieutenant vom 1. Infanterie-Bataillon, von seinem Commando als Compagnie-Führer

im 2. Infanterie-Bataillon entbunden, und als solcher in's 9. Infanterie-Bataillon,

Husarczewski, Premier-Lieutenant vom 10., als Compagnie-Commandeur ebenfalls in's 9. Infanterie-Bataillon versetzt.

Beförderungen zu Seconde-Lieutenants.

Portepee-Fähnrich Zimmermann vom 2. Jäger-Corps,
- - Hansen - 1. Inf.-Bataillon,
- - Gültzow - 7. - -
- - Hansen - 1. - -
- - Schuhmacher - 8. - -
- - Wichmann - 9. - -
- - v. Gerber - 10. - -
- - Ottens - 4. Jäger-Corps,
- - Dau - 3. - -
- - Anderten - 5. Inf.-Bataillon,
- - Möller - 7. - -
- - Limprecht - 10. - -
- - v. Lenski - 4. - -
- - Giese - 4. - -
- - Breckling - 1. Jäger-Corps,
- - Hartz - 10. Inf.-Bataillon,
- - v. Hedemann - 4. - -
- - v. Brömbsen - 1. - -
- - Schütt - 7. - -
- - Greiner - 3. - -

Feldwebel und Offizier-Aspirant Averhoff vom 2. Jäger-Corps.

Harries (Inländer), Unteroffizier vom 3. Reserve-Infanterie-Bataillon, zum Portepee-Fähnrich befördert.

Den 11. Mai.

Buschick, Königl. Preuß. Seconde-Lieutenant a. D., früher im 3. Bataillon (Meschede) 16. Landwehr-Regiments, als Seconde-Lieutenant im 6. Infanterie-Bataillon angestellt.

Dendtler (Inländer), Feldwebel vom 1. Infanterie-Bataillon, zum Wachtmeister-Lieutenant (Platzmajor) in der

Festung Friedrichsort, mit dem Range eines Seconde-Lieutenants und der Armee=Uniform ernannt und tritt zu den Offizieren von der Armee.

Den 14. Mai.

Schönfeldt (Kurhesse), Sergeant und Fourier vom 7. Infanterie-Bataillon, wegen bewiesener Umsicht in der Schlacht bei Kolding, zum Portepee-Fähnrich befördert.

Ottens, Freiherr v. Heintze (3te), Portepee-Fähnriche vom 1. Dragoner-Regiment, zu Seconde-Lieutenants befördert.

Den 15. Mai.

Serre (Sachse), Unterarzt vom 1. Dragoner-Regiment, zum Offizier-Aspiranten in demselben befördert.

Den 16. Mai.

Reichert, Premier-Lieutenant vom Ingenieur-Corps, zum Hauptmann,

v. Brockenhuus, Seconde-Lieutenant der Artillerie-Brigade, zum Premier-Lieutenant,

Berghofer, Hensen, Portepee-Fähnriche von derselben Brigade,

zu Seconde-Lieutenants befördert.

Den 17. Mai.

Regenstein, Seconde-Lieutenant vom 9., in's 2. Infanterie-Bataillon,

Weiße, Hauptmann vom 4. Reserve-Infanterie-Bataillon, in's 2.,

v. Reuß, Hauptmann vom 2., in's 4. Reserve-Infanterie-Bataillon versetzt.

Den 20. Mai.

Hirschfeldt, Portepee-Fähnrich vom Reserve-Jäger-, in's 1. Jäger-Corps zurückversetzt.

Den 21. Mai.

v. Lützow, Hauptmann der Adjutantur, unter Entbindung von dem Commando als dien tleistender Adjutant beim Chef des Kriegs-Departements, fals Compagnie-Chef in's 1. Jäger-Corps einrangirt.

Den 22. Mai.

Die Offiziere des Armee-Commandos, des Commandos der Infanterie und der der II. Infanterie-Brigade legen vom 24. d. Mts. ab, auf 3 Tage, für den am 21. d. Mts. in Folge der erhaltenen Wunden verstorbenen Obersten und Commandeur der II. Infanterie-Brigade, v. Sachau, Trauer an.

Kühl (Inländer), Kanonier der Artillerie-Brigade, wegen Auszeichnung während der Beschießung der Festung Friedericia,

v. Malschitzky (Preuße), Unteroffizier und Offizier-Aspirant von der Pionier-Abtheilung,

zu Portepee-Fähnrichs befördert.

Den 23. Mai.

v. Blumenthal, Hauptmann und Sous-Chef des Generalstabes der Armee, mit den Geschäften des Chefs desselben beauftragt.

Den 26. Mai.

v. Blumenthal, Hauptmann und Sous-Chef, zum Chef des Generalstabes der Armee ernannt.

Den 28. Mai.

v. Saint-Paul, Oberst und Commandeur der I. Infanterie-Brigade, zum Commandeur der Infanterie, ad int., bis zur Wiederherstellung des bei Kolding verwundeten Obersten Grafen v. Baudissin ernannt.

Den 29. Mai.

Lammers, Offizier-Aspirant vom 9. Infanterie-Bataillon,
Emeis, Offizier-Aspirant der Artillerie-Brigade (5. Festungs-Batterie),
zu Portepee-Fähnrichs,
Müller (Preuße), Unteroffizier vom 9. Infanterie-Bataillon,
Asmussen,   Oberjäger vom 2.,
Chalybaeus,   -   - 4.,
Bahnson, Jäger   - 4. Jäger-Corps,
Huwald, Kanonier der Artillerie-Brigade (5. Festungs-Batterie), Inländer,
zu Offizier-Aspiranten befördert.

Personal-Veränderungen.

Den 30. Mai.

v. Wenck, Hauptmann vom 2. Infanterie-Bataillon, zur Dienstleistung in's Kriegs-Departement, in Stelle des Hauptmanns v. Lützow, commandirt.

v. Drygalski, Premier-Lieutenant vom 1., in's 2. Infanterie-Bataillon.

Bauer, Premier-Lieutenant vom 4. Infanterie-Bataillon, commandirt zur Dienstleistung beim 8. Infanterie-Bataillon, in dasselbe versetzt.

Den 1. Juni.

Graf v. Baudissin, Oberst und Commandeur der I. Infanterie-Brigade, während des diesjährigen Feldzuges Commandeur der Infanterie, zum General-Major befördert.

Den 2. Juni.

Beförderungen zu Seconde-Lieutenants:

Portepee-Fähnrich Klein   vom 9. Infanterie-Bataillon,
„   „   Steinhaus   „ 2. Jäger-Corps,
„   „   Heldtmann   „ 1.   „   „
„   „   v. Bertouch „ Ingenieur-Corps.

Burmester, Detlessen, Oberjäger und Offizier-Aspiranten,

v. Binzer (Lauenburger), Jäger vom 3. Jäger-Corps, erstere beide zu Portepee-Fähnrichs, letzterer zum Offizier-Aspiranten befördert.

v. Lavaetz, Hauptmann a. D. — früher im 4. Infanterie-Bataillon —, Mitglied der Lazareth-Commission zu Schleswig, zum Commandeur der neugebildeten Krankenwärter-Compagnie ad. int. ernannt.

Den 4. Juni.

Toscheski, Hauptmann à la suite der Artillerie-Brigade und Commandant der Festung Friedrichsort, neben dieser Stellung der Befehl über sämmtliche Vertheidigungs-Anstalten des Kieler Hafens übertragen.

Den 6. Juni.

Röhe, Portepee-Fähnrich vom 1., in's 5. Infanterie-Bataillon versetzt.

Den 7. Juni.

Graf v. Walderſee, Premier-Lieutenant und Adjutant der Avantgarden-Brigade, in gleicher Eigenſchaft zum Commando der Infanterie verſetzt.

Den 8. Juni.

v. Zaſtrow, Oberſt und Inſpecteur der Jäger, unter Entbindung von dem Commando der Avantgarden-Brigade, zum Commandeur der Infanterie ad int. in Stelle des geſtern vor Friedericia gefallenen Oberſten v. Saint-Paul ernannt.

v. Gersdorff, Major und Commandeur des I. Jäger-Corps, zum Commandeur der Avantgarden-Brigade ad int.,

v. Studradt, Major und Commandeur des 3. Jäger-Corps, zum Commandeur der I. Infanterie-Brigade ad int.,

v. Rahtleb, Hauptmann vom 3. Jäger-Corps, zum Commandeur deſſelben ad int.,

v. Sandrart, Hauptmann vom I. Jäger-Corps, zum Commandeur deſſelben ad int. ernannt.

Den 9. Juni.

Dirkſen, Portepee-Fähnrich vom 2. Dragoner-Regiment, zur Artillerie-Brigade verſetzt.

Den 12. Juni.

Willmann, Major und Commandeur des 2. Infanterie-Bataillons, in Folge ſeiner Krankheit ein 6wöchentlicher Urlaub zum Gebrauche des Bades Eilſen bewilligt.

Reed, Seconde-Lieutenant vom 3. Jäger-Corps, zur Dienſtleiſtung als Adjutant zur I. Infanterie-Brigade commandirt.

Holter, Premier-Lieutenant vom I. Infanterie-Bataillon, definitiv angeſtellt.

Den 14. Juni.

v. Engelbrecht, Hannöverſcher Bau-Techniker, als Offizier-Aſpirant in die Artillerie-Brigade eingeſtellt.

Den 20. Juni.

Liebe, Premier-Lieutenant der Artillerie-Brigade, unter Verleihung des Charakters als Hauptmann und unter Führung à la suite derſelben, zum Lehrer der Artillerie-

Wissenschaften und zum Chef der Seecadetten-Schule ernannt.

Um das Andenken des, vor Friedericia gefallenen verdienstvollen Stabs-Chefs der Schleswig-Holsteinischen Armee zu ehren, verfügt die Hohe Statthalterschaft der Herzogthümer Schleswig-Holstein, daß dem zur Vertheidigung des Kieler Hafens neuerbauten Werke die Benennung: „Fort Delius" beigelegt werde.

Den 21. Juni.

Kuhn, Seconde-Lieutenant vom 7., in's 8. Infanterie-Bataillon versetzt.

Den 22. Juni.

v. Minckwitz, Heudtlaß, Buschick, Seconde-Lieutenants vom 3., 5. und 6. Infanterie-Bataillon, definitiv in der Armee mit Anciennetät resp. vom 16. Mai 1848, 3. Februar 1849 und 2. März 1849 [b]. angestellt.

Den 25. Juni.

v. Woringen, Hauptmann à la suite des 8. Infanterie-Bataillons und interimistischer Commandeur des 1. Infanterie-Bataillons, unter Beförderung zum Major, zum wirklichen Bataillons-Commandeur ernannt.

Beförderungen zu Premier-Lieutenants.

Seconde-Lieutenant v. Hertzberg vom 5. Inf.-Bataillon,
    "   "   Langer   " 2.   "   "
    "   "   Gelpke   " 2. Jäger-Corps,
    "   "   Mischke vom 2. Reserve-Inf.-Bataillon,
    "   "   Duwe   " 2. " " "
    "   "   Hacke   " 3. " " "
    "   "   v. Below " 10. Infanterie-Bataillon.

Den 28. Juni.

Schoene, Premier-Lieutenant vom 10. Infanterie-Bataillon, zur Dienstleistung bei der Armee-Intendantur wiederum commandirt.

Den 29. Juni.

v. Levetzow, Seconde-Lieutenant vom 2. Dragoner-Regiment, unter Entbindung von dem Commando als Ordonnanz-

Offizier der 1. Infanterie-Brigade, zur Herstellung seiner Gesundheit bis zum 1. October a. c. beurlaubt.

Den 1. Juli.

Jacobsen, Offizier-Aspirant vom 4. Infanterie-Bataillon,
Falk, Offizier-Aspirant vom 4. Jäger-Corps,
Lehmann, Offizier-Aspirant von der Artillerie-Brigade,
 zu Portepee-Fähnrichs;
Lübbers, Gefreiter vom 4.,
Jenner, Gefreiter vom 8.,
Francke, Bruhn, Musketiere vom 10. Infanterie-Bataillon,
Kuntze (Sachsen-Altenburger), Gefreiter vom 1. Jäger-Corps,
Kauffmann, Kanonier der Artillerie-Brigade (2. 6pfündigen Batterie),
Scherf (Inländer), Oberpionier der Pionier-Abtheilung, zu Offizier-Aspiranten befördert.

Den 7. Juli.

Scheffler, Premier-Lieutenant der Artillerie-Brigade, zum Hauptmann,
Schetzing, Lehmann, Witthöfft, Portepee-Fähnriche derselben,
v. Favrat-Jacquier-de Bernay, Graf v. Hacke, Portepee-Fähnriche vom 1.,
Graf zu Rantzau (Ploen), Portepee-Fähnrich vom 2.,
v. Ahlefeldt-Sartorff, Portepee-Fähnrich vom 1. Dragoner-Regiment,
sämmtlich zu Seconde-Lieutenants befördert.

Den 9. Juli.

v. Wrangel, Hauptmann und Commandeur ad int. des 2. Infanterie-Bataillons, in gleicher Eigenschaft zum 1. Infanterie-Bataillon versetzt.
v. Steyber, Hauptmann des 6. Infanterie-Bataillons, unter Entbindung von dem Commando zur Dienstleistung als Adjutant beim Armee-Commando und unter Stellung à la suite des genannten Bataillons, zum interim. Commandeur des 8. Infanterie-Bataillons ernannt.

v. Steensen, Hauptmann vom 3. Jäger-Corps, mit der Commando-Führung des 4. Jäger-Corps beauftragt.

Bathke, Hauptmann vom 6. Infanterie-Bataillon, zum interim. Commandeur des 2. Infanterie-Bataillons,

v. Bassewitz, Hauptmann der Adjutantur, unter Versetzung in's 3. Jäger-Corps und Führung à la suite desselben, zum interim. Commandeur des 4. Infanterie-Bataillons ernannt.

Heymann, Seconde-Lieutenant vom 3. Jäger-Corps, zur Dienstleistung beim 4. Infanterie-Bataillon commandirt.

v. Strantz, Premier-Lieutenant vom 2.,

Ohlsen, Schneider, Premier-Lieutenants vom 1. Jäger-Corps, als Compagnie-Führer zum 1. Infanterie-Bataillon versetzt.

Ochs, Seconde-Lieutenant von demselben Bataillon, zum interimistischen Compagnie-Führer ernannt.

Tiehsen, Premier-Lieutenant vom 2. Reserve-Infanterie-Bataillon, in's 2. Infanterie-Bataillon zurückversetzt.

Wuthenow, Seconde-Lieutenant vom 8.,

Bäthgen, Seconde-Lieutenant vom 5., als interimistische Compagnie-Führer zum 4. Infanterie-Bataillon commandirt.

Hagemann, Seconde-Lieutenant vom 4. Infanterie-Bataillon, zum interimistischen Compagnie-Führer ernannt.

v. Podbielski, Premier-Lieutenant,

Wichers, Seconde-Lieutenant, beide vom 5. Infanterie-Bataillon, zu Compagnie-Führern in demselben,

v. Normann, Premier-Lieutenant vom 6.,

v. Below, Premier-Lieutenant vom 10. Infanterie-Bataillon, zu Compagnie-Führern im 6. Infanterie-Bataillon ernannt; letzterer in dasselbe zugleich versetzt.

v. d. Goltz, Premier-Lieutenant vom 8. Infanterie-Bataillon, zum Compagnie-Führer,

v. Köppen, Premier-Lieutenant vom Reserve-Jäger-, als Compagnie-Führer zum 3. Jäger-Corps,

v. Restorff, Premier-Lieutenant vom 2., als Compagnie-Führer ebenfalls zum 3. Jäger-Corps commandirt.

Personal-Veränderungen.

Baron v. Stillfried-Rattoniß, Seconde-Lieutenant vom 3. Jäger-Corps, zum interimistischen Compagnie-Führer ernannt.

Hilliger, Seconde-Lieutenant vom 4. Jäger-Corps, zum interimistischen Compagnie-Führer in demselben ernannt.

Graf v. Brockdorff-Schneß, Hauptmann vom 1. Infanterie-Bataillon, unter Stellung à la suite desselben, zum Commandanten von Christiansfeld ernannt.

v. Wenck, Hauptmann vom 2. Infanterie-Bataillon, von dem Commando zur Dienstleistung beim Kriegs-Departement entbunden.

Den 10. Juli.

Lettgau, Königl. Preuß. Hauptmann a. D., früher Premier-Lieutenant im 11. Infanterie-Regiment, als Hauptmann II. Classe und Compagnie-Chef im 6. Infanterie-Bataillon provisorisch angestellt.

v. Hansen 2te, Major und etatsmäßiger Stabsoffizier der 1. Infanterie-Brigade, neben seiner Stellung mit Wahrnehmung der Geschäfte der Commandantur zu Kolding beauftragt, und zwar bis zu dem Tage, wo die Deutschen Reichstruppen Jütland gänzlich geräumt haben werden.

Den 11. Juli.

v. Heintze 1ste, Premier-Lieutenant vom 1. Dragoner-Regiment, nachdem seine Dienstleistung beim Armee-Obercommando beendet, als Ordonnanz-Offizier wieder zur Avantgarden-Brigade commandirt.

Johannsen, Seconde-Lieutenant vom 1. Dragoner-Regiment, als Ordonnanz-Offizier zur II. Brigade commandirt.

Den 13. Juli.

Krüger, Jessen, Rist, Prizelius, Portepee-Fähnriche der Artillerie-Brigade, zu Seconde-Lieutenants befördert.

Beförderungen zu Seconde-Lieutenants.

Portepee-Fähnrich v. Kobbe vom 1. Infanterie-Bataillon,
    „   „   Stölting „ 8. „ „
    „   „   unter Versetzung in's 4. Inf.
    „   „   Dammed vom 1. Jäger-Corps,
    „   „   Siessenbüttel vom 7. Inf.-Bataillon,

Personal-Veränderungen.

Portepee-Fähnrich Thiessen vom 4. Jäger-Corps,
" " Boje " 8. Infanterie-Bataillon,
   unter Versetzung in's 4. Inf.
" " Björnsen vom 2. Jäger-Corps,
" " v. d. Heyde " 1.
" " v. Gauvain " 1.
   unter Versetzung in's 1. Inf.-Bataillon,
" " Köhler vom 4. Jäger-Corps,
" " Ziegler " 4.
" " Schönfeldt " 7. Infanterie-Bataillon,
" " Lammers " 9.
" " Lange " 3. Jäger-Corps,
" " Albrecht " 1.
   unter Versetzung in's 6. Inf.-Bataillon,
" " Kauffmann v. 8. Infanterie-Bataillon,
" " Röhe " 5.
" " Zinneck " 1. Jäger-Corps,
   unter Versetzung in's 2. Inf.-Bataillon,
" " Schleth vom 10. Inf.-Bataillon,
" " Möller " 3. Jäger-Corps,
" " Marzen " 4.
" " Gregers " 3.
" " Bender " 9. Inf.-Bataillon,
" " Brockenhuus " 2.
" " Schiller " 3.
" " Trittau " 4.
" " Herzbruch " 2. Jäger-Corps,
   unter Versetzung in's 3. Inf.-Bataillon,
" " v. Bertouch vom 4. Jäger-Corps,
" " Gurlitt " 2.
   unter Versetzung in's 2. Inf.-Bataillon,
" " Goldbeck-Löwe vom 8.
   unter Versetzung in's 2.
" " Rheder vom 6.
" " Gottfriedsen " 6.
" " Born " 2. Jäger-Corps,
   unter Versetzung in's 3. Inf.-Bataillon,

Portepee-Fähnrich Schmidt vom 9. Inf.-Bataillon,
" " Fischer " 2. " "
" " v. Korff " 4. " "
" " Hansen " 5. " "
" " Matthiesen " 7. " "
unter Versetzung in's 5. " "
" " Hasselmann vom 7. " "
" " Zimmermann " 7. " "
" " v. Winterfeld " 1. " "
" " Hansen " 2. Jäger-Corps,
" " Mehn " 10. Inf.-Bataillon,
unter Versetzung in's 5. " "
" " Hebbe vom 5. " "
" " Groth " 2. Jäger-Corps,
unter Versetzung in's 2. Inf.-Bataillon,
Feldwebel Hagen vom 1. Jäger-Corps,
" Clausen " 3. " "
mit Ancinnetät vom 26. Juli a. c.

Den 15. Juli.

Freiherr v. Lauer-Münchhofen, Hauptmann à la suite des 8. Infanterie-Bataillons, interimistischer Commandeur des 3. Infanterie-Bataillons,
Baron v. Puttkammer, Hauptmann à la suite des 1. Infanterie-Bataillons, interimistischer Commandeur des 2. Jäger-Corps,
v. Wrangel, Hauptmann und interimistischer Commandeur des 1. Infanterie-Bataillons,
zu Majors und wirklichen Bataillons-Commandeuren,
v. Frankenberg, Premier-Lieutenant vom 2.,
Jvesting, Brenken, Premier-Lieutenants vom 7. Infanterie-Bataillon, zu Hauptleuten und Compagnie-Chefs befördert.
Tichy, Premier-Lieutenant vom 10., in's 2.,
v. Nebiadomski, Seconde-Lieutenant vom 9., in's 10.,
v. Montowt, Seconde-Lieutenant vom 9., in's 1.,
Westphal, Seconde-Lieutenant vom 9., in's 5. Infanterie-Bataillon versetzt.

Wuthenow, Seconde-Lieutenant vom 8., von dem Commando als interimistischer Compagnie-Führer im 4. Infanterie-Bataillon entbunden.

Schneider, Hauptmann vom 7., in's 4. Infanterie-Bataillon versetzt.

Dallmer, Premier-Lieutenant vom 7. Infanterie-Bataillon, — von seinen Wunden genesen — übernimmt wieder das Commando der Compagnie in demselben.

v. Reißwitz, Königl. Preuß. Portepee-Fähnrich a. D., in dieser Charge im 3. Reserve-Infanterie-Bataillon angestellt.

Den 18. Juli.

Stölting, Seconde-Lieutenant vom 4., in's 8. Infanterie-Bataillon zurückversetzt.

Kauffmann, Seconde-Lieutenant vom 8., in's 4. Infanterie-Bataillon versetzt.

Den 22. Juli.

v. Krohn, General-Major und Chef des Kriegs-Departements, neben seiner Stellung zum Gouverneur von Rendsburg ernannt.

du Plat, Oberst-Lieutenant und Abtheilungs-Chef im Kriegs-Departement, mit der einstweiligen stellvertretenden Leitung desselben (in Schleswig) beauftragt.

v. Drosedow, Hauptmann vom 1.,

v. Lupinski, Hauptmann vom 10. Infanterie-Bataillon,

v. Gönner, Hauptmann vom 2. Jäger-Corps, die Gage des Hauptmanns I. Classe bewilligt.

Den 23. Juli.

Freiherr v. Goldstein-Berge, Königl. Preuß. Premier-Lieutenant a. D., früher Seconde-Lieutenant im 35. Infanterie-Regiment (3. Reserve-Regiment), als Premier-Lieutenant und Compagnie-Commandeur im 2. Reserve-Infanterie-Bataillon angestellt.

Den 25. Juli.

Brinckmann, Hansen, Offizier-Aspiranten vom 5.,

Müller, Nienburg, Offizier-Aspiranten vom 9. Infanterie-Bataillon,

Torp, Greisen, Offizier-Aspiranten vom 4. Jäger-Corps, zu Portepee-Fähnrichs,
Wrage, Musketier vom 3.,
Wockelmann, Musketier vom 9. Infanterie-Bataillon,
v. Schimonski (Preuße), Jäger vom 3. Jäger-Corps,
Becher (Preuße), Unteroffizier der Artillerie-Brigade (3. Festungs-Batterie),
zu Offizier-Aspiranten befördert.

Den 27. Juli.

Hirschfeldt, Paap, Offizier-Aspiranten der Artillerie-Brigade (3. Festungs-Batterie), zu Portepee-Fähnrichs befördert.

Den 31. Juli.

Röhrsen vom 2.,
v. Wasmer vom 1. Dragoner-Regiment, Portepee-Fähnriche, zu Seconde-Lieutenants befördert.

Den 15. August.

Klein, Seconde-Lieutenant vom 9. Infanterie-Bataillon, ein 2monatlicher Urlaub nach dem Bade Wiesbaden zur Herstellung seiner, in Folge Verwundung zerrütteten Gesundheit bewilligt.

Den 18. August.

Basson, Königl. Hannöver. Seconde-Lieutenant a. D., als Premier-Lieutenant in der Armee provisorisch angestellt und der 1. Infanterie-Brigade zugetheilt.

Lange, Major à la suite des 1. Jäger-Corps und Commandant von Schleswig, unter Entbindung von dieser Stellung, mit der Beaufsichtigung der dortigen Lazarethe ec. bis auf Weiteres beauftragt.

Blauel, Königl. Hannöver. Seconde-Lieutenant a. D., als Premier-Lieutenant provisorisch im 3. Reserve-Infanterie-Bataillon angestellt.

Den 19. August.

Theilkuhl, Seconde-Lieutenant vom 3. Reserve-Infanterie-Bataillon, von dem Commando als dienstleistender Platzmajor von Flensburg entbunden.

Personal-Veränderungen.

Den 20. August.

v. Wangenheim, Herzogl. Sachsen-Coburg-Gothaischer Premier-Lieutenant a. D., in dieser Charge als Compagnie-Commandeur im 3. Jäger-Corps provisorisch angestellt.

Den 26. August.

v. Seelhorst, Major und etatsmäßiger Stabsoffizier der Jäger-Inspection, Commandant von Hadersleben, zum Commandeur des 11. Infanterie-Bataillons,

Schröd̈r, Hauptmann vom 3. Jäger-Corps, unter Führung à la suite dieses Corps, zum Commandeur ad int. des 14. Infanterie-Bataillons,

v. Eggers, Hauptmann vom 3. Infanterie-Bataillon, unter Stellung à la suite desselben, zum Commandeur ad int. des 15. Infanterie-Bataillons,

v. Lange, Major à la suite des 1. Jäger-Corps, zum etatsmäßigen Stabsoffizier der III. Infanterie-Brigade,

v. Hedemann, Major und Commandeur des Reserve- (5.) Jäger-Corps, zum etatsmäßigen Stabsoffizier der Jäger-Inspection ernannt.

v. Rahtleu, Hauptmann vom 3. Jäger-Corps, von der interimistischen Führung dieses Corps entbunden, und unter Stellung à la suite desselben, mit den Functionen des etatsmäßigen Stabsoffiziers der II. Infanterie-Brigade beauftragt.

v. Steensen, Hauptmann vom 3. Jäger-Corps, von der Commando-Führung des 4. Jäger-Corps entbunden und während der Abwesenheit des Majors v. Stuckradt mit der Führung des 3. Jäger-Corps beauftragt.

v. Sandrart, Hauptmann und Commandeur ad int. des 1. Jäger-Corps, in gleicher Eigenschaft unter Führung à la suite desselben, zum 5. Jäger-Corps versetzt.

v. Gersdorff, Major und Commandeur der Avantgarden-Brigade, übernimmt, nachdem diese Brigade aufgelöst, wieder das Commando des 1. Jäger-Corps.

v. Fabricius, Oberst und Commandeur der III. Infanterie-Brigade, neben seiner Stellung mit Wahrnehmung der Geschäfte der Commandantur von Itzehoe beauftragt.

v. Lüders, Hauptmann à la suite des 3. Infanterie-Bataillons und Platzmajor von Rendsburg, als Compagnie-Chef in's 11. Infanterie-Bataillon einrangirt.

Graf v. Brockdorff-Schneh, Hauptmann und Commandant von Christiansfeld, unter Belassung à la suite des 1. Infanterie-Bataillons, zum Platzmajor von Rendsburg ernannt.

Beide verbleiben noch in ihrer jetzigen Stellung, bis sie abgelöst werden.

Stakemann, Hauptmann der Adjutantur und dienstleistender Adjutant der II. Infanterie-Brigade, als Compagnie-Chef in's 1. Infanterie-Bataillon versetzt.

v. Hennings, Premier-Lieutenant vom 1. Jäger-Corps, von dem Commando als Adjutant der 1. Infanterie-Brigade,

Freiherr v. Heintze 1ste, Premier-Lieutenant vom 1. Dragoner-Regiment,

Johannsen, Seconde-Lieutenant von demselben Regiment, von dem Commando als Ordonnanzoffiziere resp. bei der Avantgarden- und II. Infanterie-Brigade entbunden.

Graf v. Waldersee, Premier-Lieutenant der Adjutantur und dienstleistender Adjutant bei dem Commando der Infanterie, in gleicher Eigenschaft zur Jäger-Inspection versetzt.

v. Binzer 1ste, Premier-Lieutenant vom 3. Jäger-Corps, Adjutant der nunmehr aufgelösten Avantgarden-Brigade, tritt in gleicher Eigenschaft zur Jäger-Inspection zurück.

v. d. Goltz, Premier-Lieutenant vom 8. Infanterie-Bataillon, als Adjutant zur II. Infanterie-Brigade commandirt.

v. Lützow, Hauptmann vom 1. Jäger-Corps, in's 1. Infanterie-Bataillon versetzt.

v. Krohn, Hauptmann und Compagnie-Chef vom 4. Infanterie-Bataillon, in's 5. Jäger-Corps versetzt.

v. Pobbielski, Premier-Lieutenant vom 5., in's 8. Infanterie-Bataillon versetzt.

v. Kahlden, Premier-Lieutenant vom 5. (Reserve-) Jäger-Corps, von der Dienstleistung bei dem 8. Infanterie-Bataillon entbunden.

Personal-Veränderungen.

v. Drygalski, Premier-Lieutenant vom 2., in's 15. Infanterie-Bataillon,

Basson, Premier-Lieutenant zur Disposition der I. Infanterie-Brigade, als Compagnie-Commandeur in's 15. Infanterie-Bataillon,

de Crompton, Premier-Lieutenant vom 9., in's 15. Infanterie-Bataillon,

Tiehsen, Premier-Lieutenant vom 2., in's nunmehrige 12. Infanterie-Bataillon wiederum versetzt.

Fernere Versetzungen.

Bornträger, Seconde-Lieutenant vom 4., in's 10. Infanterie-Bataillon.

Zum 11. Infanterie-Bataillon:

Kirchhoff 1ste, Seconde-Lieutenant vom 3.,
Sembach, Seconde-Lieutenant vom 7. Infanterie-Bataillon.

Zum 12. Infanterie-Bataillon:

Dau 2te,   Seconde-Lieutenant vom 3. Jäger-Corps.
Heldtmann,   *   *   * 1.   *   *

Zum 13. Infanterie-Bataillon:

Wree,   Seconde-Lieutenant vom 3. Jäger-Corps.
v. Lilienstein 2te,   *   *   * 6. Inf.-Bataillon.
Fischer,   *   *   * 2.
Clausen,   *   *   * 3. Jäger-Corps.
v. Bertouch,   *   *   * 4.   *   *

Baethgen, Seconde-Lieutenant vom 5., von der Dienstleistung beim 4. Infanterie-Bataillon entbunden.

v. Köppen, Premier-Lieutenant und Compagnie-Führer vom 5. (Reserve-) Jäger-Corps, von der Dienstleistung beim 3. Jäger-Corps entbunden.

Zum 14. Infanterie-Bataillon:

Hoffmann, Premier-Lieutenant und Compagnie-Führer vom 4. Jäger-Corps.

v. Montowt, Seconde-Lieutenant vom 1. Infant.-Bataillon.

v. Strantz, Premier-Lieutenant und Compagnie-Führer vom 1. Infanterie-Bataillon.

Thiessen, Seconde=Lieutenant vom 1. Jäger=Corps.
Dörr, = = = 4. = =
Sasse, = = = 1. Infanterie=Bataillon.

Zum 15. Infanterie-Bataillon:

v. Normann, Premier=Lieutenant vom 6. Infant.=Bataillon.
Hennig,   Seconde=Lieutenant = 3. = = =
Borsch,   =   =   = 6. = = =
Heubtlaß,   =   =   = 5. = = =
Herzbruch, =   =   = 3. = = =
Meyn,   =   =   = 5. =

Zum 5. Jäger-Corps:

v. Dorrien,   Seconde=Lieutenant vom 1. Jäger=Corps.
v. d. Heyde,   =   =   = 1. = =
Zimmermann,   =   =   = 2. = =
Möller,   =   =   = 3. = =

Den 28. August.

Blauel, Premier=Lieutenant vom 13., als Compagnie=Führer in's 15. Infanterie=Bataillon versetzt.

v. Lilienstein, Premier=Lieutenant vom 13. Infanterie=Bataillon, in demselben zum Compagnie=Führer ernannt.

Röhrig, Seconde=Lieutenant vom 2. Dragoner=Regiment und Escadrons=Führer in der nunmehr aufgelösten Reserve=Cavallerie=Division, zum interim. Commandeur der Train=Compagnie ernannt.

Anmerkung. Die Reserve=Cavallerie ist aufgelöst; die Offiziere derselben sind zu ihren resp. Regimentern zurückversetzt.

Den 3. September.

Ochsz, Seconde=Lieutenant vom 1., in's 14. Infanterie=Bataillon,

v. Montowt, Seconde=Lieutenant vom 14.; in's 1. Infanterie=Bataillon zurück=,

Schmidt, Seconde=Lieutenant vom 11., in's 13. Infanterie=Bataillon,

Hacke, Premier=Lieutenant vom 13., in's 14. Infanterie=Bataillon versetzt.

Kirchhoff 1ste, Seconde=Lieutenant vom 11., in's 3. Infanterie=Bataillon zurückversetzt.

Koeniger, Königl. Preuß. Seconde-Lieutenant a. D., früher im 37. Infanterie-Regiment (5. Reserve-Regiment) — der 2te —,

Schimmelpfeng, Königl. Preuß. Seconde-Lieutenant a. D., früher im 29. Infanterie-Regiment,

beide als Seconde-Lieutenants, ersterer provisorisch, im 11. Infanterie-Bataillon angestellt.

Meier 1ste, Seconde-Lieutenant vom 3. Infanterie-Bataillon, als Adjutant zur Reserve-Infanterie-Brigade commandirt.

Den 4. September.

Beförderungen.

a) Zu Portepee-Fähnrichs.

Die Offizier-Aspiranten:

Unteroffizier Berg vom 7. Infanterie-Bataillon,
, Wieding , 8. , ,
Oberjäger Boje , 5. Jäger-Corps,
, Paulsen , 5. , ,
, v. Rosen , 3. , ,
, v. Bülow , 3. , ,

dieser unter Versetzung in's 1. Infanterie-Bataillon,

Hellner vom 3. Jäger-Corps,

unter Versetzung in's 2. Infanterie-Bataillon,

Koch vom 3. Jäger-Corps,
Kiene , 3. , ,

dieser unter Versetzung in's 3. Infanterie-Bataillon,

, Gottburg vom 3. Jäger-Corps,

unter Versetzung in's 4. Infanterie-Bataillon,

, v. Binzer vom 3. Jäger-Corps,

Unteroffizier Brix vom 1. Dragoner-Regiment,
, Serre , 1. , ,

b) Zu Offizier-Aspiranten:

Sergeant Nielsen (Inländer) vom 4. Infanterie-Bataillon,
Feldwebel Beckmann (Inländer) vom 6. Infanterie-Bataillon,
Feldwebel Bahr (Inländer) vom 3. Jäger-Corps,
Jäger Schmidt (Preuße) vom 4. Jäger-Corps,

Unteroffizier Grundtmann (Preuße) vom 7. Infanterie-Bataillon,
Musketier Iversen (Inländer) vom 3. Infanterie-Bataillon,
Gefreiter Marquardsen (Inländer) vom 8. Infanterie-Bataillon,
Oberjäger v. Ahlefeldt (Inländer) vom 1. Jäger-Corps,
Unteroffizier Meyer (Inländer) vom 12. Infanterie-Bataillon,
Musketier Seelemann (Preuße) vom 10. Infant.-Bataillon,
Gefreiter Ahlmann (Inländer) vom 1. Jäger-Corps,
Gefreiter Vater (Reuß-Schleiz) vom 1. Jäger-Corps,
Musketier Wurmb, Dr., (Inländer) vom 8. Infanterie-Bataillon, da er als Arzt ausgeschieden,
Unteroffizier d'Aubert (Inländer) von der Artillerie-Brigade,
Kanonier Burow (Preuße) von der Artillerie-Brigade (beide von der 3. Festungs-Batterie),
Heymann, Seconde-Lieutenant vom 3. Jäger-Corps, von der Dienstleistung beim 4. Infanterie-Bataillon entbunden.

Den 5. September.

v. Braunschweig, Königl. Preuß. Premier-Lieutenant a. D., früher im 4. Infanterie-Regiment, als Premier-Lieutenant und Compagnie-Commandeur im 10. Infanterie-Bataillon provisorisch,
Consbruch, Königl. Preuß. Seconde-Lieutenant zur Disposition, dem 4. Infanterie-Bataillon zur Dienstleistung zugetheilt gewesen, als Premier-Lieutenant provisorisch angestellt und als Compagnie-Commandeur in's 15. Infanterie-Bataillon versetzt.
Keller, Seconde-Lieutenant zur Disposition, früher im 9. Infanterie-Bataillon, während des diesjährigen Feldzuges Führer des Scharfschützen-Corps, im 14. Infanterie-Bataillon wieder angestellt.
v. Below, Königl. Preuß. Seconde-Lieutenant a. D., in dieser Charge im 15. Infanterie-Bataillon provisorisch angestellt.

Den 6. September.

Arnold, Premier-Lieutenant der Artillerie-Brigade, zum Hauptmann und Batterie-Chef befördert.

Personal-Veränderungen.

Den 7. September.

Koentger, Seconde-Lieutenant vom 11., in's 15. Infanterie-Bataillon versetzt.

Jenner (Inländer), Kanonier der Artillerie-Brigade, (4. Festungs-Batterie), zum Offizier-Aspiranten mit Anciennetät vom 4. d. Mts. ernannt.

Den 9. September.

Wittich, Unteroffizier und Offizier-Aspirant der Pionier-Abtheilung, in's 2. Infanterie-Bataillon versetzt.

Hasbach, Königl. Preuß. Seconde-Lieutenant a. D., früher im Landwehr-Bataillon (Gräfrath) 40. Infanterie-Regiments (8. Reserve-Regiment), als Seconde-Lieutenant im 13. Infanterie-Bataillon angestellt.

Den 13. September.

Piersig, charakt. Seconde-Lieutenant der Artillerie-Brigade, erhält ein Patent seiner Charge.

Freiherr v. Falkenstein, Portepee-Fähnrich derselben Brigade, zum Seconde-Lieutenant befördert.

Den 14. September.

Freiherr v. Falkenstein (Oldenburger), Musketier vom 9. Infanterie-Bataillon, zum Offizier-Aspiranten ernannt.

du Plat, Oberst-Lieutenant und Abtheilungs-Chef im Kriegs-Departement, unter Belassung à la suite des General-stabes,

v. Fürsen-Bachmann, Oberst-Lieutenant und Commandeur der Cavallerie-Brigade,

v. Abercron, Oberst-Lieutenant und interim. Commandeur der 11. Infanterie-Brigade, unter Ernennung zum wirklichen Brigade-Commandeur,

zu Obersten befördert.

Beförderungen
zu Hauptleuten und Compagnie-Chefs.

Premier-Lieutenant Dallmer vom 7. Infant.-Bataillon,
, , v. Pobbielski , 8. , ,
, , v. Schmieden , 1. , ,
, , v. Drygalski , 15. ,

Premier-Lieutenant Robowicz vom 9. Inf.-Bataillon,
 ,   ,   de Morzé   , 11. ,
 ,   ,   v. Braunschweig , 10.
 ,   ,   v. Wangenheim , 3. Jäger-Corps,
 -          ,   Frhr. v. Goldstein-Berge vom 12. Infanterie-Bataillon,

letztere vier bisher provisorisch, nunmehr definitiv angestellt.

Definitive Anstellungen.

Baffon, Premier-Lieutenant und Compagnie-Commandeur des 15. Infanterie-Bataillons.

Blauel, Premier-Lieutenant und Compagnie-Commandeur desselben Bataillons.

Premmel, Herzogl. Braunschweig. Seconde-Lieutenant a. D., als Premier-Lieutenant im 5. Jäger-Corps.

Koeniger, Seconde-Lieutenant des 15. Infant.-Bataillons.

v. Reuß, Hauptmann und Compagnie-Chef des 14. Infanterie-Bataillons.

v. Wuthenau, Hauptmann und Compagnie-Chef des 13. Infanterie-Bataillons.

Unger, Premier-Lieutenant und Compagnie-Commandeur des 11. Infanterie-Bataillons.

Heise, Seconde-Lieutenant von demselben Bataillon, unter Ernennung zum Premier-Lieutenant.

(Sämmtlich bisher provisorisch Dienste geleistet.)

Den 17. September.

v. Garrelts, Oberst-Lieutenant und Commandeur der neu errichteten Reserve-Brigade, bisher Führer des 15. Infanterie-Bataillons, mit Ausbildung der einberufenen wehrpflichtigen Mannschaften der Altersclasse von 26 bis 30 Jahren in Rendsburg. beauftragt.

v. Rahtlev, Hauptmann à la suite des 3. Jäger-Corps, unter Belassung in seinem Commando beim Stabe der II. Infanterie-Brigade, mit Führung des 15. Infanterie-Bataillons während der Abwesenheit des Bataillons-Commandeurs, Hauptmann v. Eggers, beauftragt.

Baron v. Puttkammer, Königl. Preuß. Portepee-Fähnrich a. D., in dieser Charge im 2. Jäger-Corps angestellt.

v. Fabricius, Oberst und Commandeur der III. Infanterie-Brigade, von der Wahrnehmung der Geschäfte der Commandantur von Itzehoe entbunden.

v. Bündiger, Oberst-Lieutenant und Commandant von Neumünster, in gleicher Eigenschaft nach Itzehoe versetzt.

Den 18. September.

Das der I. Brigade während des diesjährigen Feldzuges attachirt gewesene freiwillige Scharfschützen-Corps ist mit heute aufgelöst.

Den 20. September.

v. Lavaetz, Hauptmann a. D., von der Führung der Krankenwärter-Compagnie entbunden.

Petersen, Hauptmann von der Armee, unter Entbindung von dem Commando bei der Armee-Intendantur, neben seiner Stellung als Inspector der Feld-Lazarethe, zum Chef der Krankenwärter-Compagnie ernannt.

Den 21. September.

Wettstein, Königl. Preuß. Portepee-Fähnrich, in dieser Charge im 15. Infanterie-Bataillon angestellt.

Den 23. September.

Paysen, Premier-Lieutenant der Artillerie-Brigade, als Adjutant beim Gouvernement der Festung Rendsburg commandirt.

Friedrich Prinz von Schleswig-Holstein-Sonderburg-Augustenburg (Noer), Premier-Lieutenant vom 2. Dragoner-Regiment, à la suite des Regiments gestellt.

Den 24. September.

Dannenberg, Thun, Königl. Preuß. Seconde-Lieutenants a. D., früher im 2. Bataillon (Treuenbrietzen) 20. Landwehr-Regiments, ersterer, unter Beförderung zum Premier-Lieutenant, letzterer als Seconde-Lieutenant resp. im 11. und 15. Infanterie-Bataillon angestellt.

Den 29. September.

Theilkuhl, Seconde-Lieutenant vom 13. Infanterie-Bataillon, mit Wahrnehmung der Commandantur-Geschäfte von Itzehoe beauftragt, und zwar so lange, bis der dienstlich abwesende Commandant, Oberst-Lieutenant v. Bündiger, auf seinen Posten zurückgekehrt sein wird.

Meier 1ste, Seconde-Lieutenant vom 3. Infanterie-Bataillon, von der Dienstleistung als Adjutant bei der Reserve-Infanterie-Brigade entbunden.

Hennig, Seconde-Lieutenant vom 15. Infanterie-Bataillon, als Adjutant zur Reserve-Brigade commandirt.

Ochsz, Seconde-Lieutenant vom 14., in's 11. Infanterie-Bataillon versetzt.

de Crompton, Premier-Lieutenant und Compagnie-Commandeur vom 15. Infanterie-Bataillon, zur Dienstleistung bei der Cavallerie commandirt.

v. Hertzberg, Premier-Lieutenant vom 5. Infanterie-Bataillon, bis zu seiner völligen Genesung zur Dienstleistung als Adjutant beim Armee-Commando commandirt.

Den 1. October.

Anmerkung: Sämmtliche commandirten Offiziere und Militairbeamten des unterm 29. September a. c. aufgelösten Kriegs-Departements treten in gleicher Eigenschaft zum Ministerial-Departement des Krieges über.

v. Abercron 1ste, Graf v. Blome-Salzau, Seconde-Lieutenants vom 2. Dragoner-Regiment, von den Commandos als Adjutanten beim Armee-Commando entbunden.

Den 4. October.

v. Zimmermann, Hauptmann vom 3. Infanterie-Bataillon, unter Führung à la suite desselben, zur Dienstleistung beim Ministerium des Kriegs-Wesens (I. Abtheilung) commandirt.

Den 5. October.

Schoene, Premier-Lieutenant vom 10. Infanterie-Bataillon, unter Entbindung von dem Commando bei der Armee-Intendantur, zur Dienstleistung bei der IV. Abtheilung des Ministeriums des Krieges commandirt.

Sonderhoff, Königl. Preuß. Seconde-Lieutenant a. D., früher im 3. Bataillon (Neuhaldensleben) 26. Landwehr-Regiments, in dieser Charge im 2. Jäger-Corps angestellt.

Den 6. October.

Jacobsen, interimistischer Chef des Ministerial-Departements des Krieges, von dieser Stellung entbunden.

Boysen, interimistischer Chef des Ministerial-Departements des Innern, neben seiner Stellung mit der interimistischen Wahrnehmung der Geschäfte des Ministerial-Departements des Krieges beauftragt.

Schmitt, Königl. Preuß. Major der Artillerie und Commandant der Festung Rendsburg, neben seiner Stellung mit Vertretung des auf drei Wochen beurlaubten Gouverneurs beauftragt.

Den 8. October.

v. Doering, Hauptmann der Adjutantur, vom Commando der 1. Infanterie-Brigade zur Jäger-Inspection versetzt.

v. Beeren, Hauptmann vom 3. Infanterie-Bataillon, unter Versetzung zur Adjutantur, zur Dienstleistung zur 1. Infanterie-Brigade commandirt.

Den 9. October.

v. Bündiger, Oberst-Lieutenant und Commandant von Itzehoe, in gleicher Eigenschaft nach Neumünster zurückversetzt.

v. Lesser, Major à la suite der Artillerie-Brigade und Commandant von Flensburg, in gleicher Eigenschaft nach Itzehoe versetzt.

v. Doering, Königl. Preuß. Seconde-Lieutenant a. D., früher im 15. Infanterie-Regiment, als Premier-Lieutenant im 10. Infanterie-Bataillon angestellt.

Den 10. October.

v. Fischer-Treuenfeld, Königl. Preuß. Seconde-Lieutenant a. D., früher im 4. Infanterie-Regiment, unter Beförderung zum Hauptmann und Compagnie-Chef, provisorisch im 3. Infanterie-Bataillon angestellt.

Den 11. October.

Bathke, Hauptmann vom 6. Infanterie-Bataillon, von der interimistischen Führung des 2. Infanterie-Bataillons entbunden.

v. Gagern, Königl. Preuß. Major a. D. (früher Hauptmann im 1. Garde-Regiment zu Fuß), als Major in der Armee angestellt und zum Commandeur des 2. Infanterie-Bataillons ernannt.

Jungmann, Major der Artillerie-Brigade, unter Entbindung von dem Commando der Küsten-Batterieen bei Eckernförde, zum Commandanten von Neustadt ernannt, und ihm neben dieser Stellung die Leitung und Beaufsichtigung der bei Neustadt, Heiligenhafen und Hohewacht anzulegenden Küsten-Batterieen übertragen.

Beförderungen.

a) Zu Portepee-Fähnrichs.

Die Offizier-Aspiranten:

Sergeant Kauffmann vom 8. Infanterie-Bataillon.
Oberjäger Asmussen vom 2. Jäger-Corps.
Unteroffizier Jenner vom 8. Infanterie-Bataillon.
Oberjäger Kuntze vom 1. Jäger-Corps.
 " Schütze " 2. " "

b) Zu Offizier-Aspiranten:

Gefreiter v. Raumer (Baier) vom 1. Jäger-Corps.
Jäger Friccius (Hamburger) vom 3. Jäger-Corps.
Unteroffizier Thomsen (Inländer) vom 7. Infanterie-Bataillon.
Unteroffizier Brodersen (Inländer) vom 7. Infanterie-Bataillon.
Jäger Möller (Inländer) vom 3. Jäger-Corps.
Gefreiter v. Stülpnagel (Preuße) vom 3. Infanterie-Bataillon.
Jäger Siefert (Sachsen-Weimar) vom 4. Jäger-Corps.
Fabricius vom 8. Infanterie-Bataillon.
Olffen-Bagge (Preuße) vom 3. Jäger-Corps.
Unteroffizier Hoyer von der Artillerie-Brigade (reitende Batterie).
Kanonier v. Abercron (Inländer) von der Artillerie-Brigade (Festungs-Abtheilung).
Unteroffizier Riemann von der Artillerie-Brigade (reitende Batterie).

Lettgau, Hauptmann und Compagnie-Chef vom 6. Infanterie-Bataillon, mit Anciennetät vom 4. August 1849 definitiv angestellt.

Beförderungen
zu Hauptleuten und Compagnie-Chefs:

v. Strantz, Premier-Lieutenant vom 14. Infanterie-Bataillon, mit Anciennetät vom 16. September 1849.

Husarczewski, Premier-Lieutenant vom 9. Infanterie-Bataillon, mit Ancienetät vom 20. September 1849.

v. Zschüschen, Premier-Lieutenant vom 4. Jäger-Corps, mit Ancienetät vom 22. September 1849.

Graf v. Westarp, Premier-Lieutenant vom 8. Infanterie-Bataillon, mit Ancienetät vom 24. September 1849.

Consbruch, Premier-Lieutenant vom 15. Infanterie-Bataillon, definitiv mit Ancienetät vom 16. April 1848 angestellt.

---

v. Schickfus, Premier-Lieutenant,

Peters, Premier-Lieutenant, beide von der Artillerie-Brigade, ersterer mit Ancienetät vom 22. September 1849, letzterer ohne Patent, zu Hauptleuten,

Graf v. Baudissin, Premier-Lieutenant vom 2. Dragoner-Regiment, mit Ancienetät vom 20. September 1849 zum Rittmeister,

Röhrig, Seconde-Lieutenant à la suite des 2. Dragoner-Regiments und Commandeur ad int. der Train-Compagnie, mit Ancienetät vom 21. September 1849,

Graf v. Holstein, Seconde-Lieutenant vom 2. Dragoner-Regiment, mit Ancienetät vom 24. September 1849, zu Premier-Lieutenants befördert.

Graf v. Luckner, Premier-Lieutenant vom 1. Dragoner-Regiment, die Ancienetät vom 14. Juli 1848 beigelegt.

Den 13. October.

v. Buseck, Herzogl. Nassauischer Seconde-Lieutenant a. D., als Premier-Lieutenant im 8. Infanterie-Bataillon angestellt.

Den 14. October.

Burow, Königl. Preuß. Seconde-Lieutenant a. D., früher im 18. Infanterie-Regiment, als Premier-Lieutenant im 1. Infanterie-Bataillon,

Lohmann, Königl. Preuß. Seconde-Lieutenant a. D., früher im 3. Bataillon (Meschede) 16. Landwehr-Regiments (der 1ste), in dieser Charge im 12. Infanterie-Bataillon provisorisch angestellt.

Den 15. October.

Beförderungen zu Premier-Lieutenants:

Seconde-Lieutenant Lenz	vom	5. Jäger-Corps.
= = Wichers	=	5. Inf.-Bataillon.
= = v. Tresenreuter	=	6. = =
= = Sarauw 1ste	=	4. Jäger-Corps.
= = Wuthenow	=	8. Inf.-Bataillon.
= = Graf v. Luckner	=	6. = =
= = Bäthgen	=	5. = =
= = Hilliger	=	4. Jäger-Corps.
= = v. Minckwitz	=	3. Inf.-Bataillon.

Steinhaus, Seconde-Lieutenant vom 2., in's 4. Jäger-Corps versetzt.

Zorn, Premier-Lieutenant der Artillerie-Brigade, bisher provisorisch Dienst geleistet, mit Anciennetät vom 7. Juni 1848, definitiv angestellt.

Witthöfft, Portepee-Fähnrich vom 8. Infanterie-Bataillon,

Burmester, Detlefsen, Portepee-Fähnriche vom 3. Jäger-Corps,

Kühl, Portepee-Fähnrich von der Artillerie-Brigade, zu Seconde-Lieutenants befördert.

v. Restorff, Premier-Lieutenant vom 2., commandirt zur Dienstleistung beim 3. Jäger-Corps, bisher provisorisch in der Armee Dienste geleistet, mit Anciennetät vom 18. April 1848 definitiv angestellt und in's 3. Jäger-Corps versetzt.

v. Gilsa, Seconde-Lieutenant der Artillerie-Brigade,

Sembach, Seconde-Lieutenant vom 11. Infanterie-Bataillon, bisher provisorisch in der Armee Dienste geleistet, mit Ancieunetät resp. vom 1. Juli 1848 und 1. April 1849 definitiv angestellt.

Den 21. October.

Boner, Königl. Preuß. Seconde-Lieutenant a. D., früher im 13. Infanterie-Regiment, als Premier-Lieutenant, bis zu seiner definitiven Anstellung in der Armee, zur Dienstleistung dem 12. Infanterie-Bataillon überwiesen.

Den 22. October.

v. Lepell, Premier-Lieutenant und Compagnie-Commandeur vom 13. Infanterie-Bataillon, unter Beförderung zum Hauptmann und Compagnie-Chef, definitiv angestellt.

Seweloh, Major der Artillerie-Brigade, unter Führung à la suite derselben, zur Dienstleistung in's Ministerium des Kriegswesens commandirt und zum Chef der I. Abtheilung desselben ernannt.

Den 25. October.

Korff, Königl. Preuß. Seconde-Lieutenant der Cavallerie des 3. Bataillons (Meschede) 16. Landwehr-Regiments, als Seconde-Lieutenant provisorisch im 1. Dragoner-Regiment angestellt.

Den 26. October.

Meier 1ste, Seconde-Lieutenant vom 3., in's 11. Infanterie-Bataillon versetzt.

Den 27. October.

Bergin, Königl. Schwedischer Portepee-Fähnrich (mit Seconde-Lieutenants-Charakter) a. D., in dieser Charge, mit der Erlaubniß zum Tragen der Offiziers-Uniform, im 3. Jäger-Corps angestellt.

Den 28. October.

v. Eickstedt, Königl. Preuß. Seconde-Lieutenant a. D., früher im 1. Infanterie-Regiment,

v. Paraski, Königl. Preuß. Seconde-Lieutenant a. D., früher im 21. Infanterie-Regiment,

ersterer als Premier-Lieutenant, letzterer als Seconde-Lieutenant provisorisch im 3. und 14. Infanterie-Bataillon angestellt.

Grundtmann, Unteroffizier und Offizier-Aspirant vom 7. Infanterie-Bataillon,
v. Ahlefeldt, Oberjäger und Offizier-Aspirant vom 1. Jäger-Corps,
Becher, Unteroffizier und Offizier-Aspirant der Artillerie-Brigade (3. Festungs-Batterie),
   zu Portepee-Fähnrichs befördert.
Franck (Inländer), Sergeant vom 2. Infanterie-Bataillon,
Schwerdtfeger (Inländer), Unteroffizier vom 7. Infanterie-Bataillon,
Bahnson (Inländer), Oberjäger vom 5. Jäger-Corps,
Delfs (Inländer), Unteroffizier vom 7. Infanterie-Bataillon,
Falk (Inländer), Musketier vom 7. Infanterie-Bataillon,
Kühl (Inländer), Unteroffizier vom 7. Infanterie-Bataillon,
Goß (Preuße), Unteroffizier vom 6. Infanterie-Bataillon,
Rasch (Hannover.), Jäger vom 1. Jäger-Corps,
Nissen (Inländer), Dragoner vom 1. Dragoner-Regiment,
Ducker (Oesterreich.), Feuerwerker von der Artillerie-Brigade,
Pauls (Inländer), Bombardier von der Artillerie-Brigade,
Müllenhof (Inländer), Bombardier von der Artillerie-Brigade,
   zu Offizier-Aspiranten ernannt.

Den 30. October.

de Crompton, Premier-Lieutenant und Compagnie-Combeur vom 15. Infanterie-Bataillon, von dem Commando zur Dienstleistung bei der Cavallerie-Brigade entbunden.
Vitzthum- v. Eckstaedt, Königl. Preuß. Seconde-Lieutenant a. D., früher im 20. Infanterie-Regiment, in dieser Charge provisorisch im 15. Infanterie-Bataillon angestellt.

Den 2. November.

v. Ginestous, Premier-Lieutenant a. D., zuletzt im Hanseatischen Contingent von Lübeck, früher Königl. Preuß. Seconde-Lieutenant im 12. Husaren- und später im 9. Infanterie-Regiment (Colberg), als Premier-Lieutenant provisorisch im 4. Infanterie-Bataillon angestellt.

Den 3. November.

v. Uckermann, Königl. Preuß. Seconde-Lieutenant a. D., früher im 2. Bataillon (Freistadt) 6. Landwehr-Regiments, als Seconde-Lieutenant provisorisch im 11. Infanterie-Bataillon.

v. Drygalski, Königl. Preuß. Portepee-Fähnrich a. D., zuletzt im 6. Infanterie-Regiment, in dieser Charge im 8. Infanterie-Bataillon angestellt.

Den 6. November.

Seelemann, Königl. Preuß. Seconde-Lieutenant a. D., früher im 38. Infanterie-Regiment (6. Reserve-Regiment), als Premier-Lieutenant provisorisch im 15. Infanterie-Bataillon angestellt.

Den 9. November.

Peters, Hellner 1ste, Hellner 2te, Seconde-Lieutenants vom 1. Dragoner-Regiment,

Kröhnke, de Neergaard, Seconde-Lieutenants vom 6. Infanterie-Bataillon,

letztere Beide unter Belassung in ihrem Commando zur Dienstleistung beim Ingenieur-Corps,

sämmtlich zu Premier-Lieutenants befördert, letzterer jedoch unter Vorbehalt der näheren Feststellung seiner Ancienneität.

Breede, Portepee-Fähnrich vom 2., unter Versetzung in's 11. Infanterie-Bataillon,

Höfer, Portepee-Fähnrich vom 12. Infanterie-Bataillon,

v. Mechow, Portepee-Fähnrich vom 1. Jäger-Corps (Königl. Preuß. Portepee-Fähnrich a. D., früher im 37. Infanterie-Regiment),

v. Favrat-Jacquier-de Bernah, Portepee-Fähnrich vom 4. Infanterie-Bataillon,

Dirksen, Portepee-Fähnrich von der Artillerie-Brigade, zu Seconde-Lieutenants befördert.

v. Frankenberg-Ludwigsdorff, Seconde-Lieutenant vom 4. Jäger-Corps, definitiv in der Armee angestellt.

v. Brockenhuus, Premier-Lieutenant der Artillerie-Brigade, die Ancienneität als Premier-Lieutenant vom 26. März 1848 wieder verliehen.

Schlobach, Königl. Preuß. Seconde-Lieutenant a. D., früher im 1. Bataillon (Merseburg) 32. Landwehr-Regiments, in dieser Charge im 11. Infanterie-Bataillon provisorisch angestellt.

Den 10. November.

Trip, Königl. Preuß. Seconde-Lieutenant a. D., früher im 17. Infanterie-Regiment, als Premier-Lieutenant provisorisch im 13. Infanterie-Bataillon angestellt.

Den 12. November.

v. Restorff, Premier-Lieutenant vom 3. in's 2. Jäger-Corps zurückversetzt.

v. Puttkammer, Königl. Preuß. Premier-Lieutenant a. D., früher im Garde-Husaren-Regiment, unter Beförderung zum Rittmeister und Escadrons-Chef im 1. Dragoner-Regiment provisorisch angestellt.

Den 17. November.

v. Klitzing, Königl. Preuß. Seconde-Lieutenant des 3. Bataillons (Havelberg) 24. Landwehr-Regiments, als Seconde-Lieutenant im 13. Infanterie-Bataillon provisorisch angestellt.

Den 20. November.

Behrends, Königl. Preuß. Seconde-Lieutenant des 2. Bataillons (Stolp) 21. Landwehr-Regiments, in dieser Charge im 14. Infanterie-Bataillon provisorisch angestellt.

Den 21. November.

Aye, Premier-Lieutenant der Adjutantur, commandirt zur Dienstleistung beim Armee-Commando, zum etatsmäßigen Rittmeister (mit der Uniform der Cavallerie) ohne bestimmte Ancienneität befördert.

Den 30. November.

Beförderungen zu Portepee-Fähnrichs.

Die Offizier-Aspiranten:
Oberjäger Jasper vom 3. Jäger-Corps.
Unteroffizier Müller vom 9. Infanterie-Bataillon.
Oberjäger Chalybaeus vom 4. Jäger-Corps.
Bahnson - 4.

Personal-Veränderungen.

Unteroffizier Bruhn vom 10. Infanterie-Bataillon.
- Böhme von der Artillerie-Brigade (1. sechspfündige Batterie).
- Ratjen von der Artillerie-Brigade (4. Festungs-Batterie).
- Fischer von der Artillerie-Brigade (2. Festungs-Batterie).

Zu Offizier-Aspiranten:

Oberjäger Kelter (Inländer) vom 2. Jäger-Corps.
Gefreiter Schönheit (Schwarzburg-Rudolstädter) vom 3. Jäger-Corps.
Oberjäger Dreger (Inländer) vom 5. Jäger-Corps.
Dragoner Graf zu Rantzau (Inländer) vom 2. Dragoner-Regiment.
Kanonier Horn von der Artillerie-Brigade (2. 12pfündige Batterie).
Kanonier Paulsen (Inländer) von der Artillerie-Brigade (3. 12pfündige Batterie).

Den 3. December.

Jourdan, Hauptmann der Artillerie-Brigade und Zeugmeister, erhält ein Patent seiner Charge.

Den 4. December.

Bohsen, interimistischer Chef des Ministerial-Departements des Innern, von der interimistischen Wahrnehmung der Geschäfte des Ministerial-Departements des Krieges entbunden.

v. Krohn, General-Major und Gouverneur von Rendsburg, bisher Chef des Kriegs-Departements, zum interimistischen Departements-Chef des Ministeriums des Krieges ernannt.

Den 5. December.

Rose, Königl. Preuß. Seconde-Lieutenant des 1. Bataillons (Posen) 18. Landwehr-Regiments, als Premier-Lieutenant im 13. Infanterie-Bataillon provisorisch angestellt.

Den 9. December.

Baron v. Monschaw, Königl. Preuß. Seconde-Lieutenant a. D., früher im 2. Bataillon (Andernach) 29. Landwehr-

Regiments, als Seconde-Lieutenant provisorisch im 3. Jäger-Corps angestellt.

Den 10. December.

Billig, Königl. Preuß. Seconde-Lieutenant der Artillerie des Landwehr-Bataillons (Bartenstein) des 33. Infanterie-Regiments, als Seconde-Lieutenant in der Artillerie-Brigade provisorisch angestellt.

v. Steensen, Hauptmann und Compagnie-Chef vom 3. Jäger-Corps, in's 3. Infanterie-Bataillon versetzt.

v. Hagens, Königl. Preuß. Seconde-Lieutenant a. D., früher im 17. Infanterie-Regiment, als Hauptmann und Compagnie-Chef im 3. Jäger-Corps provisorisch angestellt.

Jungmann, Major der Artillerie-Brigade und Commandant von Neustadt rc., zum Commandeur der 1. Feld-Abtheilung derselben ernannt.

v. Marklowski, Major und Commandeur des 10. Infanterie-Bataillons, neben seiner Stellung mit Wahrnehmung der Geschäfte der Commandantur von Neustadt beauftragt.

Den 12. December.

v. Krohn, General-Major und interimistischer Departements-Chef des Ministeriums des Kriegswesens, von dem Verhältniß als Gouverneur von Rendsburg enthunden.

Graf v. Baudissin, General-Major und Commandeur der 1. Infanterie-Brigade, neben seiner Stellung mit Wahrnehmung der Geschäfte des Gouvernements von Rendsburg beauftragt.

Definitive Anstellungen in der Armee:

v. Gagern, Major und Commandeur des 2. Infanterie-Bataillons, unter Vorbehalt der näheren Feststellung seiner Anciennetät,

v. Alten, Hauptmann der Adjutantur, mit Anciennetät vom 5. Mai 1849,

Burow, Premier-Lieutenant vom 1. Infanterie-Bataillon, unter Beförderung zum Hauptmann und Compagnie-Chef, mit Anciennetät vom 5. September 1849.

v. Held, Königl. Preuß. Premier-Lieutenant a. D., früher in der 11. Artillerie-Brigade, unter Beförderung zum Hauptmann, mit Ancienetät vom 1. Januar 1849.

v. Ginestous, Premier-Lieutenant vom 4. Infanterie-Bataillon, mit Ancienetät vom 4. April 1848.

v. Buseck, Premier-Lieutenant vom 8. Infanterie-Bataillon, mit Ancienetät vom 15. April 1848.

Boner, Premier-Lieutenant vom 12. Infanterie-Bataillon, mit Ancienetät vom 16. April 1848.[a.3]

Seelemann, Premier-Lieutenant vom 15. Infanterie-Bataillon, mit Ancienetät vom 1. Juni 1848.

v. Doering, Premier-Lieutenant vom 10. Infanterie-Bataillon, mit Ancienetät vom 8. Juli 1848.

Schimmelpfeng, Seconde-Lieutenant vom 11. Infanterie-Bataillon, mit Ancienetät vom 10. Juli 1848.

Schlobach, Seconde-Lieutenant vom 11. Infanterie-Bataillon, mit Ancienetät vom 21. Juli 1848.[p.]

v. Below, Seconde-Lieutenant vom 15. Infanterie-Bataillon, mit Ancienetät vom 28. Juli 1848.[a.]

Lohmann, Seconde-Lieutenant vom 12. Infanterie-Bataillon, mit Ancienetät vom 30. März 1849.

v. Paraski, Seconde-Lieutenant vom 14. Infanterie-Bataillon, mit Ancienetät vom 10. Juni 1849.

v. Uckermann, Seconde-Lieutenant vom 11. Infanterie-Bataillon, mit Ancienetät vom 20. Juni 1849.

Sonderhoff, Seconde-Lieutenant vom 2. Jäger-Corps, mit Ancienetät vom 26. Juli 1849.[k.2]

Den 14. December.

Röhrig, Premier-Lieutenant à la suite des 2. Dragoner-Regiments und Commandeur ad int. der Train-Compagnie, zur genannten Compagnie versetzt.

Den 15. December.

Schimmelfennig-v. d. Oye, Hauptmann der Artillerie-Brigade, zur Dienstleistung als Adjutant beim Armee-Commando commandirt.

Mathes, Königl. Preuß. Seconde-Lieutenant des 1. Bataillons (Neu-Ruppin) 24. Landwehr-Regiments, als solcher im 5. Infanterie-Bataillon provisorisch angestellt.

Gräff, Portepee-Fähnrich vom 1. Infanterie-Bataillon, commandirt zur Dienstleistung im Büreau des Ober-Quartiermeisters der Armee, zum Dessinateur in dem genannten Büreau mit Seconde-Lieutenants-Rang und Uniform des Ober-Quartiermeisters, diese mit den vorgeschriebenen Abzeichen seines Ranges, ernannt.

Den 17. December.

Paysen, Premier-Lieutenant der Artillerie-Brigade, unter Belassung in seinem Commando als Adjutant beim Gouvernement von Rendsburg,

v. Krenski, Premier-Lieutenant und Batterie-Commandeur von derselben Brigade (4. 6pfündigen Batterie), unter Ernennung zum Batterie-Chef,

    zu Hauptleuten befördert.

v. Gilsa, Seconde-Lieutenant von derselben Brigade, zum Premier-Lieutenant,

Lehmann, Portepee-Fähnrich von derselben Brigade, zum Seconde-Lieutenant,

v. Reißwitz, Portepee-Fähnrich vom 13. Infanterie-Bataillon,

v. Puttkammer, Portepee-Fähnrich vom 2. Jäger-Corps,

v. Zedlitz, Portepee-Fähnrich vom 2. Jäger-Corps,

Harries, Portepee-Fähnrich vom 13. Infanterie-Bataillon,

Greisen, Portepee-Fähnrich vom 4. Jäger-Corps,

Serre, Portepee-Fähnrich vom 1. Dragoner-Regiment,

    zu Seconde-Lieutenants befördert.

Den 23. December.

Beförderungen zu Majors:

Hauptmann v. Lübers vom 11. Infanterie-Bataillon,

       " v. Lützow   " 1. "

       " v. Rahtlev, à la suite des 3. Jäger-Corps, mit den Functionen des etatsmäßigen Stabsoffiziers bei der II. Infanterie-Brigade beauftragt, unter Ernennung zum etatsmäßigen Stabsoffizier derselben,

Hauptmann v. Steyber, interim. Commandeur des 8. Infanterie-Bataillons,

Hauptmann v. Eggers, interim. Commandeur des 15. Infanterie-Bataillons,

letztere Beide unter Ernennung zu wirklichen Bataillons-Commandeuren.

Zu Hauptleuten und resp. Compagnie-Chefs:

Premier-Lieutenant	la Croix	vom 3. Inf.-Bataillon,
=	v. Ginestous	= 4. = =
=	= Hoffmann	= 14. = =
=	= Baffon	= 15. = =
=	= v. Köppen	= 5. Jäger-Corps,
=	= de Crompton	= 15. Inf.-Bataillon,
=	= v. Kahlden	= 5. Jäger-Corps,
=	= v. d. Goltz	= 8. Inf.-Bataillon,

letzterer unter Belassung in seinem Commando bei der II. Infanterie-Brigade, in die Adjutantur versetzt (mit der Uniform der Infanterie).

Den 26. December.

Vogt, Königl. Würtemb. Seconde-Lieutenant a. D., früher im 2. Ulanen-Regiment, zuletzt im 8. Infanterie Regiment, als Seconde-Lieutenant im 1. Infanterie-Bataillon provisorisch,

Lenz, Königl. Preuß. Seconde-Lieutenant a. D., früher im 6. Infanterie-Regiment, in dieser Charge im 4. Jäger-Corps provisorisch,

Bettingen, Königl. Preuß. Seconde-Lieutenant a. D., früher im 3. Bataillon (Prüm) 30. Landwehr-Regiments, in dieser Charge provisorisch im 13. Infanterie-Bataillon angestellt.

Den 28. December.

v. Bündiger, Oberst-Lieutenant (Charakter) à la suite des 4. Infanterie-Bataillons und Commandant von Neumünster, zum etatsmäßigen Stabs-Offizier bei der Reserve-Infanterie-Brigade,

v. Lange, Major und etatsmäßiger Stabs-Offizier der III. Infanterie-Brigade, unter Stellung à la suite des 1. Jäger-Corps, zum Commandanten von Neumünster,

v. Lübers, Major vom 11. Infanterie-Bataillon, zum etatsmäßigen Stabs-Offizier der III. Infanterie-Brigade und neben seiner Stellung zum interimistischen Commandeur des Stammes des 16. und 20. Reserve-Infanterie-Bataillons,

v. Lützow, Major vom I. Infanterie-Bataillon, zum etatsmäßigen Stabs-Offizier der I. Infanterie-Brigade und neben seiner Stellung zum interimistischen Commandeur des Stammes des 6. und 7. Reserve-Jäger-Corps ernannt.

de Morzé, Hauptmann vom 11. Infanterie-Bataillon, mit der interimistischen Führung des Stammes des 17. und 21. Reserve-Infanterie-Bataillons,

v. Lilienstein, Premier-Lieutenant vom 13. Infanterie-Bataillon, mit der interimistischen Führung des Stammes des 18. und 22. Reserve-Infanterie-Bataillons,

v. Bündiger, Oberst-Lieutenant (Charakter) und etatsmäßiger Stabs-Offizier der Reserve-Infanterie-Brigade, neben seiner Stellung mit den Geschäften des Commandos des Stammes des 19. und 23. Reserve-Infanterie-Bataillons ad int. beauftragt.

v. Buseck, Premier-Lieutenant vom 8., als Compagnie-Commandeur in's 1.,

Boner, Premier-Lieutenant vom 12., als Compagnie-Commandeur in's 13.,

v. Normann, Premier-Lieutenant vom 15., als Compagnie-Commandeur in's 11. Infanterie-Bataillon versetzt.

Heise, Premier-Lieutenant vom 11. Infanterie-Bataillon, zum Commandeur der 3. Compagnie desselben Bataillons ernannt.

Den 31. December.

v. Below, Seconde-Lieutenant vom 15., in's 4. Infanterie-Bataillon versetzt.

Wagemann, Königl. Hannöver. Seconde-Lieutenant der Artillerie a. D., in dieser Charge provisorisch in der Artillerie-Brigade angestellt.

Personal-Veränderungen.

A. **Beförderungen.**

I. **Zu Portepee-Fähnrichs.**

Die Offizier-Aspiranten:

Oberjäger Stach v. Goltzheim vom 4. Jäger-Corps (früher Portepee-Fähnrich in Preuß. Diensten),
Sergeant Nielsen vom 4. Infant.-Bataillon,
Unteroffizier Iversen = 3. = =
Oberjäger Ahlmann = 1. Jäger-Corps,
 = Vater = 1. = =
Unteroffizier Frhr. v. Falkenstein = . Infant.-Bataillon,
Oberjäger v. Rau = Jäger-Corps,
Unteroffizier Brodersen = Infant.-Bataillon,
 = v. Stülpnagel = 3. = =
Oberjäger Siefert = 4. Jäger-Corps,
Unteroffizier Franck = 2. Infant.-Bataillon,
Oberjäger Bahnson = 5. Jäger-Corps,
Unteroffizier Delfs = 7. Infant.-Bataillon,
 = Kühl = 7. = =
Oberjäger v. Zander = 5. Jäger-Corps,
 = Kelter = 2. = =
Bombardier v. Engelbrechten von der Artillerie-Brigade (2. Festungs-Batterie),
Bombardier Kauffmann von der Artillerie-Brigade (2. 6-pfündigen Batterie),
Unteroffizier Burow von der Artillerie-Brigade (3. Festungs-Batterie),
Bombardier v. Abercron von der Artillerie-Brigade (1. Festungs-Batterie),
Bombardier Pauls von der Artillerie-Brigade (2. Festungs-Batterie),
Unteroffizier Graf zu Rantzau-Seeburg vom 2. Dragoner-Regiment.

II. **Zu Offizier-Aspiranten:**

Unteroffizier Harries (Inländer) vom 9.,
 = Krieß (Preuße) vom 3.,
 = Kellner (Oldenburger) vom 4.,
Sergeant Bollbehr vom 13. Infanterie-Bataillon,

Jäger   v. Plocki (Preuße) vom 4. Jäger-Corps,
Gefreiter   thor Straten (Inländer) vom 11.,
Unteroffizier Eggers (Inländer) vom 13.,
Gefreiter   Jessen (Inländer) vom 1.,
  „   Petersen (Inländer) vom 1. Infant.-Bataillon,
Jäger   Vogler (Inländer) vom 1. Jäger-Corps,
Kanonier Scheimberg von der Artillerie-Brigade (2. Festungs-Batterie),
Kanonier Hormann (Inländer) von der Artillerie-Brigade (2. Festungs-Batterie),
Kanonier Nissen (Inländer) von der Artillerie-Brigade (1. Festungs-Batterie),
Kanonier Clausen (Inländer) von der Artillerie-Brigade (1. Festungs-Batterie),
Bombardier Neuhaus (Preuße) von der Artillerie-Brigade (3. Festungs-Batterie),
Dragoner Eugen Hanssen (Inländer) vom 2. Dragoner-Regiment,
Unteroffizier v. Prangen (Inländer) vom Ingenieur-Corps.
  „   Hellwag (Oldenburger)   „   „   „

Nachtrag.
November.

Lütgen, Hauptmann vom 9. Infanterie-Bataillon, zur Dienstleistung bei der Armee-Intendantur commandirt.

B. Abschiedsbewilligungen 2c.

Den 11. Januar.

v. Boeckmann, Seconde-Lieutenant vom 2. Jäger-Corps, der Abschied bewilligt.

v. Dau, Seconde-Lieutenant von demselben Corps, mit seinem bisherigen Gehalt, als Wartegeld, zur Disposition gestellt.

Den 24. Januar.

v. Boeckmann, Oberjäger und Offizier-Aspirant vom 4. Jäger-Corps, mit dem Charakter als Portepee-Fähnrich, der Abschied bewilligt.

Personal-Veränderungen.

Den 6. Februar.
v. Coch, Hauptmann von der Armee, mit Pension der Abschied bewilligt.

Den 7. Februar.
Niemojewsky, Premier-Lieutenant vom 1. Dragoner-Regiment, als Hauptmann der Abschied bewilligt.

Den 17. Februar.
Graf v. Blome-Salzau, Oberst-Lieutenant à la suite der Cavallerie, der nachgesuchte Abschied bewilligt.

Den 20. Februar.
v. Kindt, Oberst-Lieutenant à la suite des 2. Infanterie-Bataillons und Commandant von Neumünster, mit Pension der Abschied bewilligt.

Den 22. Februar.
Nicolaus Prinz zu Schleswig-Holstein-Sonderburg-Glücksburg Durchlaucht, Premier-Lieutenant vom 2. Dragoner-Regiment, der Abschied bewilligt. (Tritt in's Preuß. 2. Dragoner-Regiment als aggreg. Seconde-Lieutenant ein.)

Den 23. Februar.
v. Bülow, Hauptmann vom 3. Jäger-Corps, der nachgesuchte Abschied bewilligt. (Gehört zu der Kategorie der bis 1. October 1850 verabschiedeten Preuß. Offiziere.)

Den 27. Februar.
v. Koefoed, Major der Artillerie, zur Disposition, früher Zeugmeister des Rendsburger Arsenals, mit Pension der Abschied bewilligt.

Den 10. März.
v. Arnim, Hauptmann vom 7. Infanterie-Bataillon, der Abschied bewilligt.

Den 17. März.
v. Nissen, Major à la suite des 1. Dragoner-Regiments, mit Pension der Abschied bewilligt.

Den 19. März.
Keller, Jordan, Seconde-Lieutenants vom 9. Infanterie-Bataillon, mit Wartegeld zur Disposition gestellt.

Wormbs, Seconde-Lieutenant vom 8. Infanterie-Bataillon, der Abschied bewilligt.

Den 26. März.

v. Holstein, Rittmeister vom 2. Dragoner-Regiment, der Abschied bewilligt.

Soubiran, Premier-Lieutenant vom 3. Jäger-Corps, aus dem Dienst entlassen.

Den 21. April.

v. Wasmer 2te, Major und Commandeur des 1. Infanterie-Bataillons, mit Pension der Abschied bewilligt.

Den 5. Mai.

v. Garrelts, Premier-Lieutenant und Volontair-Offizier vom 3. Infanterie-Bataillon, der Abschied bewilligt. (Beurlaubter Preuß. Offizier, geht nach Preußen zurück.)

Den 11. Mai.

v. Zeska, Premier-Lieutenant vom 3. Jäger-Corps, ausgeschieden.

Den 12. Juni.

Deahna, Königl. Baiersch. Seconde-Lieutenant, attachirt dem 1. Jäger-Corps, von seiner Dienstleistung bei der Armee entbunden.

Den 30. Juni.

Coch, Seconde-Lieutenant vom 7. Infanterie-Bataillon, der Abschied bewilligt.

v. Christiansen, char. Major der Adjutantur und int. Commandeur der Train-Compagnie, der Abschied bewilligt.

Den 26. Juli.

v. Brauchitsch, Hauptmann vom 10. Infanterie-Bataillon, der Abschied bewilligt. (Commandirter Preuß. Offizier, geht nach Preußen zurück.)

Den 28. Juli.

v. Ahlefeldt-Seestedt, Seconde-Lieutenant vom 4. Infanterie-Bataillon, der nachgesuchte Abschied bewilligt.

Den 20. August.

Willmann, Major und Commandeur des 2. Infanterie-Bataillons,

v. Leonhardt, Major von der Armee und Commandeur
des 1. Reserve-Infanterie-Bataillons,
v. Hansen 1ste, Major und Commandeur des 4. Reserve-
Infanterie-Bataillons,
Hansen 2te, Major und etatsmäßiger Stabs-Offizier der
1. Infanterie-Brigade,
Schilling- v. Canstadt, Rittmeister und Commandeur
der Reserve-Cavallerie-Division,
sämmtlich mit Pension zur Disposition gestellt.

Den 26. August.

Graf v. Waldersee, Premier-Lieutenant der Adjutantur
und dienstleistender Adjutant bei dem Inspecteur der Jäger, der nachgesuchte Abschied bewilligt. (Commandirter
Preuß. Offizier, geht nach Preußen zurück.)

Den 6. September.

Schuch, Premier-Lieutenant der Artillerie-Brigade, der nachgesuchte Abschied bewilligt. (Commandirter Preuß. Offizier, geht nach Preußen zurück.)

Den 15. September.

v. Römeling, Seconde-Lieutenant der Artillerie-Brigade,
aus dem Dienst entlassen.

Den 27. September.

v. Sperling, Seconde-Lieutenant vom 2. Jäger-Corps,
der Abschied bewilligt.

Den 26. October.

s. Wiegand, Hauptmann von der Armee und früherer
Commandant von Eckernförde,
v. Jacobsen, Rittmeister von der Armee, zuletzt in der
Reserve-Cavallerie-Division,
v. Lienau, Hauptmann à la suite des 4. Infanterie-Bataillons, mit Pension in den Ruhestand versetzt.

Den 30. November.

Friedrich Prinz zu Schleswig-Holstein-Sonderburg-Glücksburg Durchl., Oberst-Lieutenant à la suite des 2. Dragoner-
Regiments, der nachgesuchte Abschied bewilligt.

Den 16. December,

Vitzthum- v. Eckstaedt, Seconde-Lieutenant vom 15. Infanterie-Bataillon (prov.), der Abschied bewilligt.

Den 17. December.

Schartow, Premier-Lieutenant vom 5. Infanterie-Bataillon, der Abschied bewilligt. (Commandirter Preuß. Offizier, geht nach Preußen zurück.)

Militair-Aerzte.

A. Anstellungen ꝛc.

Den 20. Januar.

Dr. Ruben, Unterarzt vom 2. Jäger-Corps, zur 3. 6pfündigen fahrenden Batterie versetzt.

Dr. Gülich, pract. Arzt (Inländer), als Unterarzt prov. in der Armee angestellt und dem 2. Jäger-Corps überwiesen.

Den 22. Januar.

Stud. med. Hübener, Jäger des 1. Jäger-Corps, mit den Functionen eines Unterarztes im 3. Infanterie-Bataillon beauftragt.

Den 24. Januar.

Dr. Schraber, prov. angestellter Oberarzt, der 1. 12pfündigen Batterie überwiesen.

Den 26. Februar.

Dr. Riese, Oberarzt 1. Classe, unter Entbindung von der Wahrnehmung der Geschäfte des Generalstabs-Arztes der Armee, zum General-Arzt bei derselben mit dem Range als Major ernannt.

Dr. Kirchner, Seidenschnur, Zettler, Dr. Francke, Jebsen, Dr. Martens, Dr. Roß, Holz, Dr. Thygesen, Dr. Weber, Dr. Joens, Dr. Suabicani, Dr. Schow, provis. Oberärzte, definitiv in der Armee angestellt.

Dr. Weber, Dr. Callisen (Inländer), zu Oberärzten in der Armee ernannt.

Jürgensen, Cramer, Oberärzte 2. Classe, die Gage 1. Classe bewilligt.

Dr. Stromeyer, Professor der Universität Kiel, zum Generalstabs-Arzt der Armee ernannt.

Den 14. März.

Anmerkung. Die älteren prov. angestellten Oberärzte sind nunmehr definitiv als solche, und die jüngeren prov. angestellten Aerzte als Assistenz-Aerzte 1. und 2. Classe definitiv angestellt.

Cramer, Oberarzt vom 1. Infanterie-Bataillon,
Dr. Francke, Oberarzt vom 1. und 2. Reserve-Infanterie-Bataillon,
an das Garnisons-Lazareth zu Rendsburg versetzt.

Dr. Cohen, Assistenzarzt 2. Classe von der Artillerie, unter Versetzung in's 1. Infanterie-Bataillon, mit den Functionen des Oberarztes im 1. und 2. Reserve-Infanterie-Bataillon beauftragt.

Dr. Herm. Schwartz, fung. Oberarzt am Garnisons-Lazareth zu Rendsburg, als Assistenzarzt 1. Classe in's 1. Infanterie-Bataillon,

Jürgensen, Oberarzt am Garnisons-Lazareth zu Rendsburg, in's 2. Infanterie-Bataillon,

Dr. Wiedemann, Unterarzt vom 1. Infanterie-Bataillon, unter Ernennung zum Assistenzarzt 1. Classe, in's 2. Infanterie-Bataillon versetzt.

Dr. Clasen, fungir. Oberarzt vom 3. Infanterie-Bataillon, verbleibt als Assistenzarzt 1. Classe in dieser Function im genannten Bataillon, und vertritt daselbst den Generalarzt Dr. Riese, welcher bei diesem Bataillon in Oberarzt-Nummer steht.

Dr. Schulz, Garnisonsarzt von Friedrichsort, unter Ernennung zum Assistenzarzt 2. Classe, in's 3. Infant.-Bataillon,

be la Motte, Assistenzarzt 1. Classe der Artillerie-Brigade, als Garnisonsarzt nach Friedrichsort,

Mohr, Unterarzt vom 1. Infanterie-Bataillon, unter Entbindung von dem Commando am Garnisons-Lazareth zu Rendsburg und Ernennung zum Assistenzarzt 1. Classe, in's 4. Infanterie-Bataillon,

Neuber, bisher beurlaubt. Unterarzt vom 5. Infanterie-Bataillon, unter Ernennung zum Assistenzarzt 2. Classe, in's 6. Infanterie-Bataillon versetzt.

Dr. Dubbers, bisher beurlaubt, als Assistenzarzt 1. Classe in's 6. Infanterie-Bataillon eingestellt.

Hübner, Unterarzt vom 6. Infanterie-Bataillon, von dem Commando am Lazareth zu Altona entbunden.

Dr. Meyer-Hane, Assistenzarzt 1. Classe vom 4. Jäger-Corps, in's 7. Infanterie-Bataillon,

Dr. Joens, Oberarzt am Lazareth in Altona, in's 8. Infanterie-Bataillon versetzt, verbleibt jedoch noch in Altona, bis er durch einen andern Arzt abgelöst wird.

Dr. Janssen, Assistenzarzt 1. Classe, fung. Oberarzt beim 3. Jäger-Corps, in's 9. Infanterie-Bataillon versetzt.

Dr. Weber, als Oberarzt im 10. Infanterie-Bataillon angestellt.

Dr. Beeken, Assistenzarzt 1. Classe, vom 8. in's 10. Infanterie-Bataillon,

Dr. Göze, Assistenzarzt 1. Classe, vom 2. in's 1. Jäger-Corps,

Dr. Martens, Oberarzt der Artillerie-Brigade, in's 2. Jäger-Corps,

Sörgel, Unterarzt vom 9. Infanterie-Bataillon, in's 2. Jäger-Corps,

Dr. Suadicani, Oberarzt vom 1. Dragoner-Regiment, in's 3. Jäger-Corps,

Dr. Bernstein, Assistenzarzt 2. Classe vom 7. Infanterie-Bataillon, in's 3. Jäger-Corps,

Dr. Schow, Oberarzt am Lazareth zu Neumünster, in's 4. Jäger-Corps versetzt.

Dr. Schiller, Unterarzt vom 4. Infanterie-Bataillon, unter Ernennung zum Assistenzarzt 2. Classe, in's 4. Jäger-Corps versetzt; bleibt bis auf Weiteres beim 3. Infanterie-Bataillon commandirt.

Dr. Schrader, Assistenzarzt 1. Classe der Artillerie-Brigade, in's 1. Dragoner-Regiment,

Dr. Marxsen, Assistenzarzt vom 3. Infanterie-Bataillon, in's 2. Dragoner-Regiment,

Dr. Lübets, Assistenzarzt 1. Classe vom 10. Infanterie-Bataillon, in's Ingenieur-Corps,

Dr. Thygesen, Oberarzt am Lazareth in Kiel, in die Artillerie-Brigade (Festungs-Abtheilung),
Dr. Ruben, Unterarzt der 3. 6pfündigen fahrenden Batterie, unter Ernennung zum Assistenzarzt 2. Classe, zur Festungs-Artillerie-Abtheilung in Rendsburg.
Holtz, Oberarzt vom 2. Infanterie-Bataillon, zur Artillerie-Brigade (Feld-Abtheilungen),
Sager, Unterarzt vom 10. Infanterie-Bataillon, commandirt beim 6. Infanterie-Bataillon, zur Artillerie-Brigade (Feld-Abtheilung),
Neumann, Unterarzt vom 10. Infanterie-Bataillon, zur Artillerie-Brigade (Feld-Abtheilung) versetzt.
Niemann, Unterarzt, commandirt beim Lazareth in Flensburg, steht im 4. Infanterie-Bataillon.
Bartels, Unterarzt, im 10. Infanterie-Bataillon angestellt und an das Lazareth zu Altona commandirt.
Ditzen, Unterarzt, im 3. Jäger-Corps angestellt und zum Garnisons-Lazareth in Flensburg commandirt.
Wittmaack, Unterarzt vom 5. Infanterie-Bataillon, unter Versetzung in's 4. Jäger-Corps, an das Militair-Lazareth in Neumünster commandirt.
Dr. Hansen, Physikus in Neumünster, als Oberarzt beim genannten Lazareth angestellt.
Henningsen, Oberarzt vom 1. Dragoner-Regiment, verbleibt in seinem Commando-Verhältniß am Lazareth zu Schleswig.
Klaws, Unterarzt vom 2. Infanterie-Bataillon, unter Belassung in seinem Commando am Garnisons-Lazareth zu Rendsburg, zum Assistenzarzt 2. Classe ernannt.
Meyer, dienstpflichtiger Arzt, in der Artillerie-Brigade angestellt und an das Dragoner-Lazareth in Schleswig commandirt.
Dr. Thygesen, Oberarzt der Artillerie-Brigade (Festungs-Abtheilung), übernimmt die Behandlung der Kranken in den Hülfs-Lazarethen № 3 und 4 in Rendsburg, unter Assistenz des Dr. A. Ruben.
Den Assistenzärzten 1. Classe und Doctoren: Lüders, Clasen, Herm. Schwartz, Goeze, Harald Schwartz,

Janssen, Meyer-Hane, Fahle, Esmarch, Schraber, Beeken, Dohrn, wird gestattet, auch fernerhin die Distinctionen des Oberarztes jüngster Classe zu tragen.

Den 22. März.

Dr. Callisen, Oberarzt der Reserve-Brigade, an das Militair-Lazareth in Flensburg commandirt.

Den 25. März.

Bartels, Unterarzt vom 10., unter Entbindung von dem Commando am Lazareth in Altona, in's 1. Infanterie-Bataillon versetzt.

Den 26. März.

Dr. Meyer-Hane, Assistenzarzt 1. Classe vom 7. Infanterie-Bataillon, in's 4. Jäger-Corps,

Dr. Schiller, Assistenzarzt 2. Classe vom 4. Jäger-Corps, in's 7. Infanterie-Bataillon,

Dr. Führer, Assistenzarzt vom 4. Infanterie-Bataillon, mit den Functionen des Oberarztes während der Krankheit des Oberarztes Meyer und Assistenzarztes Mohr bei demselben beauftragt.

Dr. Cohen, Assistenzarzt 2. Classe vom 1. Infanterie-Bataillon, von der Dienstleistung bei der Reserve-Brigade entbunden.

Dr. Wurmb (Inländer), als Assistenzarzt im 8. Infanterie-Bataillon,

Lindner (Preuße), als Assistenzarzt im 3. Jäger-Corps,

Dr. Siemers,

Dr. Gerber,

Dr. Hencke,

   als Assistenzärzte 2. Classe im 1. Dragoner-Regiment,

Dr. Pochels, als Assistenzarzt 2. Classe im Ingenieur Corps,

Dr. Graf, als Assistenzarzt 2. Classe in der Artillerie-Brigade (Festungs-Abtheilung),

Dr. Schamvogel,

Dr. Back,

Dr. Blibung,

Dr. Stahl,

   als Oberärzte,

Personal-Veränderungen.

Dr. Körner, als Assistenzarzt 2. Classe,
Schütze, als Unterarzt, in der Reserve-Brigade angestellt.
Dr. Schwartz, Assistenzarzt 1. Classe, als Oberarzt,
Ritter, Unterarzt, beide zur Ambulance commandirt.
Kahleis, als Unterarzt am Garnisons-Lazareth zu Rendsburg,
Immisch, als Unterarzt am Garnisons-Lazareth zu Kiel,
Henningsen, Kottmeier, Unterärzte, am Lazareth zu Altona angestellt.
Dr. Medonig, als Assistenzarzt am Lazareth zu Neumünster,
Dr. Ansum,
Dr. Elias Ruben,
beide als Assistenzärzte beim Lazareth zu Schleswig angestellt.
Dr. Callisen, Oberarzt der Reserve-Brigade, unter Belassung in seinem Commando am Lazareth zu Flensburg, zum Mitgliede der dortigen Lazareth-Commission ernannt.
Carstens, pract. Arzt, als Assistenzarzt,
Buchwald, Chirurg (Lübecker),
Wulkow, Bruner, als Unterärzte bei den Lazarethen in Flensburg angestellt.

Den 28. März.

Dr. Plitt (Lübecker), als Assistenzarzt 2. Classe im 4. Jäger-Corps,
Dr. Krause, als Assistenzarzt 2. Classe im 1. Jäger-Corps,
Martini, als Unterarzt bei der reitenden Batterie,
Kiers, als Unterarzt beim Lazareth in Schleswig,
Decken, als Unterarzt bei der Ambulance angestellt.
Dr. Goeze, Assistenzarzt 1. Classe vom 1. Jäger-Corps,
Dr. Dubbers, Assistenzarzt 1. Classe vom 6. Infanterie-Bataillon,
als fungirende Oberärzte an die Lazarethe, letzterer nach Schleswig commandirt.

Den 30. März.

Dr. Dohrn, Assistenzarzt 1. Classe, an das Militair-Lazareth im Prinzen-Palais in Schleswig versetzt.

Den 5. April.

Dr. Goeze, Assistenzarzt 1. Classe vom 1. Jäger-Corps, dienstleistend am Lazareth zu Schleswig,
Dr. Oberdieck, Assistenzarzt 1. Classe vom 4. Infanterie-Bataillon,
Ahrens, Unterarzt vom 1. Infanterie-Bataillon, ersterer als fungirender Oberarzt, sämmtlich an die Lazarethe in Flensburg commandirt.

Den 13. April.

Stud. med. Bockendahl (Inländer), Musketier des 2. Reserve-Infanterie-Bataillons, als Unterarzt am Lazareth zu Hadersleben angestellt.
Dr. Neuber, Assistenzarzt 2. Classe vom 5. Infanterie-Bataillon, an die Lazarethe in Hadersleben commandirt.

Den 17. April.

Dr. Quist, Assistenzarzt, zum 1. Infanterie-Bataillon,
Bartels, Unterarzt von demselben Bataillon, zur Ambulance commandirt.

Den 18. April.

Dr. Oberdieck, Oberarzt an den Lazarethen zu Flensburg, zur reitenden Batterie,
Martinot, Unterarzt der reitenden Batterie, an die Lazarethe in Flensburg versetzt.

Den 26. April.

Straßmann, Unterarzt vom 7. Infanterie-Bataillon, an die Lazarethe in Kolding commandirt.

Den 30. April.

Dr. Lüders, Assistenzarzt 1. Classe vom Ingenieur-Corps, verbleibt bis auf Weiteres am Lazareth zu Christiansfeld im Commando-Verhältniß.
Dr. Karaß, als Assistenzarzt im 1. Reserve-Infanterie-Bataillon angestellt.

Den 3. Mai.

Dr. Francke, Oberarzt am Lazareth zu Rendsburg, in's 2. Jäger-Corps,

Dr. Martens, Oberarzt vom 2. Jäger-Corps, an die Lazarethe in Rendsburg versetzt.
Dr. Stahl, Oberarzt vom 1. Reserve-Infanterie-Bataillon, an die Lazarethe zu Kolding commandirt.
Dr. Dohrn, Assistenzarzt 1. Classe vom 2. Infanterie-Bataillon, mit Wahrnehmung der Functionen des Oberarztes im 1. Reserve-Infanterie-Bataillon beauftragt.
Meyer, Unterarzt, an die Ambulance commandirt.
Immisch, Wittmaack, Unterärzte, in's 1. und 2. Infanterie-Bataillon commandirt.

Den 4. Mai.

Decken, Unterarzt von der Ambulance, in's 4. Infanterie-Bataillon,
Hinck, Assistenzarzt vom 4. Infanterie-Bataillon, an die Lazarethe in Kolding versetzt.

Den 15. Mai.

Dr. Weber, Oberarzt vom 10. Infanterie-Bataillon,
Dr. Bonnegut, Assistenzarzt vom 1.,
Dr. Marxsen, Assistenzarzt vom 2. Dragoner-Regiment, zur Ambulance in Bjert commandirt.

Den 5. Juni.

Dr. Francke, Oberarzt vom 2. Jäger-Corps, in Stelle des erkrankten Oberarztes Henningsen an die Lazarethe in Schleswig commandirt.

Den 8. Juni.

Henningsen, Unterarzt vom 1. Dragoner-Regiment, zur 2. 12pfündigen Batterie versetzt.

Den 14. Juni.

Decken, Unterarzt vom 4. Infanterie-Bataillon, mit den ärztlichen Geschäften bei den Festungs-Batterien von Friedericia beauftragt.

Den 22. Juni.

Kottmeier, Assistenzarzt vom 10. Infanterie-Bataillon, von der Dienstleistung beim 2. Infanterie-Bataillon entbunden.

Den 23. Juni.

Scheuerlen, Oberarzt vom 1. Jäger-Corps, verbleibt bis auf Weiteres in Kolding zur Behandlung erkrankter Offiziere.

Dr. Roß, Oberarzt vom 5. Infanterie-Bataillon, an die Lazarethe in Altona versetzt.

Dr. Schampogel, Oberarzt vom 2. Reserve-Infanterie-Bataillon, in's 5. Infanterie-Bataillon versetzt.

Dr. Körner, Assistenzarzt, mit den Functionen des Oberarztes beim 2. Reserve-Infanterie-Bataillon beauftragt.

Jessen, Unterarzt am Lazareth N 6 zu Rendsburg, in's 2. Reserve-Infanterie-Bataillon versetzt.

Eck, Unterarzt vom 1. Jäger-Corps, an die Ambulance commandirt.

Dr. Lübers, Assistenzarzt, unter Entbindung von der Dienstleistung bei der Ambulance, in's 1. Jäger-Corps versetzt.

Kottmeier, Assistenzarzt vom 10. Infanterie-Bataillon, verbleibt während der Krankheit des Assistenzarztes Karstner noch beim 2. Infanterie-Bataillon.

Den 30. Juni.

Plaßmann, Unterarzt am Lazareth zu Flensburg, in's 10. Infanterie-Bataillon.

Kottmeier, Assistenzarzt vom 10., in's 2. Infanterie-Bataillon versetzt.

Koch, Unterarzt, im 4. Infanterie-Bataillon angestellt.

Den 2. Juli.

Dr. Weber, Oberarzt.

Dr. Bonnegut, Assistenzarzt, von der Ambulance an die Lazarethe in Kolding commandirt.

Straßmann, Unterarzt an den Lazarethen in Kolding, in's 1. Infanterie-Bataillon.

Dr. Bernstein, Assistenzarzt vom 3. Jäger-Corps, an die Lazarethe in Apenrade.

Dr. Grosse, Assistenzarzt an den genannten Lazarethen, in's 3. Jäger-Corps versetzt.

Den 9. Juli.

Dr. Bonnegut, Assistenzarzt an den Lazarethen in Kolding, in's Ingenieur-Corps versetzt.

Dr. Schulz, Assistenzarzt vom 3. Infanterie-Bataillon, an die Lazarethe in Kolding commandirt.
Dr. Kelch, Assistenzarzt an den Lazarethen in Flensburg, in's 3. Infanterie-Bataillon versetzt.

Den 10. Juli.

Dr. Schulz, Assistenzarzt vom 3. Infanterie-Bataillon, bisher an den Lazarethen in Kolding, in gleicher Eigenschaft an die Lazarethe in Veile commandirt.

Den 11. Juli.

Dr. Janssen, Assistenzarzt 1. Classe, fungirender Oberarzt vom 9., in gleicher Eigenschaft in's 2. Infanterie-Bataillon,
Dr. Wollheim, Assistenzarzt am Lazareth in Christiansfeld, zum 5. Infanterie-Bataillon,
Schacht, Assistenzarzt von der Ambulance, zum 3. Jäger-Corps,
Dr. Gerber, Assistenzarzt vom 1. Dragoner-Regiment, zur 1. 6pfündigen fahrenden Batterie,
Dr. Heintzmann, Assistenzarzt, zum 9. Infanterie-Bataillon commandirt.

Den 20. Juli.

Dr. Grosse, Assistenzarzt, wird zum 1. Jäger-Corps commandirt.

Den 27. Juli.

Eck, Unterarzt von der Ambulance, an die Lazarethe zu Tondern commandirt.

Den 15. August.

Dr. Eichhorn, Assistenzarzt vom 1. Jäger-Corps, in's 8. Infanterie-Bataillon versetzt.
Dr. Lübstorff (Lübecker), Assistenzarzt vom 5. Infanterie-Bataillon, an die Lazarethe in Altona commandirt.

Den 18. August.

Dr. Goeze, Assistenzarzt vom 4. Reserve-Infanterie-Bataillon, mit den ärztlichen Functionen bei der in Glückstadt liegenden Abtheilung dieses Bataillons beauftragt.

Personal-Veränderungen.

Den 20. August.

Dr. Weber, Oberarzt vom 10.,
Dr. Herm. Schwartz, Assistenzarzt vom 1. Infanterie-Bataillon,
von dem Commando bei den Feld-Lazarethen entbunden.
Immisch, Unterarzt,
Bruner, Unterarzt, resp. in's 1. Jäger-Corps und 2. Infanterie-Bataillon versetzt.

Den 23. August.

Dr. Kunckel,
Dr. Michaelsen,
Dr. Schottmann,
Musketiere im 3. und 4. Reserve-Infanterie-Bataillon, der Reserve-Brigade überwiesen, um als Aerzte verwandt zu werden.
Dr. Neuber, Assistenzarzt von den Lazarethen in Habersleben, in's 5. Jäger-Corps,
Martini, Unterarzt an den Lazarethen zu Flensburg, in's 1. Dragoner-Regiment versetzt.

Den 5. September.

Cramer, Oberarzt,
Dietzen,
Kahleis, Unterärzte,
Hinck, Assistenzarzt, verbleiben bis zur Bildung des 12. Infanterie-Bataillons in ihrem Commando-Verhältniß an den Lazarethen in Rendsburg.
Die übrigen Lazarethärzte daselbst gehen zu ihren Truppentheilen zurück.
Die daselbst garnisonirenden Truppentheile geben die sonst noch an den dortigen Lazarethen erforderlichen Aerzte.
Dr. Roß, Oberarzt,
Dr. Lübstorff, Assistenzarzt, vom 5. Infanterie-Bataillon, verbleiben bis auf Weiteres in ihrem Commando-Verhältniß an den Lazarethen zu Altona.
Dr. Callisen, Oberarzt, geht in's 14. Infanterie-Bataillon.
Die jetzt noch an den Lazarethen im Herzogthum Schleswig beschäftigten Aerzte gehen zu den Truppentheilen, welchen

sie zugetheilt worden, sobald ihre jetzigen Functionen beendigt sind.

Dr. Beeken, Assistenzarzt vom 10. Infanterie-Bataillon, zur 2. 6pfündigen Batterie,

Cohen, Unterarzt der 2. 6pfündigen Batterie, in's 10. Infanterie-Bataillon versetzt.

Dr. Oberbieck, Oberarzt,
Henningsen,
Sager,
Unterärzte, bleiben bei ihren resp. Batterien, bis sie durch die aus den Lazarethen im Herzogthum Schleswig zurückkehrenden Dr. Dohrn und Bonnegut abgelöst werden.

Dr. Koß, Unterarzt, bleibt beim 2. Jäger-Corps, bis er durch den aus Gesundheits-Rücksichten beurlaubten Unterarzt Bartels abgelöst wird.

Den 9. September.

Dr. Schiller, Assistenzarzt vom 7. Infanterie-Bataillon, mit der Function des Oberarztes beim 15. Infanterie-Bataillon in Stelle des abcommandirten Dr. Harald Schwarz, welcher beim Lazareth in Christiansfeld Dienste thut, beauftragt.

Den 21. September.

Dr. Fahle, Assistenzarzt 1. Classe, vom 8. Infanterie-Bataillon,

Dr. Heintzmann, Assistenzarzt 2. Classe, vom 9. Infanterie-Bataillon,

Ahrens, Unterarzt vom 2. Infanterie-Bataillon, ersterer als fung. Oberarzt, sämmtlich an die Lazarethe zu Neumünster commandirt.

Den 25. September.

Dr. Quist, Assistenzarzt vom 1. Infanterie-Bataillon, bis auf Weiteres zur Dienstleistung zur Reserve-Brigade — bei den Rekruten-Abtheilungen — commandirt.

Den 27. September.

Dr. Pistor, Assistenzarzt vom 9. Infanterie-Bataillon, zur Dienstleistung beim Ponton-Train der Artillerie-Brigade commandirt.

Den 5. October.

Dr. Lübstorff, Assistenzarzt vom 5. Infanterie-Bataillon, von seinem Commando an den Lazarethen zu Altona entbunden.

Den 6. October.

Dr. Graf, Assistenzarzt vom 13. Infanterie-Bataillon, in's 1. Dragoner-Regiment,

Dr. Janssen, Assistenzarzt 1. Classe vom 9. Infanterie-, bisher fungir. Oberarzt beim 2. Infanterie-Bataillon, in's 14. Infanterie-Bataillon in gleicher Eigenschaft versetzt.

Den 7. October.

Dr. Carsten, Assistenzarzt, zum Rekruten-Bataillon der Reserve-Brigade commandirt.

Den 10. October.

Dr. Goeze, Assistenzarzt 1. Classe, in's 15.,

Dr. Har. Schwarz, Assistenzarzt 1. Classe, in's 13. Infanterie-Bataillon, beide als fungir. Oberärzte versetzt.

Dr. Kirchner, Oberarzt und Chef des Medicinal-Bureaus der Armee, tritt vom Kriegs-Departement zur I. Abtheilung des Ministerial-Departements des Krieges über.

Den 12. October.

Dr. Schiller, Assistenzarzt vom 7. Infanterie-Bataillon, begiebt sich nach dem Eintreffen des Dr. Goeze als fungirender Oberarzt zum 13. Infanterie-Bataillon, wo er so lange verbleibt, bis der Dr. Schwarz bei demselben eintrifft.

Den 19. October.

Dr. Thomsen, Assistenzarzt 1. Classe vom 2. Jäger-Corps, zum 5. Infanterie-Bataillon commandirt, um die Functionen des Oberarztes in demselben, während der dienstlichen Abwesenheit des Oberarztes Dr. Roß in Altona, zu übernehmen.

Den 3. November.

Dr. Heltberg, Assistenzarzt vom 4. Infanterie-Bataillon, von dem Commando zur Dienstleistung beim 14. Infanterie-Bataillon entbunden.

Schacht, Assistenzarzt 1. Classe, unter Entbindung von dem Commando beim 3. Jäger-Corps, zur 3. 12pfündigen Batterie versetzt.

Dr. Pistor, Assistenzarzt vom 9. Infanterie-Bataillon, zur Dienstleistung beim Ponton-Train commandirt, tritt in diesem Commando-Verhältniß zur Train-Compagnie über.

Den 9. November.

Dr. Herm. Schwartz, Assistenzarzt 1. Classe und fungir. Oberarzt des 1. Infanterie-Bataillons, neben seiner Stellung mit den ärztlichen Functionen bei einer Abtheilung im Garnisons-Lazareth in Rendsburg beauftragt.

Den 10. November.

Dr. Pistor, Assistenzarzt vom 9. Infanterie-Bataillon, von seiner Dienstleistung bei der Train-Compagnie in Nortorf entbunden.

Kiers, Unterarzt vom 7. Infanterie-Bataillon, zur Train-Compagnie zurückversetzt.

Den 17. November.

Dr. Quist, Assistenzarzt vom 1. Infanterie-Bataillon, zur Dienstleistung beim 3. Infanterie-Bataillon commandirt.

Den 20. November.

Schroeder, Unterarzt vom 5. Jäger-Corps, zur Dienstleistung beim 15. Infanterie-Bataillon commandirt.

Den 8. December.

Dr. Bonnegut, Assistenzarzt der 3. 6pfündigen Batterie, zur 24pfündigen Granat-Batterie,

Lindner, Assistenzarzt vom 3. Jäger-Corps, zur 3. 6pfündigen Batterie versetzt.

Thier-Aerzte.

Den 1. April.

Reimers, Thierarzt vom 2. Dragoner-Regiment und Assistent des Stabs-Thierarztes Böttern, unter Belassung in diesem Commando, zur Reserve-Cavallerie versetzt.

B. Abschiedsbewilligungen ꝛc.

Den 6. Januar.

Seidenschnur 1ste, Kriegs-Assessor, Unterarzt vom 2. Dragoner-Regiment, der Abschied mit Pension bewilligt.

Den 13. Januar.

Dr. Halling, Unterarzt vom 4. Infanterie-Bataillon, der Abschied bewilligt.

Den 8. Juni.

Neumann, Assistenzarzt der 2. 12pfündigen Batterie, der Abschied auf Ansuchen bewilligt.

Den 23. Juni.

Dr. Lüders, Assistenzarzt vom Ingenieur-Corps, der nachgesuchte Abschied bewilligt.

Den 30. Juni.

Dr. Stahl, Oberarzt vom 1. Reserve-Bataillon, unter Anerkennung seiner Dienstleistungen, der Abschied bewilligt.

Den 15. August.

Dr. Wurmb, Assistenzarzt vom 8. Infanterie-Bataillon, als Militairarzt ausgeschieden, mit der Erlaubniß, als Combattant in der Armee weiter zu dienen.

Den 18. August.

Dr. Grosse, Assistenzarzt vom 1. Jäger-Corps, auf Ansuchen der Abschied bewilligt.

Den 23. August.

Dr. Prell, prov. Assistenzarzt, der Abschied bewilligt.

Den 4. September.

Dr. Siemers, Assistenzarzt vom 1. Dragoner-Regiment, Dr. Sahes, Assistenzarzt, der Abschied bewilligt.

Den 22. September.

Dr. Führer, Assistenzarzt vom 4. Infanterie-Bataillon, der Abschied bewilligt.

Personal-Veränderungen.

Den 2. October.

Dr. Callisen, Oberarzt vom 14. Infanterie-Bataillon, auf Ansuchen unter Anerkennung seiner Leistungen und in der Erwartung, erforderlichen Falls wieder militairärztliche Functionen übernehmen zu wollen, der Abschied bewilligt.

Den 6. October.

Koenecke, Unterarzt vom 5. Infanterie-Bataillon, bis zu seiner Wiedereinberufung ohne Gehalt nach Göttingen beurlaubt.

Kaestner, Unterarzt vom 1. Dragoner-Regiment, bis auf Weiteres nach Kiel beurlaubt.

Den 17. October.

Dr. Schamvogel, prov. Oberarzt vom 5. Infanterie-Bataillon, auf unbestimmte Zeit bis zu seiner etwanigen Wiedereinberufung, ohne Gehalt und sonstige Competenzen beurlaubt.

Den 6. November.

Dr. Marcus, prov. Oberarzt, auf sein Ansuchen, unter Verzichtleistung auf Gage und sonstige Competenzen, bis zu seiner etwa erforderlichen Wiedereinberufung beurlaubt.

Militair-Beamte.

A. Anstellungen 2c.

Den 10. Januar.

Tetens, Volontair des Steinburger Amthauses, als Auditeur-Assistent in der Armee angestellt.

Den 19. Januar.

Raabe, Advocat, als Auditeur-Assistent in der Armee angestellt.

Den 6. März

Folgenden Unteroffizieren sind die Rechnungsführer-Geschäfte bei der Reserve-Infanterie-Brigade übertragen:

Wienbarg, Unteroffizier vom 1. Dragoner-Regiment, die bei der Reserve-Cavallerie-Division,

Winter, Valentin, Blumenberg, Delling, Feldwebel, erstere drei vom Infanterie-Depot, letzterer vom 3. Infanterie-Bataillon, diesen die Geschäfte bei den vier Infanterie-Bataillonen.

Den 24. März.

Kratzenstein, Rechnungsführer vom 2. Jäger-Corps, in's 9. Infanterie-Bataillon versetzt.

Den 27. März.

Gülich, Auditeur der Artillerie-Brigade, versieht bis ult. April d. J. die Rechnungsführer-Geschäfte bei derselben.
Von den Auditeuren und Auditeur-Assistenten nehmen ihren regelmäßigen Standort bis auf Weiteres:
1) im Hauptquartier der Avantgarden-Brigade, außer dem Auditeur v. Harbou der Jäger-Inspection, der Auditeur-Assistent Tetens;
2) im Hauptquartier der I. Brigade, außer dem Ober-Auditeur Grafen v. Baudissin, der Auditeur-Assistent Bohstedt;
3) im Hauptquartier der II. Brigade, außer dem Auditeur Sachau, der Auditeur-Assistent Raabe.

Der Auditeur Baron v. Loewenstern und der Auditeur-Assistent Hennings verbleiben bei den Stäben der beiden Dragoner-Regimenter, welchen sie zugetheilt sind.
Der Auditeur Friederici wird dem Armee-Auditeur zur Assistenz beigegeben.

Den 28. März.

Jacobsen, Königl. Preuß. Intendantur-Referendarius und Seconde-Lieutenant der Cavallerie des I. Bataillons (Frankfurt) 8. Landwehr-Regiments, unter Ernennung zum Assessor, bei der Armee-Intendantur angestellt.
Cammerer, Königl. Preuß. Proviantmeister, als Feld-Proviantmeister zur Dienstleistung bei der Schleswig-Holsteinischen Armee, während des Feldzuges, commandirt.

April.

Burchardi, Pastor,
Reepen, Diaconus. (Inländer),
als Feldprediger in der Armee angestellt.

Personal-Veränderungen.

Den 20. Mai.

Bünsow, Seconde-Lieutenant a. D und Rechnungsführer des 7. Infanterie-Bataillons, in gleicher Eigenschaft zur Artillerie-Brigade versetzt und tritt Ende dieses Monats dahin über.

Den 1. Juni.

Bolten, Feldwebel vom 4. Infanterie-Bataillon, mit Führung der Rechnungsführer-Geschäfte beim Reserve-Jäger-Corps beauftragt.

Den 6. Juni.

Neelsen, cand. theol. (Inländer), in Stelle des ausgeschiedenen Feldpredigers Reepen, als solcher in der Armee angestellt.

Den 12. Juni.

Stein, interim. Musikdirector der II. Infanterie-Brigade, zum wirklichen Musikdirector ernannt.

Geerz, Ober-Quartiermeister der Armee, zur Dienstleistung in das Hauptquartier des Ober-Befehlshabers der Deutschen Reichs-Armee bis auf Weiteres commandirt.

Ramme, Bevollmächtigter im Bureau des Ober-Quartiermeisters (ohne milit. Rang), vom Ministerial-Departement des Krieges autorisirt, bei Abwesenheit des Ober-Quartiermeisters in dessen Namen und Auftrage zu fungiren und zu unterschreiben.

Den 19. Juni.

Friederici, Auditeur des 2. Dragoner-Regiments, unter Entbindung von dem Commando beim Armee-Auditoriat, zur I. Infanterie-Brigade commandirt.

Den 27. Juni.

Neelsen, Feldprediger der Armee, verrichtet bei der I. und II. Brigade den Feld-Gottesdienst.

Den 28. Juni.

Bellair, Unteroffizier vom Reserve-Jäger-Corps, in Stelle des ausgetretenen Feldwebels Bolten einstweilen mit Führung der Rechnungsführer-Geschäfte dieses Corps beauftragt.

Den 4. September.

Esmarch, Dr. jur., Musketier vom 11. Infanterie-Bataillon, unter Versetzung in's 1. Jäger-Corps, von den Functionen eines Assistenten des Garnisons-Auditeurs in Rendsburg entbunden.

Den 11. September.

Wienbarg, Wachtmeister und Rechnungsführer der nunmehr aufgelösten Reserve-Cavallerie-Division, unter Ernennung zum Feldwebel, in gleicher Eigenschaft zum errichteten 15. Infanterie-Bataillon versetzt.

Den 4. October.

Heinson, Kanzlist des Ministerial-Departements des Krieges, zum Rechnungsführer 1. Classe in der Armee ernannt.

Springer, bisheriger Bureau-Chef im Ministerial-Departement des Krieges, zum Abtheilungs-Chef (III. Abth.) in demselben ernannt (ohne milit. Rang).

Den 6. October.

Pustau, Auditeur und Secretair des bisherigen Kriegs-Departements, tritt in gleicher Eigenschaft zum Ministerial-Departement des Krieges über.

Den 9. October.

Gurlitt, Musiker, zum Musik-Director bei der III. Infanterie-Brigade ernannt.

Den 20. October.

Fischer-Benzon, Kanzlist der Schleswig-Holsteinischen Regierung (Inländer), zum Auditeur in der Armee prov. ernannt und der III. Infanterie-Brigade überwiesen.

Den 27. November.

Sulzer, Intendantur-Rath, neben seiner Stellung als inter. Intendant der Armee, zum Chef der IV. Abtheilung des Ministerial-Departements des Krieges ernannt.

Den 29. December.

Wiese, Rechnungsführer vom 3. Jäger-Corps, von dem Commando zur Dienstleistung bei der Armee-Intendantur entbunden.

Böckel, Rechnungsführer 3. Classe, bisher dienstleistend beim genannten Corps, zur ferneren Dienstleistung bei der Armee-Intendantur commandirt.

B. Abschiedsbewilligungen, ꝛc.
Den 15. Juni.
Graf v. Baudissin, Ober-Auditeur der 1. Infanterie-Brigade, zur einstweiligen Disposition gestellt.

September.
Schnitter, Intendantur-Assessor, der Abschied bewilligt.

Den 29. September.
Brackel, Ober-Kriegs-Commissair und Abtheilungs-Chef im Kriegs-Departement, in den Civil-Dienst übergetreten.

II. In der Marine.
Offiziere ꝛc.
A. Anstellungen, Ernennungen, Beförderungen, Versetzungen ꝛc.
Den 1. Februar.
Karberg (mit dem Range eines Lieutenants zur See 1. Classe), Kier, Lieutenant zur See 2. Classe (prov.) zu Mitgliedern der Marine-Commission ernannt.

Den 20. Februar.
Kier, Lieutenant zur See 2. Classe,
Heesch, Wahrlich, Lieutenants zur See (Auxiliar-Offiziere), definitiv angestellt.
Schau, Andresen, Beck, Thomas, Lützen, Diewitz, Hensen, Soendergaard, Bah, Lange, Köhler, Jacobsen, Bendixen, Ohlsen, Rieper, Dittmann, Schiffsführer und Steuerleute der Handels-Marine, zu Lieutenants zur See (Auxiliar-Offizieren),
Wraa, Bärens, Lamp, Spieler, Detlefs, Müller, v. Warnstedt, Meyer, Meislahn, zu Fähnrichs zur See befördert.

Den 27. Februar.

Donner, Capitain zur See, zum Befehlshaber der Marine und 2ten Mitgliede der Marine-Commission ernannt.

Den 7. April.

Kier, Lieutenant zur See 2. Classe und drittes Mitglied der Marine-Commission, zum interim. Befehlshaber der Schleswig-Holsteinischen Marine ernannt.

Den 12. September.

Kier, Lieutenant zur See 2. Classe und interim. Befehlshaber der Marine, zum Lieutenant zur See 1. Classe befördert.

Kier,

Fischer, zu Fähnrichs zur See befördert.

B. Abschiedsbewilligungen.

Den 6. April.

Donner, Capitain zur See und Befehlshaber der Marine, der Abschied bewilligt. (Tritt in den Dienst der Reichs-Marine.)

Den 1. November.

Wahrlich, Lützen, Diewitz, Bay, Köhler, Ohlsen, Lieutenants zur See (Aux.-Offic.), unter Vorbehalt des Vorrechts zum Wiedereintritt, der Abschied bewilligt.

Marine-Aerzte.

A. Anstellungen rc.

Den 2. März.

Dr. Valentiner (Inländer),
Dr. Habrowsky (Oesterreicher),
 ersterer als Ober-, letzterer als Assistenzarzt, in der Marine prov. angestellt.

Personal-Veränderungen.

Marine-Beamte.
Den 2. März.
v. Schirach (Inländer), als Schiffsbau-Constructeur angestellt.
Christiansen (Inländer), Advocat, zum Marine-Auditeur prov. ernannt.
Pierau (Inländer), Kunstfeuerwerker, zum Feuerwerker in der Marine ernannt.
Wulff (Inländer), als Marine-Cassirer angestellt.
Thaysen, als Proviant-Verwalter in Holtenau angestellt.

Ordens-Verleihungen.
v. Bonin, General-Lieutenant und commandirenden General der Armee, die Anlegung des ihm von des Königs von Preußen Majestät verliehenen Rothen Adler-Ordens 2. Classe mit Eichenlaub und Schwertern,
Geerz, Ober-Quartiermeister der Armee, die Anlegung des ihm von des Königs von Preußen Majestät verliehenen Rothen Adler-Ordens 3. Classe,
Frhr. v. Heintze 1ste, Premier-Lieutenant vom 1. Dragoner-Regiment, die Anlegung des ihm von des Königs von Preußen Majestät verliehenen Rothen Adler-Ordens 4. Classe mit Schwertern,
Schmitt, Major und Festungs-Commandant von Rendsburg, die Anlegung des ihm von Sr. Hoheit dem Herzoge von Braunschweig verliehenen Ritterkreuzes vom Orden Heinrich des Löwen, besgleichen des ihm verliehenen Comthurkreuzes des Großherzogl. Hessischen Verdienst-Ordens Philipps des Großmüthigen,
Jungmann, Major der Artillerie-Brigade, die Anlegung des ihm von des Herzogs von Sachsen-Coburg-Gotha Hoheit verliehenen Ritterkreuzes des Herzoglich Sachsen-Ernestinischen Haus-Ordens,
bewilligt.

Corps-Befehl.
Hauptquartier Kolding den 19. Juli 1849.

1 u. 2.   2c.

ad 3. Es ist von der Hohen Statthalterschaft bewilligt worden, daß denjenigen im activen Militairdienste stehenden wehrpflichtigen Aerzten und Apothekern, welche resp. als Militair-Aerzte und Lazareth-Apotheker Dienste leisten, für die Dauer dieser Dienstleistung, außer ihren sonstigen Competenzen, eine tägliche Zulage von 8 ß. Courant ausbezahlt werde.

2c.

Der commandirende General.
(gez.) v. Bonin.

Corps-Befehl.
Hauptquartier Kiel den 24. September 1849.

1. Nachstehender Erlaß des Departements des Kriegs-Wesens wird zur Kenntniß und Nachachtung für die Herren Offiziere mitgetheilt:

„Es wird hierdurch in Erinnerung gebracht, daß es nach dem Bekleidungs-Reglement vom 10. December v. J. § 9 den Offizieren, welche 15 Jahre gedient haben, zwar gestattet ist, die speciell vorgeschriebene Armee-Uniform, nicht aber die Uniform eines bestimmten Truppentheils ohne besondere Erlaubniß zu tragen, zugleich aber hat die Hohe Statthalterschaft bestimmt, daß das Tragen der Armee-Uniform, auch wo ein Offizier nach 15jähriger Dienstzeit verabschiedet worden, in Zukunft von einer speciellen Erlaubniß abhängig sein soll."

2.
&c.

Der commandirende General.
In dessen Abwesenheit:
der Chef des Stabes.
(gez.) v. Blumenthal.
F. d. R.
v. Bonin,
Lieutenant und Corps-Adjutant.

Anlage I.

I. Die Armee zählt am 31. December 1849: 502 Offiziere.

Darunter sind:

502 { 223 Inländer incl. 8 Preußische und 61 vormärzliche Offiziere.
279 Ausländer.

Zu den Ausländern gehören:

Aus Preußen	204	(1 war Oesterreich. Offizier).
= England	1	(war Oesterreich. Offizier).
= Hannover	25	(10 waren nicht Offizier)
= Sachsen (Königr.)	3	(2 waren nicht Offizier).
= Würtemberg	2.	
= Amerika	1	(war nicht Offizier).
= Norwegen	1	(war vormärzl. Offizier).
= Schweden	1.	
= Mecklenburg-Schwerin	8	(4 waren nicht Offiz., 2 waren Preuß. Offiz., 1 Oldenb. u. 1 Mecklenb. Offizier).
= Kurhessen	4	(2 waren nicht Offizier).
= Sachsen-Coburg-Gotha	1.	
= Sachsen-Weimar	4	(2 waren nicht Offiz., 1 war Schwarzb.-Rudolstädt. Offiz.).
= Oldenburg	5	(3 waren nicht Offizier).
= Braunschweig	7	(6 waren nicht Offizier).
= Nassau	1	(war nicht Offizier).
= Hessen-Homburg	1	(war Nassauischer Offizier).
= Anhalt-Köthen	1.	
= Schwarzb.-Rudolstadt	1	(war nicht Offizier).
= Schwarzb.-Sondershaus.	1	(war Königl. Sächs. Offiz.).
= Lauenburg	2	(waren nicht Offizier).
= Lippe-Detmold	1	(war nicht Offizier).
= Hamburg	2	(waren nicht Offizier).
= Lübeck	1	(war nicht Offizier).
= Bremen	1	(war Preuß. Offizier).

279.

Anlage I.

Die einzelnen Chargen sind:

3 active Generale,

51 Stabs-Offiziere { 6 Obersten,
8 Oberst-Lieutenants,
37 Majors.

120 Hauptleute und Rittmeister.
80 Prem.-Lieutenants.
248 Seconde-Lieutenants.

Hiervon kommen auf:

Infanterie:	3 Generale.	32 Stabsoffiz.	82 Hptl.	54 Pr.-Lts.	192 Sec.-Lts.
Cavallerie:	—	8	14 Rittm.	14	31
Artillerie:	—	8	18 Hptl.	12	21
Ingenieure:	—	2	4	—	3
Generalstab:	—	1	1 Hptm.	—	—
Gendarmerie:	—	—	1 Rittm.	—	1

3 Generale 51 Stabsoffiz. 120 Hptl. 80 Pr.-Lts. 248 Sec.-Lts.
(activ). u. Rittm.

502.

Unter der Zahl der Preußen (204) befinden sich 50, welche nicht Preußische Offiziere waren, und 1, welcher Oesterreich. Offizier war.

Von den 153 Preuß. Offizieren sind:

a) bereits aus der Preuß. Armee verabschiedet . . 115.

b) commandirt und beurlaubt zur Dienstleistung in der Schleswig-Holsteinischen Armee . . . . 29.

c) zur Dienstleistung bis zum 1. October 1850, unter dem Vorbehalt des Rücktritts, aus der Preuß. Armee verabschiedet . . . . 9.

giebt die obige Zahl . . 153.

Anlage 1.

Die commandirten und beurlaubten Offiziere sind:

1. General-Lt. v. Bonin, Kön.Preuß.Gen.-Major z. Disp. (v. d. Inf.)
2. Oberst Richter, - - Major der 8. Art.-Brig.
3. " v. Zastrow, - - aggreg. d. 1. G.-Rgt. z. F.
4. Major Schmitt, - - d. 3. Artill.-Brig.
5. Major v. Gersdorff, - - Hptm. des 1. Jäg.-Bats.
6. " Liebert, - - der 7. Artill.-Brig.
7. Hptm. v. Blumenthal, - - des groß. Generalstabes.
8. Major v. Bismarck, - Pr.-Lt. d. G.-Hus.-Rgts.
9. " v. Wrangel, - Hptm. des groß. Generalstabes.
10. " v. Steyber, - Pr.-Lt. des 12. Inf.-Rgts.
11. Hptm. v. Sandrart, - - - 2. - (Königs-).
12. Pr.-Lt. v. Tresckow, - - Kais.Alex.-Gr.-Rgts.
13. Rittm. Frhr. v. Diepenbroick-Grüter, - Sec.-Lt. d. 8 Hus.-Rgts.
14. Hptm. v. Doering, - Pr.-Lt. d. Kais.Alex.-Gr.-Rgts.
15. " v. Malachowski, - Sec.-Lt. d. 38 Inf.-Rgts. (6.Res-Rgt.) — b. 1ste.
16. " v. d. Heyde, - d. Kais. Alex.-Gr.-Rgts.
17. " Schimmelfennig-v. d. Oye, - d. 8. Art.-Brig.
18. Sec.-Lt. v. Bonin (Volontair-Offizier), - d. 1. G.-Rgts. z. Fuß
19. Hptm. v. Erhardt, - d.G.-Res.-Inf.-(Lbw) Rgts.
20. " v. Schickfus, - d. 6. Art.-Brig.
21. " Graf v. Westarp, - d.G.-Res.-Inf.-(Lbw.) Rgts.
22. " v. Krenski, - d. Garde-Art.-Brig.
23. Pr.-Lt. Gallus, - d. 4.
24. " Reckling, - d. 27. Landw.-Rgts. (v.d.Cav.)
25. Sec.-Lt. Korff, - - 16. - (- -)
26. " v. Klitzing, - - 24. - (v.d.Inf.)
27. " Behrends, - - 21. - (- -)
28. " Mathes, - - 24. - (- -)
29. " Billig, - - Landw.-Bats. d. 33. Inf.-Rgts. [1. Res.-Rgts.] (v. d. Art.)

Anm.: ad 25, 26, 27, 28 und 29 sind beurlaubt und haben bereits ihre Entlassung aus dem Preußischen Heere nachgesucht.

Anlage f.

Die auf zwei Jahre verabschiedeten Offiziere sind:

1. Major v. Schmid,   Kön Preuß Hptm., zul. im 32. Inf.-Rgt.
2. " v. Stucktadt,   - - - Kaif. Alex. Gr.-Rgt.
3. " Bar. v. Putt-
   kammer,   - Pr.-Lt., - - 39. Inf.-Rgt. (b. 1ſte.)
4. Hptm. Schrör,   - - - - 13. -
5. " v. Reißwitz,   - - - - 11. - (b. 1ſte.)
6. " v. Hagen,   - - - - 8. - (Leib-Inf.-R.)
7. " Bathke,   - - - - 21. - (b. 1ſte.)
8. " v. Wittich,   - - - - 3. - (b. 1ſte)
9. " v. Zimmer-
   mann,   - - - - 36. - (4. Reſ.-Rgt.)

Die zur Dienstleistung commandirten und beurlaubten Preuß. Offiziere (Inländer) sind:

1. Hptm. v. Krohn,   Kön. Prß. Sec.-Lt. b. 27. Inf.-Rgts.
2. Pr.-Lt. Prinz Julius v. Schlesw.-
   Holſt.-Sonderb.-Glücksb.,   - - - aggr. b. G.-Huſ.-Rgt.
3. " Prinz Johann v. Schlesw.-
   Holſt.-Sonderb.-Glücksb.,   - - - b. G.-Drag.-Rgt.
4. " Frhr. v. Heintze 1ſte,   - - - b. 8. Huſ.-Rgts.

Von den Inländern haben bereits den Abschied aus der Preuß. Armee erhalten:

1. Major v. Eggers,   Commandeur des 15. Inf.-Batls.
2. Hptm. Hellmundt   des 5. Jäger-Corps.
3. " Toscheski,   Commandant von Friedrichsort.
4. " Paysen   der Art.-Brig.

(ſ. Rangliſte von 1848.)

Anlage I.

Anmerkung. In der Armee standen am 31. December
  1848 excl. der Generale à la suite . . . . . . 302 Offiziere.
Im Jahre 1849 kamen hinzu . . . . 264 -
                                    Mithin . . 566 Offiziere.
  Hiervon der Abgang im Jahre 1849:
a) auf dem Schlachtfelde geblieben . . . . . 9.
b) an den auf dem Schlachtfelde erhaltenen Wunden gestorben . . . . 16.
c) gestorben an einer im Duell erhaltenen Wunde 1.
d) verabschiedet resp. entlassen . . . . . . 38.
    excl. d. Preuß. Pr.-Lts. v. Gizycki (Pol.-Offiz.).
                                            ———— 64 -
  ergiebt am 31. December 1849 die obige Zahl: 502.
      excl. der Generale à la suite der Armee (3).

———

II. Zahl der Militair-Aerzte am 31. Decbr. 1849: 111,
III. -   -   -   -Beamten-   -   -   -   67,
      excl. der Marine.

Anlage II.

A. Die während des Feldzuges 1849 vorgefallenen Schlachten und größeren Gefechte, woran die Schleswig-Holsteinische Armee nur allein Theil genommen hat:

Gefecht bei Atzbüll, Auenbüll und Gravenstein (Sundewitt) . . . . . am 3. u. 4. April.
- - Eckernförde (mit den dänischen Schiffen) . . . . = 5. =
- - Apenrade . . . . . . = 5. =
- - Kolding . . . . = 20. =

Schlacht - Kolding . . . . = 23. =

Gefecht (Recognoscirung) bei Norderbjert 2c. . . . . = 3. Mai.
- bei Gudsoe . . . . = 7. =
- vor Friedericia (Jütland) . . . = 3./4. Juni.

Treffen daselbst . . . . = 6. Juli.

B. Namen der Offiziere, welche im Feldzuge 1849 auf dem Schlachtfelde geblieben sind:

1. Sec.-Lt. Hammel des 2. Jäger-Corps, bei Kolding . . . . am 20. April.
2. Pr.-Lt. Grabner des 9. Inf.-Bats., bei Gudsoe . . . . = 7. Mai.
3. = Ulrich d. 1. Jäg.-Corps bei Gudsoe = 7. =
4. Oberst v. Saint Paul, inter. Comdr. d. Infant., vor Friedericia während eines Geschützkampfes . . . . . . = 7. Juni.
5. Major v. Staffeldt, Comdr. des 4. Inf.-Bats., bei Friedericia . . . = 6. Juli.
6. Hptm. v. Unruh des 1. Inf.-Bats., bei Friedericia . . . . = 6. =

Anlage II.

7. Sec.-Lt. Braasch des 1. Inf.-Bats., bei
   Friedericia . . . . am 6. Juli.
8. Pr.-Lt. v. Emme, Adjutant des 5. Inf.-Bats.,
   bei Friedericia . . . . = 6. =
9. Sec.-Lt. Brockenhuus des 2. Inf.-Bats.,
   bei Friedericia . . . . = 6. =

C. **Namen der auf dem Schlachtfelde während des Feldzuges im Jahre 1849 verwundeten und später verstorbenen Offiziere:**

1. Hptm. v. Delius, Chef des Gen.-Stabes, vor Friedericia am 23. Mai verwundet; am 26. deff. Mts. in Stoustrup gest.
2. Oberst v. Sachau, Comdr. der II. Brigade, bei Kolding am 23. April verwundet; am 21. Mai in Christiansfeld gest.
3. Major v. Woringen, Comdr. des 1. Inf.-Bats., bei Friedericia am 6. Juli verw.; in Christiansfeld am 8. Juli gest.
4. Pr.-Lt. Holter, Adjut. des 1. Inf.-Bats., bei Friedericia am 6. Juli verw.; in Habersleben am 25. Juli gest.
5. Hptm. Sörensen des 4. Inf.-Bats., daselbst verw.; daselbst am 22. Juli gest.
6. = v. Gleißenberg des 6. Inf.-Bats., daselbst verw.; in Kolding am 13. Juli gest.
7. Sec.-Lt. Schellhorn 2te des 8. Inf.-Bats., daselbst verw.; in Habersleben am 12. Septbr. gest.
8. Major v. Roques, Comdr. des 8. Inf.-Bats., daselbst verw.; in Velle am 7. Juli gest.
9. Sec.-Lt. Ottens vom 4. Jäger-Corps, daselbst verw.; in Christiansfeld am 9. Juli gest.
10. = = Rohr vom 1. Drag.-Rgt.; bei Apenrade am 5. April verw.; in Flensburg am 9. Mai gestorben.

Anlage II.

in Gefangenschaft {
- 11. Hptm. v. Drosedow vom 1. Inf.-Bat., bei Friedericia am 6. Juli verw.; in Friedericia am 30. Juli gest.
- 12. Sec.-Lt. Menzel vom 1. Inf.-Bat., daselbst verw.; am 11. Juli in Friedericia gest.
- 13. Pr.-Lt. v. Friedrichsen vom 2. Inf.-Bat., daselbst verw.; in Odense am 20. Juli gest.
- 14. Sec.-Lt. v. Negelein vom 5. Inf.-Bat., daselbst verw.; in Friedericia am 10. Juli gest.
- 15.   »   » Wolff vom 6. Inf.-Bat., daselbst verw.; in Friedericia am 17. Juli gest.
- 16.   »   » Gregers vom 3. Jäger-Corps, daselbst verw.; daselbst am 19. Juli gest.

D. **Namen der im Jahre 1849 durch Unglücksfälle und Krankheiten ums Leben gekommenen Offiziere ꝛc.:**

1. Sec.-Lt. Graf v. Reventlow des 1. Jäger-Corps, im Duell verwundet, am 11. März 1849 in Hadersleben gest.
2. Ober-Arzt Dr. Struve vom Ingenieur-Corps, im Duell verwundet, am 6. Febr. 1849 in Rendsburg gest.
3. Rechnungsführer Wagener des 2. Inf.-Bats. am 11. Juli 1849 in Kolding gest.
4. Assistenz-Arzt Dr. Habrowsky der Marine, am Nervenfieber in Tönning am 4. Octbr. 1849 gest.

Anlage III.

Ordre de Bataille
der Schleswig-Holsteinischen Armee während des Feldzuges 1849.

Commandirender General: General-Lieutenant v. Bonin.
Chef des Generalstabes: Hauptmann v. Delius.
Commandeur der Artillerie: Oberst Richter.
Ingenieur-Offizier: Hauptmann v. Lesser.

Generalstabs-Offizier: Adjutanten:
Hptm. v. Blumenthal.
        v. d. Inf.:   v. d. Cav.:
    Pr.-Lt. v. Tresckow.   Oberst-Lt. Prinz Friedrich
    Sec.-Lt. v. Bonin.   von Schleswig-Holstein-
    Hptm. v. Steyber.   Sonderb.-Augustenburg.
       - v. Alten.   Pr.-Lt. Aye.
                     Sec.-Lt. v. Aberron 1ste.
                       - Graf v. Blome.

Avantgarden-Brigade.
Oberst v. Zastrow.

10. Inf.-Bat.   9. Inf.-Bat.
Maj. v. Marklowski.   Maj. v. Hake.

2. Jäg.-Corps.   1. Jäg.-Corps.
Hptm. Bar. v. Puttkammer.   Maj. v. Gersdorff.

6℔. Batterie No. 3.
Hptm. Gleim.

    1. Esc. 1. Drag.-Rgts. Rittm. Bar. v. Brockdorff.
    2. = 2. =   =   = v. Wasmer.

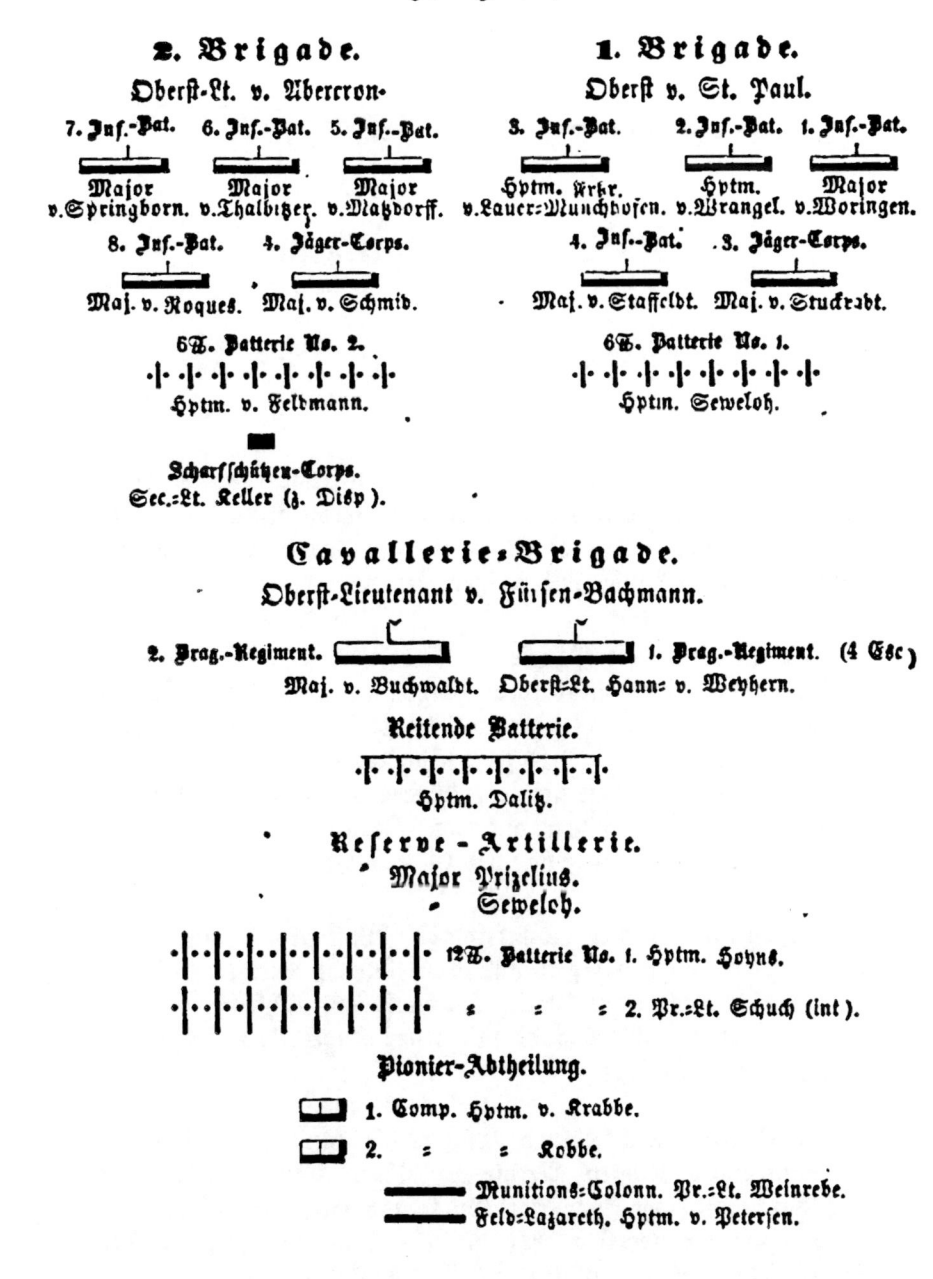

Anlage III.

2. Brigade.
Oberst-Lt. v. Abercron.

7. Inf.-Bat.   6. Inf.-Bat.   5. Inf.-Bat.

Major   Major   Major
v. Springborn.   v. Thalbitzer.   v. Matzdorff.

8. Inf.-Bat.   4. Jäger-Corps.

Maj. v. Roques.   Maj. v. Schmid.

6℔. Batterie No. 2.
Hptm. v. Feldmann.

Scharfschützen-Corps.
Sec.-Lt. Keller (z. Disp.).

1. Brigade.
Oberst v. St. Paul.

3. Inf.-Bat.   2. Inf.-Bat.   1. Inf.-Bat.

Hptm. Frhr.   Hptm.   Major
v. Lauer-Munchhofen.   v. Wrangel.   v. Woringen.

4. Inf.-Bat.   3. Jäger-Corps.

Maj. v. Staffeldt.   Maj. v. Stuckradt.

6℔. Batterie No. 1.
Hptm. Seweloh.

Cavallerie-Brigade.
Oberst-Lieutenant v. Fürsen-Bachmann.

2. Drag.-Regiment.   1. Drag.-Regiment. (4 Esc.)

Maj. v. Buchwaldt.   Oberst-Lt. Hann-v. Weyhern.

Reitende Batterie.
Hptm. Dalitz.

Reserve-Artillerie.
Major Prizelius.
Seweloh.

12℔. Batterie No. 1. Hptm. Hoyns.
  =   =   = 2. Pr.-Lt. Schuch (int.).

Pionier-Abtheilung.
1. Comp. Hptm. v. Krabbe.
2.   =   = Robbe.

Munitions-Colonn. Pr.-Lt. Weinrebe.
Feld-Lazareth. Hptm. v. Petersen.

Anlage IV. (zu 1848.)

Bekleidungs-Reglement
für
die Schleswig-Holsteinische Armee.

1.

Die Generale. Dunkelblaue Waffenröcke mit gelben Knöpfen, scharlachrothem Kragen und eben solchen Aermelaufschlägen. Auf letztern 2 Knöpfe. Auf dem Kragen und den Aermelaufschlägen Stickerei. Pickelhaube mit weißer Feder.

2.

Die Generalstabs-Offiziere. Dunkelblaue Waffenröcke mit weißen Knöpfen, carmoisinrothem Kragen und eben solchen Aermelaufschlägen. Auf dem Kragen zwei breite silberne Litzen. Pickelhaube mit einer noch näher zu bestimmenden Feder.

Der Oberquartiermeister der Armee trägt dieselbe Uniform — jedoch ohne die Litzen auf dem Kragen — und mit dem Schleswig-Holsteinischen Wappen in den Epauletts.

3.

Ingenieur-Corps. Dunkelblaue Waffenröcke mit gelben Knöpfen, schwarzem Kragen und dunkelblauen Aermelaufschlägen mit scharlachrothem Paspoil, dunkelblauen Achselklappen mit weißem Paspoil. Pickelhaube mit einer Kugel statt Spitze und ganz gelbem Beschlage.

4.

Artillerie. Dunkelblaue Waffenröcke mit gelben Knöpfen, carmoisinrothem Kragen, Aermelaufschlägen und Achselklappen. Pickelhaube mit einer Kugel statt Spitze und ganz gelbem Beschlage.

Der Handwerker-Etat hat dieselbe Uniform, nur mit dem Unterschiede, daß der hintere Theil des Kragens und die Aufschläge von der Grundfarbe des Rocks mit carmoisinrothen

Paspoils sind. Die Mannschaften der Traincompagnie tragen dunkelblaue Waffenröcke mit gelben Knöpfen, den Kragen und die Aermelaufschläge von hellblauem Tuche; hellblaue Paspoils; Beinkleider wie die Cavallerie und Mütze mit einem hellblauen Streifen; keine Helme.

5.

Cavallerie. Kornblaue Waffenröcke mit weißen Knöpfen, carmoisinrothem Kragen und Aermelaufschlägen, weißen Achselklappen mit carmoisinrother Nummer. Helm.

6.

Infanterie. Dunkelblaue Waffenröcke mit weißen Knöpfen, scharlachrothem Kragen und eben solchen Aermelaufschlägen, weißen Achselklappen mit scharlachrother Nummer. Pickelhaube mit einer Spitze, gelbem Beschlage und weißen Knöpfen.

7.

Jäger. Dunkelgrüne Waffenröcke mit weißen Knöpfen, scharlachrothem Kragen, Aermelaufschlägen und Achselklappen mit weißer Nummer. Käppi mit Roßschweif.

Den Ingenieur-, Artillerie-, Infanterie- und Jäger-Offizieren ist das Tragen der Ueberröcke mit 2 Reihen Knöpfen außer Dienst, im Compagnie- und im kleineren Dienst, wo keine Schärpen angelegt werden, gestattet.

Es ist dieser Ueberrock indeß keinesfalls als ein bestimmtes Uniformstück zu betrachten, welches der Offizier anschaffen muß.

Bei der Infanterie, den Jägern und bei den Militair-Beamten, welche Offizier-Distinction tragen, sind die Ueberröcke von schwarzer, bei der Artillerie und den Ingenieuren von dunkelblauer Farbe. Kragen und Knöpfe von derselben Farbe als beim Waffenrock.

8.

Das Lederzeug für die Artillerie, Cavallerie und Infanterie ist weiß, für die Ingenieurtruppen und Jäger schwarz.

9.

Die Offiziere, welche keinem bestimmten Truppentheile angehören. Dunkelblaue Waffenröcke mit gelben Knöpfen, scharlachrothem Kragen und Aermelaufschlägen. Die Epauletts inwendig Silber, auswendig scharlachroth, gelbe Halbmonde. Pickelhaube

Anlage IV. (1848.)

wie die Infanterie. Den abgegangenen Offizieren, welche 15 Jahre gedient haben, ist es gestattet, diese Armeeuniform zu tragen, jedoch ist die Erlaubniß dazu jedesmal von der Landesregierung zu ertheilen.

Das Tragen der Uniform eines bestimmten Truppentheils ist gleichfalls der besonderen Erlaubniß der Regierung unterworfen.

Den, in Folge von Verwundungen oder im Felde eingebüßter Gesundheit, entlassenen Invaliden ist es gestattet, die Uniform ihres Truppentheils tragen zu dürfen.

Ein jeder Invalide erhält über diese Vergünstigung eine Bescheinigung.

10.

Die Intendantur. Dunkelblaue Waffenröcke mit weißen Knöpfen. Der Kragen und die Aermelaufschläge von kornblauem Tuche; schwarze Paspoils. Die Epauletts inwendig Silber mit dem Schleswig-Holsteinischen Wappen, auswendig kornblau, weiße Halbmonde.

Der Intendant hat die Distinction des Oberst-Lieutenants, der Intendanturrath die des Majors, die Assessoren die des Premier-Lieutenants und die Secretaire die des Seconde-Lieutenants. Pickelhaube wie die Infanterie.

11.

Die Auditeure. Dunkelblaue Waffenröcke mit weißen Knöpfen. Der Kragen und die Aermelaufschläge von selbigem Tuche, mit scharlachrothem Paspoil. Die Epauletts inwendig Silber mit dem Schleswig-Holsteinischen Wappen, auswendig dunkelblau, weiße Halbmonde.

Der Armee-Auditeur hat die Distinction des Majors, der Auditeur 1ster Classe die des Hauptmannes und der Auditeur 2ter Classe die des Premier-Lieutenants. Pickelhaube wie die Infanterie.

12.

Die Aerzte. Dunkelblaue Waffenröcke mit weißen Knöpfen. Der Kragen von schwarzem Sammt und die Aermelaufschläge von dunkelblauem Tuche, scharlachroth paspoilirt. Die Epauletts inwendig Silber mit dem Schleswig-Holsteinischen Wappen, auswendig schwarz, die Halbmonde weiß.

Anlage IV. (1848.)

Der Generalstabs-Arzt hat die Distinction des Oberst-Lieutenants, der General-Arzt die des Majors, der Ober-Arzt 1ster und 2ter Classe die des Hauptmanns, die Assistenz-Aerzte 1ster Classe die des Premier-Lieutenants, die Assistenz-Aerzte 2ter Classe die des Seconde-Lieutenants. Die Unter-Aerzte, welche Doctoren der Medicin sind, dürfen die Epauletts der Seconde-Lieutenants tragen, während die nicht examinirten Unter-Aerzte ebenso wenig wie die wehrpflichtigen Aerzte solche anzulegen haben.

Der Secretair und der Assistent des Feld-Lazareth-Depots tragen dunkelblaue Waffenröcke mit gelben Knöpfen, worauf sich das Schleswig-Holsteinische Wappen befindet, der Kragen und die Aermelaufschläge von selbigem Tuche, mit hellblauer Paspoilirung; Taschenleisten und der Waffenrock vor'n herunter gleichfalls mit hellblauer Paspoilirung. Die Epauletts inwendig Gold mit dem Schleswig-Holsteinischen Wappen und goldenen gepreßten Halbmonden, auswendig dunkelblau. Passanten und Porteépée sind von Gold. Mütze von dem Tuche des Waffenrocks mit hellblauer Paspoilirung. Beinkleider von kornblauem Tuche mit scharlachrothem Paspoil.

13.

Die Thier-Aerzte tragen dieselbe Uniform wie die Aerzte, doch hat der Kragen keinen Paspoil. Der Stabs-Thier-Arzt hat die Distinction des Premier-Lieutenants und der wirkliche Regiments-Thier-Arzt die des Seconde-Lieutenants. Die andern Thier-Aerzte tragen keine Epauletts. Pickelhaube wie die Infanterie.

Die zum Unterstabe gehörenden Handwerker in der Armee, als Büchsenmacher, Sattler, Beschlagschmiede u. s. w., welche in Friedenszeiten nicht uniformirt sind, tragen während des Krieges folgende Uniform: Dunkelblaue Waffenröcke mit gelben Knöpfen, Kragen und Aufschläge von selbigem Tuche, scharlachroth paspoilirt. Keine Achselklappen und keine Pickelhaube, sondern nur eine Mütze mit Schirm. Hirschfänger an schwarzer Koppel.

14.

Die Rechnungsführer tragen dunkelblaue Waffenröcke mit weißen Knöpfen, der Kragen und die Aufschläge von der Grundfarbe des Rocks; hellblaue Paspoils.

Anlage IV. (1848.)

Die Rechnungsführer 1ster und 2ter Classe tragen die Epauletts der Intendantur, ohne Stern. Die der 3ten Classe tragen keine Epauletts.

15.

Die Beinkleider sind in der ganzen Armee, mit Ausnahme der Jäger, welche dergleichen dunkelgraue tragen, von kornblauem Tuche mit scharlachrothen Paspoils; bei Denjenigen aber, die carmoisinrothe Kragen haben, sind die Paspoils auf den Beinkleidern auch carmoisinroth. Die Beinkleider der Fahrer und der Cavalleristen sind mit Leder besetzt.

16.

Der Paspoil um den Kragen geht nur um den äußersten Rand des Kragens und nicht zwischen Rock und Kragen.

17.

Sämmtliche Militair-Beamte tragen Degen und das Porteépée.

18.

Alle Offiziere und Militair-Beamte tragen Paletots von blaugrauem Tuche. Der Kragen hat inwendig die Farbe des Waffenrocks und auswendig die des Kragens desselben.

19.

Sämmtliche Offiziere tragen als Feldzeichen silberne Schärpen, in welchen an den Rändern die Schleswig-Holsteinischen Farben, roth und blau, eingewirkt sind.

Die Adjutanten tragen die Schärpen als Kennzeichen über die Schulter.

20.

Die Bänder, welche um die Epauletts gehen, die Passanten und die Portépée's sind von Silber, mit den eingewirkten Schleswig-Holsteinischen Farben.

Die Portépée's der Artillerie- und Cavallerie-Offiziere haben ein schwarzes ledernes Band, an den Rändern und in der Mitte mit Silber eingewirkt.

21.

Die Chargen der Offiziere werden durch die Epauletts in folgender Weise angedeutet:

a) Die Generals-Epauletts sind inwendig von Silber, auswendig wie der Kragen, der Halbmond und die Raupen

Anlage IV. (1848.)

Silber. Der General hat 2 goldene Sterne, der General-Lieutenant 1 goldenen Stern, der General-Major keinen Stern im Epaulett.

b) Die Obersten-, Oberst-Lieutenants- und Majors-Epauletts sind inwendig von der Farbe der Achselklappen ihres Truppentheils und auswendig von der des Kragens und mit Frangen von Silber.

Die Halbmonde richten sich nach der Farbe der Knöpfe.

Der Oberst trägt 2 goldene Sterne, der Oberst-Lieutenant 1 Stern und der Major keinen Stern im Epaulett.

c) Die Hauptmanns-, Premier-Lieutenants- und Seconde-Lieutenants-Epauletts sind ebenfalls inwendig von der Farbe der Achselklappen ihres Truppentheils und auswendig von der des Kragens und sämmtlich ohne Cantillen.

Die Halbmonde sind von der Farbe der Knöpfe.

Der Hauptmann trägt 2, der Premier-Lieutenant 1 goldenen Stern und der Seconde-Lieutenant keinen Stern im Epaulett.

d) Die Epauletts der Generalstabs-Offiziere sind inwendig von dunkelblauem Tuche und auswendig von der Farbe des Kragens. Die Halbmonde sind weiß.

e) Bei den Truppentheilen, die weiße Achselklappen haben, sind die Epauletts inwendig von Silber.

22.

Die Generale und Generalstabs-Offiziere tragen einen Säbel an schwarzlackirter Koppel.

23.

Die Artillerie- und Cavallerie-Offiziere tragen den Säbel an einer weißlackirten Koppel mit gelbem Beschlag unter dem Rocke; die Cartouche mit weißem Beschlag an silbernem Bande, auf dem Blatte der Cartouche das Schleswig-Holsteinische Wappen auf einem Stern.

24.

Die Ingenieur-, Infanterie- und Jäger-Offiziere tragen den Füsiliersäbel, die Ingenieur- und Jäger-Offiziere an schwarzer und die Infanterie-Offiziere an weißer Koppel unter dem Rocke. — Die Ingenieur-Offiziere und die Offiziere des Zeug-Etats tragen wie bisher im täglichen Dienst einen Dolch.

25.

Die Schabracken, Waldrappen und Mantelsäcke sind in der ganzen Armee nach der bei der Cavallerie geltenden Form. Die Farbe derselben richtet sich nach dem Waffenrocke, die Einfassungen nach dem Kragen des Rockes. Die Waldrappen der Militair-Beamten sind von derselben Farbe, wie die des Truppentheils, bei welchem sie stehen.

Das Reitgeschirr ist kirschbraun, ohne weitere Verzierungen. Nur für die Cavallerie wird das Kopfgestell mit 6 weißen (Offiziere silbernen) Zungen normirt.

Die Sättel der Artillerie- und Cavallerie-Offiziere müssen so eingerichtet sein, daß vorne die Pistolenhalfter und der Mantel und hinten der Mantelsack angebracht werden können.

26.

Die Farbe der Feld- und Garnisonmützen richtet sich nach dem Waffenrocke. Der Strich um die Mütze und die Paspoils sind von derselben Farbe wie der Kragen.

27.

Die Mäntel sind in der ganzen Armee von blaugrauem Tuche. Die Unteroffiziere haben Kragen von der Grundfarbe des Waffenrocks.

28.

Die Artillerie und Cavallerie erhalten Stalljacken, ähnlich wie die Waffenröcke, von grauem Drillich. Alle übrigen Truppentheile Drillich-Jacken.

29.

Die Distinction der Feldwebel, Portepee-Fähnriche und Unteroffiziere sind resp. goldene und silberne Tressen, nach der Farbe der Knöpfe, um den Kragen und um die Aermelaufschläge.

Der Feldwebel, Fourier und die Unteroffiziere und Trompeter 1ster Classe haben außerdem noch auf jeder Seite des Kragens gerade über der Achselklappe einen Knopf mit dem Schleswig-Holsteinischen Wappen. — Die Oberfeuerwerker und die ihnen im Range Gleichstehenden behalten die bisherigen besponnenen Epauletts, bei Wegfall der Distinction durch Tressen, jedoch sind die Passanten nicht von Silber mit den Landesfarben, sondern von Gold. Der Feldwebel, Wachtmeister, der Portepee-

Anlage IV. (1848.) 333

Fähnrich, Stabshautboisten und Stabstrompeter haben ferner als Auszeichnung das Porteépée und der Feuerwerker hat außerdem eine goldene Tresse um die Achselklappen. Die Gefreiten haben nur eine Tresse um den Aermelaufschlag. — Die Trompeter, Hautboisten und Spielleute haben Schwalbennester auf den Schultern. Diese sind bei den Ersteren mit resp. goldener und silberner Tresse versehen, bei den Letzteren dahingegen mit wollenem Bande.

Die Ordonnanz-Schwadron hat carmoisinrothe Achselklappen ohne Nummer, sowohl zu den Waffenröcken als zu den Mänteln; ferner einen schwarzen Roßschweif am Helm.

Das Kennzeichen der Offizierdiener besteht in einem länglich viereckigen Stücke Tuch auf der Achselklappe, zwischen der Nummer und der Schulter aufgenäht; bei weißen Achselklappen ist das Tuch von rother Farbe — übereinstimmend mit dem des Kragens, bei rothen Achselklappen ist dasselbe in weißer Farbe anzuwenden.

Die Justiz-Unteroffiziere beim Stockhause in Rendsburg tragen einen dunkelblauen Waffenrock mit weißen Knöpfen, halben schwarzen Kragen, gelben Achselklappen, Aufschlägen von der Grundfarbe des Rocks, Beinkleider und Mütze wie die für die Armee vorgeschriebenen sämmtlichen Uniformstücke ohne Paspoil.

Die Bekleidung der Militairsträflinge besteht in einer blauen Jacke mit hellgrünem Kragen und stahlgrauen glatten Knöpfen; eine blaue Feldmütze mit einem hellgrünen Rande; graue Beinkleider ohne Paspoil.

Schleswig, im Kriegsdepartement, den 10. December 1848.

Krohn,
General-Major.

Nachträge und Berichtigungen.

Zur Seite 29, 5. Inf.-Bat.: Hptm. Köhn- v Jaski 2. Compagnie.
                        -     v. Doering   3.   -
                        -     v. Brauchitsch   1.   -
                         Pr.-Lt. v. Ziemietki   4.   -

- - 47, unter Rechn.-Führ. Tietjens (3. Cl.):
         Regim.-Thierarzt Böttern (mit b. Range als Sec.-Lt.), mit Wahrnehmung der Geschäfte eines Stabs-Thierarztes b. Armee beauftragt.

- - 81, Zeile 12 v. oben: Graf Blome-Salzau, Freiherr v. Heinze, Koch, Offizier-Aspiranten, erst am 22. April eingetreten, daher z. Seite 87. Offizier-Aspirant v. Abercron als Ordonnanz-Offizier b. b. I. Inf.-Brigade commandirt.

- - 95, (13. Juni): Hanssen, Offiz.-Aspirant vom 2., Frhr. v. Heinze, Offiz.-Aspirant vom 1., Graf v. Blome-Salzau, Offizier-Aspirant vom 2. Dragoner-Regiment, zu Seconde-Lieutenants mit Anciennetät vom 2., 3. und 4. Mai 1848 befördert.

- - 95, (15. Juni): Koch, Offizier-Aspirant etc. statt: mit Anciennetät vom 13. Juni, mit Anciennetät vom 5. Mai 1848.

- - 96, (20. Juni): v. Abercron 1ste, Offiz.-Aspirant etc. mit Anc. vom 1. Mai cr. statt: 4. Juni cr.

- - 163, 1. Inf.-Bat.: Hptm. Stakemann 2. Comp.
                   - v. Schmieden   3.   -
                   - Burow   4.   -
               Pr.-Lt. v. Buseck   1.   -

- - 160, Intendantur der Armee:
         vor Abg.:
     Commandirt zur Dienstleistung:
       Hptm. Lütgen vom 9. Inf.-Bataillon.

- - 168, b. Hptm. Lütgen lies: com. z. Dienstl. b. b. Armee-Intendantur.

- - 190, b. Major v. Hedemann: mit Anc. v. 27. März 1848.
      - - v. Knobbe: - - - - -
      - - v. Lesser: - - - - -
      - - Prizelius: - - - - -d.

- - 192, b. Hptm. Lütgen: - - 24. April 1848.

- - 220, (9. Januar) muß es heißen:
       v. Hedemann, Major und etatsmäßiger Stabs-Offizier des 1. Jäg.-Corps in gleicher Eigenschaft zur Jäger-Inspection versetzt.

Anm.: Der Name Jenssen-Tusch mit einem ss

Nachträge und Berichtigungen.

Seite 18, Col. Artillerie (Anm.) statt III., lies: II. Feld-Abth.
- 22, Zeile 4 von oben   -   Pierzig, lies: Piersig.
- 23, b. Ob.-Lt. v. Zastrow   -   (DD4.)   -   (DD3.)
- 28, Zeile 6 v. oben, statt v. Joesting, lies: Joesting.
- 36,   -   15 v. unten, „unt. Abgang:" (als Cp.-Chef ins 2. Jäg.-
                 Corps) muß wegfallen.
- 41,   -   14   -   -   „unt. Zugang:" (Esc.-Chef) muß wegfallen.
- 42, statt: v. Niemosewsky, lies: Niemojewsky.
       b. Pr.-Lt. v. Gröning muß: „Esc-Com." wegfallen.
         -   -   -   v. Schröder, lies: „Esc.-Com."
- 47,   -   Major v. Wasmer-Friedrichshoff statt: (CHL4.)
                 lies: (CHL3.)
- 48, Zeile 2 v. unten, statt: Roemeling, lies: v. Roemeling.
- 64, letzte Zeile: Sec.-Lt. Andersen mit Anc. v. 3. April 1848,
                 daher hier nicht richtig.
- 70, Buchstabe L., statt: Lith, lies: v. d. Lith.
- 80, letzte Zeile: statt: 1., lies: 2. Dragoner-Regiment.
- 164, 2. Inf.-Bat., unt. Abgang, statt: Sec.-Lt. Specht, lies:
                 Sec.-Lt. v. Specht.
- 169, unt. Abgang, b. 10. Inf.-Bat., statt: Pr.-Lt. Gleißen-
                 berg, lies: Pr.-Lt. v. Gleißenberg.
- 171, 13. Inf.-Bat., statt: 2 Comp. Pinneberg, lies: 1 Comp.
               -   Pr.-Lt. Lilienstein, lies: Pr.-Lt.
                 v. Lilienstein.
- 178, 2. Drag.-Rgt., statt: Sec.-Lt. Lenz, lies: Lenz.
- 199, Zeile 3 v. oben,   -   -   -   -
- 213, Buchst. L.   -   -   -   -   Lenz 178, lies: Lenz 178.
- 262, Zeile 11 v. unten, statt: Lange, Major, lies: v. Lange ꝛc.
- 192,   -   8   -   -   Hptm. Toschcski, statt: Anc. v. 3. Juni,
                 lies: 3. Juli.
- 293,   -   3   -   -   hinter beurlaubt, statt: (.) ein (,).
- 299,   -   6   -   -   statt: von Friederlcia, lies: vor Friedericia.

Druck von H. G. Rahtgens in Lübeck.